铁路职业教育铁道信号类系列教材

铁路信号测量

（第三版）

林瑜筠◎主编
陈煜德◎主审

中国铁道出版社有限公司

2024年·北京

内 容 简 介

本书为铁路职业教育铁道信号类系列教材之一。全书共七章,分别是:绪论、电测量指示仪表、较量仪表、电子仪表、信号设备电气特性测量、信号器材的测试和信号集中监测系统在信号测量中的应用。

本书为高等职业院校铁道信号自动控制专业、中等职业学校铁道信号施工与维护专业教材,也可作为成人继续教育或现场工程技术人员和铁道信号设备维护、施工人员的培训教材或参考资料。

图书在版编目(CIP)数据

铁路信号测量/林瑜筠主编.—3版.—北京:中国铁道出版社有限公司,2024.6

铁路职业教育铁道信号类系列教材

ISBN 978-7-113-31164-3

Ⅰ.①铁… Ⅱ.①林… Ⅲ.①铁路信号-测量-职业教育-教材 Ⅳ.①U284

中国国家版本馆CIP数据核字(2024)第075238号

书　　名:铁路信号测量
作　　者:林瑜筠

策　　划:吕继函
责任编辑:吕继函　　**编辑部电话:**(010)51873205　　**电子邮箱:**312705696@qq.com
封面设计:高博越
责任校对:苗　丹
责任印制:樊启鹏

出版发行:中国铁道出版社有限公司(100054,北京市西城区右安门西街8号)
网　　址:http://www.tdpress.com
印　　刷:三河市宏盛印务有限公司
版　　次:2011年8月第1版　2024年6月第3版　2024年6月第1次印刷
开　　本:787 mm×1 092 mm 1/16　**印张:**10.75　**字数:**276千
书　　号:ISBN 978-7-113-31164-3
定　　价:36.00元

第三版前言

测量是铁路信号设备维护工作的重要内容之一。通过测量,掌握和分析设备运用状态,指导维护工作,预防设备故障,保证信号设备正常运用,充分发挥其效能,是铁路信号工作人员必须具备的能力。

虽然由监测设备完成的测试和分析项目不再进行人工测试,但是基本测量仍然是信号工作人员的基本功。因此信号工作人员必须熟练使用各种测量仪表仪器,掌握正确的测量方法。

本书旨在培养读者正确运用仪表仪器测量各种信号设备。本次修订是在第二版的基础上进行的,主要对第四章和第五章内容进行修改。考虑到各种专用的测试仪表,不是标配,各电务维护单位可能采用不同的仪表,所以对于各种专用的测试仪表不再进行详细介绍。各院校在组织教学时,可根据相关电务维护单位的实际情况进行介绍。

本书实践性非常突出,在学习相关知识的同时,需结合实际的测量仪表仪器进行各种信号设备的基本测量。

本书由南京铁道职业技术学院林瑜筠任主编,南京铁道职业技术学院刘妮娜、宁波市轨道交通集团有限公司智慧运营分公司朵建华、中国铁路济南局集团有限公司调度所张道贤、济南电务段刘永康、惠州电务段宋超华任副主编,武汉铁路职业技术学院陈煜德任主审。其中,林瑜筠编写了绪论、第四章;刘妮娜编写了第一章;张道贤编写了第二章;刘永康编写了第三章;朵建华编写了第五章;宋超华编写了第六章。

由于编者水平所限,加之资料搜集不全,书中难免有疏漏之处,恳请读者提出批评及改进意见,以不断提高本书质量。

编　者

2024年2月

第一版前言

本书由铁道部教材开发小组统一规划，为铁路职业教育规划教材。本书是根据铁路职业教育铁道信号专业教学计划“铁路信号测量”课程教学大纲编写的，由铁路职业教育铁道信号专业教学指导委员会组织，并经铁路职业教育铁道信号专业教材编审组审定。

信号设备特性测试是信号维护工作的重要内容之一。通过对信号设备特性的测试，掌握和分析设备的运用状态，对于及时发现设备缺陷、预防设备故障、指导维护工作、保证设备正常运用，具有十分重要的意义。为此，信号工作人员必须懂得常用仪表的测量原理，掌握各种常用仪表的使用方法和各种主要信号设备电气特性的测量方法，并了解信号测量的新技术、新方法。

本教材分为：信号常用仪表、主要信号设备测量、信号设备微机监测三大部分。

对于铁路信号所使用的仪表，教材介绍了常用的具有代表性的仪表，并着重介绍仪表的测量原理和常规使用方法。本教材删除了原有教材部分陈旧仪表的内容，补充了一些新型仪表的内容。至于各仪表的具体电路原理，本教材不作详尽介绍，读者如需了解可参阅有关书籍。在学习了本教材所介绍的测量原理和使用方法后，对于其他同类仪表，可举一反三，阅读使用说明书予以掌握。在熟悉仪表性能和测量原理后，可根据测量对象的具体情况和要求，在仪表性能所允许的范围内灵活运用以充分发挥仪表的使用效率。

信号设备电气特性测试，分为日常维修测试和入所修测试两部分。前者以《信号维护规则　业务管理》规定的电气特性测试项目为根据，后者以相关器材的铁道行业标准为根据，介绍的都是基本测试方法，至于现场各单位自行研制的一些综合测试装置，因种类繁多，缺乏统一标准，本教材未能一一予以介绍。这里的信号设备，包括目前我国铁路大量采用的主要信号设备，尤其是新型信号设备，不包括趋于淘汰的设备。

对于信号设备微机监测，则介绍最新的铁道部统一设计的系统，包括TJWX-2000型信号微机监测系统、TJWX-2006型信号微机监测系统和转辙机缺口报警装置。

本教材既可作为铁路职业技术学院、中等专业学校信号专业的教学用书，又可供现场技术培训作为教材，还可供现场工程技术人员和技术工人作为参考资料。教材中,用楷体编排的,中专可以选学。各校、各单位在组织教学时,应根据不同层次的实际需要,选择一定的深度;也应根据各地区信号设备的具体情况,确定适当的广度。

本教材由南京铁道职业技术学院林瑜筠主编,武汉铁道职业技术学院陈煜德主审。参加编写的有南京铁道职业技术学院薄宜勇、洪冠。其中林瑜筠编写第一、二、四、五章,林瑜筠、洪冠编写第三章,林瑜筠、薄宜勇编写第六章。2007年11月在重庆召开了本教材审稿会,参加审稿的有内江铁路机械学校姚晓钟、向军,武汉铁道职业技术学院张仕雄、李俊娥,兰州交通大学谭丽,湖南交通工程职业技术学院李晓瑜,辽宁铁道职业技术学院张胜平,重庆铁路高级技工学校刘廷明、王宏、于久成。

由于编者水平有限,时间仓促,教材中不免有错误、疏漏,恳请读者提出批评及改进意见,以不断提高教材质量。

编　者

2008年5月

目　　录

绪　论

一、测　　量

测量是为确定对象的量值而进行的实验过程，它用实验方法借助测量工具来获得未知量的大小，是人们对自然界客观事物取得数量概念的一种认识过程，也是人们认识自然最直接、最重要的手段之一。

在科学技术发展过程中，测量尤为重要。任何科技成就，离开科学实验中的测量是无法取得的。测量技术的不断完善、精度的不断提高，会使人们发现新的自然规律，而科学技术的发展又为测量技术的提高奠定了基础。

测量的原理和方法是多种多样的。其中，用电的原理和方法实现测量，称为广义的电测，它包括电磁测量、电子测量和非电量的电测量。电测是测量范畴里发展最快、应用最广的领域。可以说，几乎一切电量和非电量都可借助电测技术来进行测量，而一切先进的测量仪表也都直接或间接地采用了电测技术。

测量技术是研究测量原理、方法和仪器仪表等方面内容的技术。利用电磁技术所进行的测量称为电磁测量；利用电子技术所进行的测量称为电子测量；通过传感器等变换技术将非电量转换成为电信号再进行的测量称为非电量电测。

按获得测量结果的方法，可分为直接测量、间接测量和组合测量。直接测量是无须对被测量与其他实测的量进行辅助计算而直接得到被测量的测量方法；间接测量是利用直接测量的量与被测量之间已知的函数关系，经计算得出被测量的测量方法；组合测量则是兼用直接测量与间接测量的方法。

按所用测量仪器仪表，分为直接测量法和比较测量法。直接测量法直接从仪器仪表上读出测量结果；比较测量法是在测量过程中通过被测量与标准量进行比较获得测量结果的。

按测量方式可分为自动测量和非自动测量、原位测量和远距离测量（遥测）。

按精密程度可分为精密测量和工程测量。

采用正确的测量方法可以得到比较精确的测量结果。在选择测量方法时，首先要考虑被测量物本身的特点和性质、所处的环境条件、所需要的精确程度及所具有的测量设备等因素，使测量方法和测量仪器仪表相配合，以正确选择测量方法、测量结果，编制合理的测量程序。

二、铁路信号与测量

信号维护工作的目的是掌握设备性能、预防设备故障、保证设备经常处于良好的运用状态。设备性能是通过其电气特性和机械特性体现出来的，设备故障也以其特性的变异为表现形式，因此只有通过电气特性测量，采集有关数据，才能准确、定量地掌握设备的运用状态，为发现设备缺陷、分析设备故障提供科学依据。所以,电气特性测试是信号维护工作的重要内容。在信号设备的研究、制造、施工过程中,电气特性测试同样是不可缺少的重要环节。

随着铁路信号向现代化发展,越来越多的新技术、新设备、新器材、新系统投入运用,它们的使用和维护不仅离不开电气特性测试,而且对其提出了更高的要求。

铁路信号设备维护工作由维修、中修、大修三部分组成,测试工作是信号设备维护工作的重要内容之一,它含在维修、中修、大修之中。道理很简单,没有正确的、经常的电气特性测试,就不能明确把握信号设备的运用状态,就不能保证良好的设备质量和运用质量。因而,信号工作人员必须认真执行关于电气特性测量的有关规定,做好各项测试工作。

主要信号设备指轨道电路、信号机、转辙机、机车信号、电源设备、继电器、自动闭塞、电缆、地线和防雷元件等。对它们的电气特性测量,归纳起来,就是对电流和电压的测量,功率和电能的测量,频率和相位的测量,电阻的测量,交流阻抗、电容、电感的测量,磁量的测量等。

三、测量和仪表

电气特性测试是通过各种仪表的使用得以完成的,只有熟练、正确地使用有关仪表,才能做好生产和维修中的各项测试工作。因此,信号工作人员不仅要不断学习新技术、掌握新设备、运用现代管理方法,还必须熟悉各种有关仪表的性能、测量原理和正确的使用方法。

利用仪表进行测量,具有快速、连续测量、自动检测等一系列优点。

电测量可分为电工测量和电子测量两大类。所谓电工测量,就是把被测电量或磁量与作为测量单位的同类电量或磁量进行比较,以确定电量或磁量的过程。测量电量或磁量的仪器仪表则统称为电工仪表。

电工仪表是实现电工测量过程所需技术工具的总称,其测量对象主要是电流、电压、功率、电能、相位和频率等电量,电阻、电容、电感等电参量,磁感应强度、磁场强度和磁导率等磁量。

电工仪表种类很多,根据它们的原理、用途等方面的特性,可分为指示仪表、积算仪表、较量仪器、记录仪表、数字仪表、测磁仪器等六大类。指示仪表是基于直读法的仪表,可由它们的指示器的偏转角位移直接读出测量结果。积算仪表用以测量与时间有关的电量,在测量时间内仪表对被测量进行累计,电度表就是用来积算电能的一种积算仪表。较量仪器是基于比较法进行测量的仪器。记录仪表把被测量与另一变量的函数变化关系连续记录下来。数字仪表是采用逻辑电路,用数码显示被测量的仪表。测磁仪器用于测量基本磁量和磁性材料特性。最常用的电工仪表是指示仪表和较量仪器。

随着生产和科学技术的飞跃发展,电工测量技术的测量对象也扩展到相当大的范围,如电流从 10^{-16} A 到 10^{5} A,电压从 10^{-9} V 到 10^{7} V,电阻从 10^{-8} Ω 到 10^{16} Ω 的数量级等,并且已生产了准确度高达 0.05 级的指示仪表。

综合了电子技术和计算技术的最新成果而发展起来的各种类型的数字仪器仪表,具有数字显示、高准确度、高灵敏度、高测量速度及适用于各种参数测量和集中控制等一系列优点,已成为如今电工测量技术的一个新领域和重要的发展方向。

电子测量的含义有狭义和广义两种。狭义地说,电子测量是指对于电子技术中各种电参量的测量。广义地说,凡运用电子技术对于一切电的和非电的参量所进行的测量均可称为电子测量。

对于电参量的测量包括:电能量的测量(包括各种频率及波形的电压、电流、功率等)、电信号的测量(包括波形、频率、时间、相位、噪声及逻辑状态等)、电路参数的测量(包括阻抗、品质因数、器件参数等)、导出量的测量(包括增益、失真度、调幅度等)、图示特性曲线(包括幅频特性曲线、器件特性曲线等)。

随着电子技术的发展,许多非电量也都力图通过一定的传感器变换成电信号,再利用电子技术进行测量。

电子测量除可对上述参数进行稳态测量外,还可对自动控制系统的过渡过程等进行动态测量。

与其他测量技术相比,电子测量具有频率范围大、量程范围大、测量准确度高、测量速度快、易于实现遥测和测量过程自动化等明显特点。

电子测量仪器指参与电子测量工作的设备,包括各种直读仪器、比较仪器、测试用信号源等。电子测量仪器按被测对象可分为电平测量仪器(指电子电压表、数字电压表、电平表等),测试用信号源(供测试电子电路各种性能、指标用的信号源,如各种信号发生器),信号分析仪器(指频谱分析仪和失真度测量仪等),频率、时间及相位测量仪器(指数字式频率计、数字相位计等),波形测量仪器(指各种示波器),电路参数测量仪器(用于测量各种元器件的电参数,如晶体管特性图示仪)。

随着电子学特别是半导体技术的发展,电子仪器在性能、测量功能及结构等方面都取得了巨大的进展,新的测量技术和仪器不断涌现。电子仪器已经经历了电子管、晶体管、集成电路、大规模集成电路四个时期。近年来,电子仪器发展更快,取样技术、扫频技术、频率合成技术、锁相技术,特别是计算机技术应用于电子仪器,使电子仪器正在向集成化、多功能化、数字化、自动化等方面迅速发展。

与模拟显示仪器相比,数字显示的明显优点有:直接读数可免除人为的读数误差、有存储能力、响应速度高、分辨力高、测量精度高。但模拟显示仪器价格便宜,并且能指示出被测量的变化趋势,仍然很有用。现在几乎所有电子仪器都能数字化。

自动化测量包括仪器本身自动调整、自动减小测量误差、自动选择量程、自动转换极性、自动测量、自动计算、自动记录、自动显示结果、自动查找仪器故障等内容。

系统化测量指多种仪器通过接口设备组合成一种自动测试系统,由计算机进行控制。

随着科学技术的发展,测量项目越来越多,使用者往往希望能选用合乎他们需要的通用仪器,从而促使仪器向多功能方向发展,如通用计数器,通过插入单元的更换,可用来测量频率、周期、频率比、时间间隔、电压、电流、相位等多种参数。

四、计算机和测量

微型计算机引入仪器仪表,既实现了仪器仪表的小型化、自动化、多功能化、智能化、系统化,又提高了测量精度和测量效率。由于微型计算机具有收集数据和信息处理的功能,使复杂的测量结果能以不同的格式显示出来,从而进一步提高测量效率。这种“智能”仪器,将逐渐占主导地位。

在信号维修工作中,根据需要和长期积累的经验,逐渐采用了一些固定的测试装置,如轨道电路测试盘、电缆绝缘测试盘等,带来了一些方便,但这些装置分散使用、功能单一、不成系统、自动化程度低。随着科学技术的发展及维修改革的深化,出现了信号集中监测系统,它除了具有自动测试功能外,还有故障记忆、再现、诊断、报警、打印等多种功能。

为了提高产品质量,还用微型计算机参与产品各部件参数的测试,同时综合所测试的参数指标进行统计分析,构成综合测试台,如对继电器、转辙机、自动闭塞元部件、机车信号器材、信号灯具等的测试。采用综合测试可大大提高工效、减少测量误差、降低劳动强度。

在信号测量工作中运用计算机是一大技术进步,是测量技术发展的方向,也是促进铁路信号及其维修技术现代化的有效工具。

五、铁路信号集中监测系统和测量

铁路信号集中监测系统(CSM)是监测信号设备状态、发现信号设备隐患、加强信号设备结合部管理、分析信号设备故障原因、辅助故障处理、指导现场维修、反映设备运用质量、提高电务部门维护水平和维护效率的重要信号设备之一,是信号设备维护的综合监测平台。

CSM采用先进的数字信号处理技术、现场总线技术、传感技术、计算机网络通信技术、数据库及软件工程技术等现代科学技术手段,监测并记录信号设备的主要运行状态,可扩展智能化预警分析技术和故障诊断技术辅助并指导现场设备维护,提高电务部门维护水平和维护效率,是信号设备维修工作必备的维护工具和装备,是面向用户的开放性和模块化设计的系统。

CSM已经成为信号设备安全的"黑匣子",是信号维修技术的重要突破,是信号维修体制改革的重要技术支撑,是信号设备实现"状态修"的必要手段,也是信号维修技术向高安全、高可靠和网络化、智能化发展的重要标志之一。

CSM已广泛应用于中国铁路,它提供了维修现代化的技术手段,大大提高了维修水平和维修效率。特别是CSM在高速铁路中的成功应用,使电务维护人员通过CSM这一平台就能掌握所有信号设备的实时运行状态,解决了维护人员运营期间无法上道巡检的实际问题。

充分发挥CSM的先进性、可靠性、安全性、实时性,利用其进行信号设备日常测试,使得铁路信号设备测试手段由人工手动测试升级为设备自动测试,大大提高了测试可靠性和精确度,减轻了维修人员的劳动强度。

第一章 电测量指示仪表

电测量指示仪表是最常用的一类电工仪表。电测量指示仪表直接将被测电量转换为仪表可动部分的机械位移，由连接在可动部分上的指针在标度尺上给出指示，反映被测量的数值。电测量指示仪表有相当长的发展史，基本结构和制造工艺已经很完善。电测量指示仪表具有结构简单、工作稳定、测量范围广、读数可靠、价格低廉、维修方便、体积小和适于大批生产的特点，加之测量过程简便，因此在各部门得到了广泛应用。

第一节　电测量指示仪表的一般知识

一、电测量指示仪表分类

电测量指示仪表种类繁多，分类方法也很多。了解仪表的分类，有助于认识它们的特性。

1. 按工作原理分类

按工作原理分类，电测量指示仪表主要有磁电系、电磁系、电动系、感应系仪表。

2. 按被测量的种类分类

按被测量的种类分，电测量指示仪表主要有测量电流的电流表（安培表、毫安表、微安表），测量电压的电压表（伏特表、毫伏表），测量功率的功率表（瓦特表），测量电阻的欧姆表、兆欧表，测量相位的相位表，测量频率的频率表，测量电容的法拉表，测量电能的电度表（瓦时表），以及多种用途的仪表，如万用表等。

3. 按使用方式分类

按使用方式分类，电测量指示仪表有安装式和可携式两类。安装式仪表又称为开关板式仪表，它固定安装在开关板或电气设备的面板上，一般准确度较低、价格也较低。可携式仪表便于携带，一般准确度较高，价格也较贵。

4. 按被测电流的种类分类

按被测电流的种类分，电测量指示仪表有直流仪表、交流仪表、交直流两用仪表。

此外，按读数机构可分为指针式和光标式。还可按准确度等级、对外电场磁场的防御能力、使用条件和外壳的防护性能进行分类。

二、电测量指示仪表的组成及工作原理

1. 仪表的组成

电测量指示仪表的种类很多，但它们的基本原理都是将被测电量 x 变换为仪表活动部分

的偏转角α。为了将被测电量变换成角位移,电测量指示仪表通常由测量机构和测量线路两部分组成,如图 1-1 所示。

图 1-1　电测量指示仪表组成方框图

测量机构是指示仪表的核心部分,仪表的偏转角位移是靠它来实现的。测量机构分为两部分,即活动部分和固定部分。用以指示被测量数值的指针就装在活动部分上。

测量机构的主要作用是:产生转动力矩,驱使指针转动;产生反作用力矩,使指针静止在平衡位置,从而指示出被测量的数值;产生阻尼力矩,使指针克服惯性更快地静止在平衡位置。

测量线路的作用是将被测量x变换成为测量机构可以直接测量的电量和磁量。电压表的附加电阻、电流表的分流电阻等都属于测量线路。

2. 磁电系仪表

磁电系仪表是利用永久磁铁的磁场与载流线圈的电流相互作用产生转动力矩的原理制成的,具有灵敏度高、准确度高、标尺均匀、便于调整、功耗小、外磁场影响小、工作稳定可靠等一系列优点,应用非常广泛,在电测量指示仪表中占有非常重要的地位。它常用来测量直流电流、电压和电阻;加上整流器时,可用来测量交流电流和电压;采用特殊结构时,可构成检流计,用来测量极其微小的电流(如10^{-10} A)。

(1)磁电系测量机构

磁电系仪表结构的特点是具有固定的永久磁铁和活动的线圈,其固定部分包括永久磁铁、磁轭、极掌,活动部分包括圆柱形铁芯、活动线圈(动圈)、指示器(如指针和灯光反射镜)、转轴(或张丝、吊丝等)。磁电系仪表的测量机构的结构如图1-2所示。

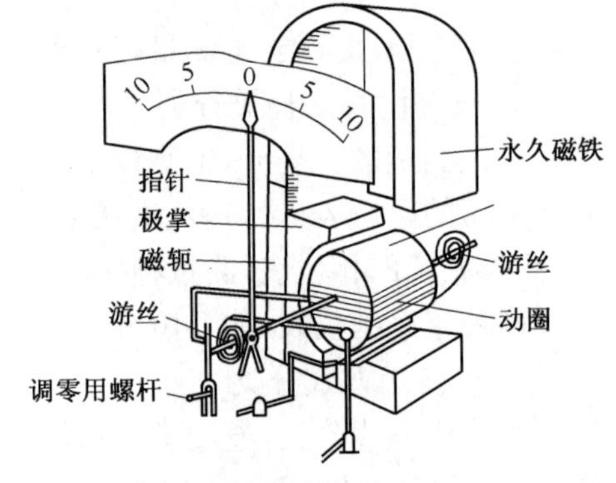

图 1-2　磁电系测量机构的结构

磁电系仪表的磁路系统通常包括强磁力的永久磁铁、连接在永久磁铁两端的磁轭、磁轭两端的半圆筒形极掌、两极掌间空腔中固定于支架上的圆柱形铁芯,以及极掌与圆柱形铁芯间的气隙。极掌和铁芯由软磁性的电工钢制成。铁芯与极掌间的气隙内产生均匀的辐射磁场。

动圈是在一个铝框上用很细的绝缘铜线绕制而成的,其两端各连接一个轴。轴尖支承在宝石轴承上,可转动,指针固定在轴上。

反作用力矩由游丝产生。游丝有上、下两个,它们的绕向相反,内端固定在轴上,外端固定在支架上。当仪表的活动部分受到转动力矩的作用而转动时,游丝也随之被扭转变形,由于它是螺旋式弹簧,有力图恢复原状的特性,因而产生反作用力矩。通过动圈的电流越大,仪表活动部分的偏转角就越大,游丝的反作用力也越大。游丝还兼作将电流引入动圈的引线用。

在指示仪表中,为使仪表指针起始在"零"位置,通常有一个调零器,它的一端与游丝相连。如果仪表使用前其指针不能指在零位,则可用螺丝刀轻轻调节露在表壳外面的调零器杆,使仪表指针逐渐趋于零位。

磁电系仪表设有专门的阻尼器，一般利用绕有动圈的铝框架（或在动圈上特意绕几匝短路线匝）来产生阻尼力矩，其作用原理是：当动圈在磁场中运动时，闭合的铝框架切割磁力线产生感应电势，从而在铝框中产生感应电流 i_e，该电流与气隙中的磁场相互作用产生力矩 M_e，力矩的方向总是与动圈转动的方向相反，从而阻止动圈来回摆动，使动圈很快地静止下来，如图 1-3 所示。

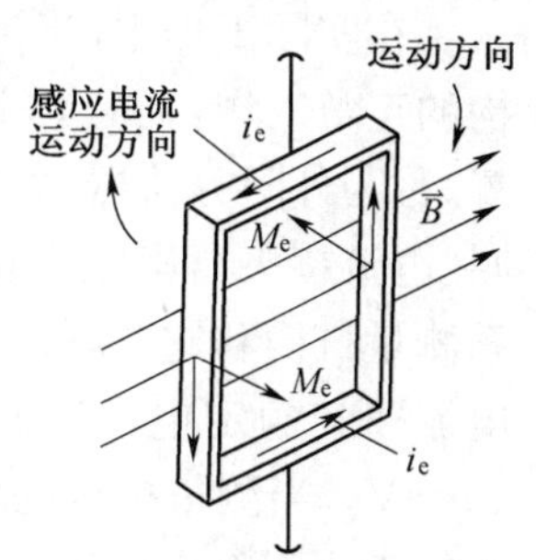

图 1-3　铝框的阻尼作用

需指出，上述阻尼力矩只有在动圈转动时才产生，动圈静止下来后，就不存在了，所以它对测量结果没有影响。

(2)磁电系仪表的工作原理

对磁电系仪表来说，当处在永久磁铁的磁场中的动圈有电流流过的时候，通有电流的线圈与磁场相互作用产生一定大小的转动力矩，使活动部分偏转；同时一端固定在活动部分上的游丝或张丝因扭曲变形产生反作用力矩，且该力矩随着活动部分偏转角的增大而增大。当反作用力矩增大到与转动力矩相等时，活动部分最终将停留在相应位置，指针即在标度尺上指示出被测量的数值。

由前述，极掌和圆柱形铁芯之间的气隙磁场呈均匀的辐射状分布，设其磁感应强度为 B，动圈中通以电流 I 时，作用在动圈与磁场方向相垂直的每一边的电磁力 $F=BIlw$（l 为动圈与磁场方向垂直的边的长度；w 为动圈的匝数）。动圈与磁场方向垂直的两边受到相同大小的作用力，所以作用在动圈上的力矩 $M=2Fr=2BIlwr$（r 为铝框中心线到铝框的距离）。动圈所包含的面积 $A=2rl$，所以 $M=BIwA$。

若指针的偏转角为 α，则游丝产生的反作用力矩 $M_\alpha=D\alpha$（D 是游丝的反作用系数，其大小取决于游丝的材料性质和几何尺寸）。

指针静止在某一平衡位置时，转动力矩与反作用力矩相等，此时 $M=M_\alpha$，则 $\alpha=M_\alpha/D=M/D=BAwI/D=sI$。式中 $s=BAw/D$，是磁电系测量机构的灵敏度。对某一仪表而言，它是一个常数，因 B、A、w、D 取决于仪表的结构和材料性质，它们的数值对于某一仪表来说都是固定的。

因此，磁电系仪表可用来测量直流电流及与直流电流有联系的其他物理量，而且由于偏转角 α 与通过动圈的电流 I 成正比，所以标度尺上的刻度是均匀的。

(3)磁电系电流表

磁电系测量机构所能允许流过的电流很微小，因动圈的导线很细，电流过大会因过热而烧坏绝缘；同时游丝所允许通过的电流也不能过大，否则游丝会因过热而变形，所以磁电系测量机构可以直接测量的电流范围一般为几十微安。如果要用它来测量较大的电流时，就必须扩大量限。

磁电系电流表是采用分流的方法来扩大量限的。就是在测量机构上并联一个分流电阻 R_{f1}，如图 1-4 所示。并联了分流电阻后，通过磁电系测量机构的电流 I_C 就只是被测电流 I 的一部分。设测量机构的电阻为 R_C，则 $R_C I_C=[(R_{f1}\cdot R_C)/(R_{f1}+R_C)]\cdot I$，故 $I_C=[R_{f1}/(R_{f1}+R_C)]\cdot I$。由于 R_{f1}、R_C 均为常值，因此 I_C 和 I 之间存在着一定的比例关系。如果在电流表刻度时，考虑这一关系，便可直接读出被测电流 I。

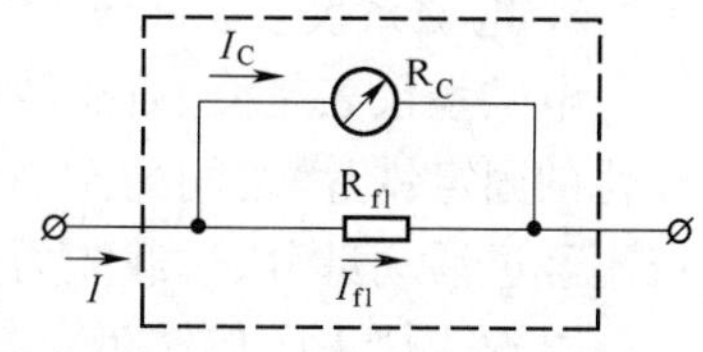

图 1-4　电流表的分流

若要将磁电系测量机构的量限扩大成 n 倍，所需分流电阻值 $R_{fl}=[R_C/(n-1)]$，为测量机构内阻 R_C 的 $I/(n-1)$。

如果采用大小不同的分流电阻，就可以制成多量限的电流表。

在实际工作中，当被测电流较大时(如 50 A 以上)，由于分流电阻发热严重，将影响测量机构的正常工作，而且体积也较大，一般将分流电阻做成单独的装置，称为外附分流器，如图 1-5 所示。它有两对接线端钮，粗的一对叫"电流接头"，串联于被测电路中；细的一对叫"电位接头"，磁电系测量机构和它并联。分流器上一般不标注电阻值，而标注"额定电流"和"额定电压"值。额定电压一般都统一规定为 75 mV 或 45 mV。当测量机构的电压量限(即电流量限与内阻 R_C 的乘积)也等于这一额定电压时，加上分流器后，它的电流量限就等于分流器的额定电流值。两者务必配套使用，为同一额定电压值。

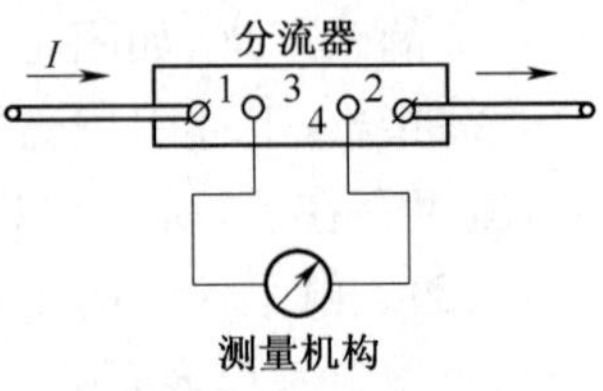

图 1-5 外附分流器

(4)磁电系电压表

将磁电系测量机构并联在被测电压的两端点上，可测量电压，因 $I_C=U/R_C$，所以 $\alpha=(S/R_C)U$，根据仪表指针偏转即可直接测得被测电压，但是磁电系测量机构只能通过微小的电流，因此只能测量很低的电压，不能满足实际需要。

为了测量较高的电压，又不使测量机构中超过所允许的电流值，可在测量机构上串联一电阻 R_{fj} 的办法来达到，R_{fj} 叫作附加电阻，如图 1-6 所示。这时通过测量机构的电流 $I_C=[U/(R_{fj}+R_C)]$，只要 R_{fj} 的阻值不变，I_C 与被测两点间的电压就成正比，偏转角 α 仍能反映被测电压的大小。

将磁电系测量机构的量限扩大成 m 倍的电压表时，要串联附加电阻 $R_{fj}=(m-1)R_C$，即为测量机构内阻的$(m-1)$倍。

串联不同的附加电阻，磁电系电压表就可以制成多量限的。

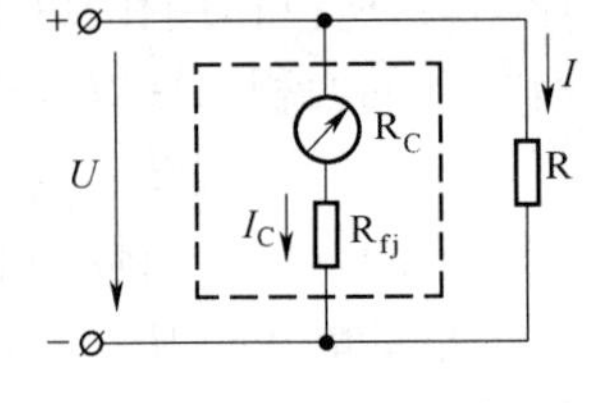

图 1-6 电压表的附加电阻

用电压表测量电压时，电压表内阻越大，对被测电路影响越小。

对于电压表而言，每伏电压所对应的内阻的大小，称为电压灵敏度。各量限的内阻与相应电压量限的比值为一常数，即为电压灵敏度，它是电压表的一个重要常数，它主要由测量机构的满标度电流决定。通常在电压表的铭牌上标明电压灵敏度，其单位为"Ω/V"。在使用中，电压灵敏度对测量线路和测量结果至关重要。电压灵敏度越高，电压表对测量线路的分路影响越小，测量结果越准确。

要测量交流电，必须解决磁电系仪表在交流电作用下，转动力矩的大小和方向作周期性变化而无法读数的问题。解决该问题的方法有两种：一是从测量电路入手，即将被测交流电通过整流变换为直流电；二是从改变测量机构入手，即采用和磁电系仪表不同的测量机构，使其转动力矩的平均值能反映出交流电量的大小，属于这种类型的仪表有电磁系、电动系和感应系等。

3. 电磁系仪表

电磁系仪表是交、直流两用仪表，是利用可动铁片与通过电流的固定线圈(或与被此线圈磁化的固定铁片)之间的作用而制成的。它具有结构简单、体积小、牢固、成本低、便于制造、电流不经过活动部分、过载能力强、不需加分流器等优点，因而得到广泛应用。

电磁式仪表的偏转角 α 与交流电流的有效值 I 的平方成正比。因此它的刻度是不均匀的，标度尺的刻度前密后疏，以致其前面部分读数困难。

电磁系仪表的磁场是由固定线圈建立的，整个磁路系统几乎没有铁磁材料，磁阻很大，因而磁场很弱，外磁场对测量影响很大，为了防御外磁场的影响，必须采取一定措施。

4. 电动系仪表

如果用通有电流的线圈代替磁电系仪表的永久磁铁，便构成了电动系仪表。固定线圈可通以直流电，也可通以交流电，因此电动系仪表的用途就较广泛。除了可做成交直流两用的准确度较高的电流表、电压表外，还可做成测量电功率的功率表、测量相位的电动系相位表和测量频率的电动系频率表，其主要优点是交直流两用，有较宽的频率使用范围，并能达到很高的准确度，因此在电测量指示仪表中占有很重要的地位。

电动系仪表用于交流电测量时，转动力矩随电流的变化而变化，偏转角 α 的大小取决于瞬时转动力矩在一个周期内的平均值。当电流为正弦交流电时，偏转角不仅与通过两线圈的电流有效值有关，而且与两电流之相位差的余弦成正比。

电动系仪表准确度高，但过载能力差，标尺刻度不均匀（功率表除外），易受外磁场干扰，故精密的电动系仪表都采用磁屏蔽或无定位结构。

5. 感应系仪表

感应系仪表的转动力矩由一个或几个固定线圈的磁通与该磁通在活动部分中感应出的电流相互作用而产生，它只能用于测量交流电。感应系仪表一般在交流电路中作为测量功率和电能用，以测量电能的电度表应用最为广泛。

三、电测量指示仪表的误差及准确度

任何一个电测量指示仪表在测量时都有误差，说明仪表的指示值和被测量的实际值（通常以标准仪表的指示值作为被测量的实际值）之间的差异。准确度则说明仪表指示值与被测量的实际值相符合的程度。误差越小，准确度就越高。

1. 仪表误差的分类

根据引起误差的原因，可将误差分为基本误差和附加误差。

(1)基本误差

基本误差是指仪表在规定的正常工作条件下进行测量时所具有的误差，它是仪表本身所固有的，是由于结构和制作上的不完善而产生的。所谓正常工作条件指：仪表指针调整到零点；仪表按规定的工作位置安放；周围的温度是（20±5）℃或是仪表上所注明的温度；除地磁场外，没有外磁场；对于交流仪表来说，电流的波形是正弦波，频率是所规定的数值。

产生基本误差的原因很多，其中主要是活动部分不平衡、轴承摩擦、标度尺分度和装置不精密、游丝的永久变形、内部电磁场影响等。

(2)附加误差

当仪表不是在正常条件下工作时，仪表的读数与被测量实际值之间就产生了某些差异，此种差异是由于外界因素的影响破坏了仪表的正常工作条件而引起的，故称为附加误差。附加误差有温度误差、外磁场误差、频率误差和工作位置不正确误差等。

①温度误差是由于温度变化所引起的线圈电阻和仪表其他载流部分的电阻、游丝反作用力矩和永久磁铁磁场的变化等原因产生的。

②外磁场误差是由于外部永久磁铁、电流所产生的磁场加在仪表的固有磁场上而产生的。

交变外磁场还可使仪表的某些部分产生感应电流而产生误差。仪表固有磁场越弱,外磁场影响越大,可采用磁屏蔽或无定位机构的仪表来减小外磁场附加误差。

③频率误差是由于频率变动引起电抗、电流、磁通、感应电势的变化而产生的误差。为了消除频率对仪表的影响,可采用补偿线路的方法。

④工作位置不正确误差是由于仪表放置位置不符合规定所产生的误差。

正确地使用仪表,可减小或消除附加误差,提高测量的准确性。

在计算使用中的仪表误差时,应包括基本误差和附加误差。

2. 误差的表示方式

误差常用绝对误差、相对误差和引用误差来表示。

(1)绝对误差

测量值 A_x 与被测量的实际值 A_0 之间的差值称为绝对误差 Δ,即

$$\Delta = A_x - A_0$$

绝对误差是具有数量上的大、小和正、负符号的一个量,它的单位与被测量相同。绝对误差不能反映出被测量的准确程度,这是绝对误差表示方法的不足之处,因此提出了相对误差的表示方式。

(2)相对误差

相对误差是绝对误差 Δ 与被测量的实际值 A_0 之间的比值,它通常用百分数 β 来表示,即

$$\beta = \frac{\Delta}{A_0} \times 100\%$$

相对误差能衡量测量结果的误差大小,它给出了测量误差的清晰概念,便于对不同的测量结果进行比较。因此,它是误差计算中最常用的表示方法。在实际测量中,凡是要求衡量测量结果误差或估计测量结果的准确度时,一般都是确定测量结果的相对误差。

在实际计算中,有时难于求得被测量的实际值,在已知误差较小、要求不太严格的情况下可以用仪表的指示值 A_x 代替实际值,即 $\beta_x = (\Delta / A_x) \times 100\%$,称为示值相对误差。

(3)引用误差

电测量指示仪表的准确度是用相对误差来衡量的,但采用相对误差的表示方法是难以实现的,因为仪表是在某一规定范围内对被测量进行测量的,如果绝对误差在仪表标尺的全长上保持恒定,那么仪表标尺的各个不同部位相对误差不是一个常数,而且变化很大,无法表示仪表的准确度。为了方便地表示仪表的准确度等级,引出了引用误差的概念。

引用误差 β_m 是仪表的绝对误差 Δ 与其测量上限 A_m 之比的百分数,即

$$\beta_m = \frac{\Delta}{A_m} \times 100\%$$

相对于仪表标尺工作部分所出现的最大绝对误差 Δ_m,有最大引用误差 $\beta_m = (\Delta_m / A_m) \times 100\%$。

3. 仪表准确度

当仪表在规定工作条件时,在它的标度尺的工作部分(指标度尺上仪表指示值误差保证在允许的误差以内的部分)的全部分度线上出现的最大引用误差 β_m 的百分数值,就称为仪表的准确度等级。若以 K 表示仪表的准确度等级,则有

$$\pm K\% = \beta_m = \frac{\Delta_m}{A_m} \times 100\%$$

对于欧姆表和万用表的欧姆挡，因为它们的上量限为∞，不便计算，故以标度尺的长度百分数来表示。又因为它们的标度尺是非线性的，也可以用指示值的百分数来表示。

仪表的准确度用来表示基本误差的大小。仪表的准确度越高，基本误差越小。

我国生产的电测量指示仪表的准确度分为七级，即0.1、0.2、0.5、1.0、1.5、2.5、5.0级。因我国旧标准中准确度的最后一级为4.0级，所以使用仪表中5.0、4.0级都有。此外，由于仪表工业的不断发展，已有准确度0.05级的指示仪表。

各等级准确度的指示仪表在规定条件下使用时的基本误差不应超出表1-1所规定的数值。

表1-1　各级仪表的基本误差

仪表的准确度等级	0.1	0.2	0.5	1.0	1.5	2.5	5.0
基本误差(%)	±0.1	±0.2	±0.5	±1.0	±1.5	±2.5	±5.0

4. 应用仪表准确度估计测量误差

在运用电测量指示仪表直接进行测量时，可根据仪表准确度等级来估计测量结果的误差。

若仪表的准确度等级为K，则仪表在规定条件下进行测量时，测量结果中可能出现的最大绝对误差为$\Delta_m=\pm K\%\cdot A_m$。

那么用该仪表测量时，若得到的读数为A'_x，则测量结果可能出现的最大相对误差为

$$\beta'_m=\frac{\Delta_m}{A_x}\times 100\%=\pm\frac{K\%\cdot A_m}{A'_x}\times 100\%$$

例如：用准确度为0.5级，量限为5 A的电流表，在规定条件下测量某一电流，读数为2.5 A，求测量结果的准确度(即求测量结果的相对误差)。

解：用准确度为0.5级，量限为5 A的电流测量时，可能出现的最大绝对误差为

$$\Delta_m=\pm K\%\cdot A_m=(\pm 0.005)\times 5=\pm 0.025\ (A)$$

故测量结果可能出现的最大相对误差为

$$\beta_m=\frac{\Delta_m}{A_x}\times 100\%=\frac{\pm 0.025}{2.5}=\pm 1\%$$

可见，仪表的准确度对测量结果的准确度影响是很大的。一般说来，仪表的准确度并不就是测量结果的准确度，后者还与被测量的大小有关。只有仪表满标度偏转时，测量结果的准确度才等于仪表的准确度。因此，应注意不要将两者混为一谈。

四、仪表的灵敏度和仪表常数

在测量过程中，如果被测量变化一个很小的ΔX值，引起测量仪表活动部分偏转角改变$\Delta\alpha$，则$\Delta\alpha$与ΔX的比值称为该仪表的灵敏度，用符号s表示，即$s=\Delta\alpha/\Delta X$。若仪表为均匀刻度，则$s=\alpha/X$。这时灵敏度的大小就等于一个单位被测量引入测量仪表所引起的偏转格数。例如将1 mA电流引入某毫安表，如果引起该毫安表一个小格的偏转，则其灵敏度为$s=$1格/mA。

灵敏度的倒数称为仪表常数，用C表示，即$C=1/s$。例如，上述毫安表的仪表常数为$C=1/s=1$ mA/格$=1\times 10^{-3}$ A/格。

灵敏度是电测量指示仪表的重要技术特性之一，C的数值越小，也就是s的数值越大，仪表的灵敏度就越高。

对仪表的灵敏度要求要适当,灵敏度高能反映微小的变化量,但灵敏度太高,将造成读数困难,而且造价高。

五、电测量指示仪表的表面标记

每一电测量指示仪表的表面上都有多种符号的标记,它们表示了仪表的基本技术特性,只有在正确识别它们以后,才能正确地选择和使用仪表。

常见的表面标记的符号见表 1-2～表 1-9。

表 1-2　仪表工作原理的符号

名　称	符　号	名　称	符　号
磁电系仪表		电动系仪表	
磁电系比率表	×	电动系比率表	
电磁系仪表		感应系仪表	⊙
电磁系比率表		整流式仪表 (带整流器的磁电系测量机构)	

表 1-3　电流种类的符号

名　称	符　号	名　称	符　号
直　流	—　DC	直流和交流	≃
交流(单相)	～　AC	交流(三相)	≋

表 1-4　准确度等级的符号

名　称	符　号	名　称	符　号
以标度尺量限百分数表示的准确度等级	1.5	以指示值的百分数表示的准确度等级	(1.5)
以标度尺长度百分数表示的准确度等级	1.5		

表 1-5　工作位置的符号

名　称	符　号	名　称	符　号
标度尺位置为垂直的	⊥	标度尺位置与水平面倾斜成一角度 (如 60°)	∠60°
标度尺位置为水平的	⊓		

表 1-6　端钮、调零器的符号

名　称	符　号	名　称	符　号
负 端 钮	−	公共端钮(多量限仪表和复用仪表)	⋇
正 端 钮	+	接地用的端钮(螺钉或螺杆)	⏚
与外壳相连接的端钮	⊥	调 零 器	⌒
与屏蔽相连接的端钮	◯		

表 1-7　绝缘等级的符号

仪表的额定电压(V)	试验电压(有效值)(kV)	符　号	仪表的额定电压(V)	试验电压(有效值)(kV)	符　号
99 以下	0.5	☆(0.5)	自 1 001 至 1 500	4	☆(4)
自 100 至 650	2	☆(2)	自 1 501 至 2 000	5	☆(5)
自 651 至 1 000	3	☆(3)	不进行绝缘强度试验		☆(0)

仪表或附件所有电路与外壳间的绝缘，应能耐受 50 Hz 正弦交流试验电压历时 1 min 的试验，此试验电压值根据仪表或附件的额定电压值，按表 1-7 规定的电压试验绝缘强度。

表 1-8　仪表对外界磁场电场的防护

仪表对外界磁场电场的防护等级	仪表的允许指示值变化	仪表对外界磁场电场的防护等级	仪表的允许指示值变化
[Ⅰ] [Ⅰ]	±0.5%	[Ⅲ] [Ⅲ]	±2.5%
[Ⅱ] [Ⅱ]	±1.0%	[Ⅳ] [Ⅳ]	±5.0%

表 1-9　仪表的使用条件分组

仪表准确度等级	相对误差(%)	温度每变化 10 ℃，允许指示值变化(%)		
		△A 组	△B 组	△C 组
0.1	±0.1	±0.1	±0.1	±0.1
0.2	±0.2	±0.2	±0.15	±0.15
0.5	±0.5	±0.5	±0.4	±0.3
1.0	±1.0	±1.0	±0.8	±0.5
1.5	±1.5	±1.5	±1.2	±0.8
2.5	±2.5	±2.5	±2.0	±1.2
5.0	±5.0	±5.0	±5.0	±2.5

Ⓐ组(或不标注)是在周围气温为 0～40 ℃,相对湿度不超过 85%的条件下工作的仪表。

Ⓑ组是在周围气温为－20～＋50 ℃,相对湿度不超过 85%的条件下工作的仪表。

Ⓒ组是在周围气温为－40～＋60 ℃,相对湿度不超过 98%的条件下工作的仪表。

Ⓐ、Ⓑ组用于室内,Ⓒ组用于室外及车辆上。

六、电测量指示仪表的合理选择和正确使用

1. 合理选择仪表

为完成某项测量任务,必须在明确测量要求的情况下,考虑具体情况,合理地选择测量方法、测量线路和测量仪表。所谓合理选择仪表,指的是在保证测量精度要求的前提下,确定仪表的类型、准确度、量限和内阻等。

(1)仪表类型的选择

应根据被测电量的性质来选择仪表的类型。根据是直流电还是交流电选用直流仪表和交流仪表。测量交流电时,还应区分是正弦波还是非正弦波。对于直流电量,一般采用磁电系仪表来测量。对于正弦交流电量,只要测出有效值即可换算出其他值,电磁系、电动系仪表都能满足要求。对于非正弦交流电量,则应区分是测量有效值、平均值,还是测量瞬时值、最大值,用整流式磁电系仪表只能测出平均值,用电磁系或电动系仪表只能测出有效值,峰值表可测量最大值,瞬时值则要用示波器观测。不同值间都必须进行换算。

测量交流电时,还应考虑被测量的频率,电磁系、电动系、感应系仪表均可用于工频测量。电动系仪表使用范围可扩展至中频。整流式磁电系仪表可测量 1 kHz 以下频率的电量,超过 1 kHz 时则应采用电子电压表。

(2)仪表准确度等级的选择

测量仪表准确度越高,测量精度越高,测量结果也越可靠,但准确度高的仪表价格昂贵、维修困难。因此,选择仪表的准确度等级时,既要满足测量要求,又要考虑实际条件,不应盲目追求仪表的高准确度,在能用准确度较低的仪表就可满足测量要求的情况下,就不要选用较高准确度的仪表。

0.1、0.2 级仪表作为标准仪表和精密测量之用,0.5、1.0 级作为试验室测量之用,一般测量采用 1.5 级以下的仪表。

分流器、附加电阻、电流互感器等与仪表配套使用的扩展量限装置亦有准确度。在选择它们的准确度时,应考虑仪表的基本误差及扩展量限装置误差,选择比测量仪表本身的准确度高 1～3 级的扩展量限装置。

(3)仪表量限的选择

在测量过程中,往往由于量限选择不适当、标度尺利用不合理,而会使测量误差较大;仪表的准确度也只有在合适的量限下才能充分发挥作用,因此必须注意仪表量限的选择,即要根据被测量的大小选用相应量限的仪表,以得到准确度较高的测量结果。

仪表的准确度等级对测量结果的准确度影响很大,但仪表准确度等级并非就是测量结果的准确度,还与仪表的量限有关。只有仪表运用在满量限时,测量结果的准确度才近似于或等于仪表的准确度等级。因此在选用仪表时要兼顾仪表的准确度等级和量限,进行合理的选择。一般应使被测量的大小为仪表测量上限的 1/2～2/3。

选用灵敏度较高的仪表时，特别要注意仪表量限必须大于被测量。因为灵敏度较高的仪表，往往其量限较小，若被测量太大超过仪表量限时，可能严重损伤仪表。

同样，在检验仪表时，两仪表的测量上限应选得尽量一致。

(4)仪表内阻的选择

仪表内阻对测量结果的误差影响很大，应根据测量对象和测量线路的阻抗来选择仪表的内阻，以减少测量误差。仪表接入电路后，不能改变电路的工作状态，这就要求本身的功耗很小。电压表、功率表并联线圈的内阻，应尽量地大；量限越大，内阻也越大。为使电压表不影响电路的正常工作状态，一般规定电压表内阻为负载电阻的100倍以上。电压表的内阻取决于表头的灵敏度，灵敏度越高，内阻越大。磁电系仪表的内阻很大，通常在2 000 Ω/V以上，高的可达100 kΩ/V。整流式仪表稍低，一般也可达2 000 Ω/V～20 kΩ/V。电磁系、电动系仪表的内阻较小，一般为每伏几欧到每伏几百欧。电子电压表最高，每伏可达几兆欧。

电流表、功率表电流线圈的内阻应尽量地小，否则会带来很大的测量误差，而且量限越大，内阻应越小。电流表内阻的大小也与表头灵敏度有关，灵敏度越高，内阻越小。一般规定电流表内阻要小于负载电阻的百分之一。

在选用仪表时要综合考虑内阻和准确度。例如测量电压，如仪表内阻较小，尽管准确度很高，测量误差也不小，而仪表准确度不高，但内阻较大，测量误差却不大。

综上所述，在测量工作中选择仪表时，对仪表的类型、频率范围、准确度、量限、内阻等方面要从实际出发，分析情况，全面考虑，突出重点，才能达到合理使用仪表和准确测量的目的。例如，测量高阻电路的电压，主要要考虑仪表的内阻；测量高频电压，主要考虑仪表的频率范围；高精度测量，主要考虑准确度。在选择过程中，要有全面观点，不要盲目追求某一项指标；要有经济观点，凡是用一般仪表能达到要求的，就不要用精密仪表；要充分利用现有设备，节约资金。

在选择仪表时，还应充分考虑仪表使用场所及工作条件。例如，仪表是装置在开关板上还是在实验室进行一般测量，外界磁场的影响是否很大，在测量过程中是否有过载情况出现。

2. 仪表的正确使用

在使用电测量指示仪表时，首先必须使仪表工作在正常条件，否则会产生一定的附加误差。例如，在使用仪表时，应使仪表按规定的位置放置；仪表要远离外磁场；使用前应使仪表指向零位，如不在零位，可调节调零器使指针指在零位。此外，在进行测量时必须注意正确的读数，读数时应使视线与仪表的平面相垂直。若仪表表面上带有镜子，读数时应使指针盖住镜子中指针的影子，这样可大大减小和消除读数误差，提高读数的准确性。读数时，如指针所指示的位置在两条分度线之间，可估计一位数字，但追求读出再多的位数，超出仪表精确度的范围，就没有意义了。反之，如果读出的位数太少，以致低于测量仪表所能达到的精确度，也是不好的。

第二节　万用表

万用表是一种具有多种用途的仪表，一般具有测量交直流电流、交直流电压、音频电平、电阻的功能。万用表是由共用测量机构(亦称表头)的直流电流表、直流电压表、交流电流表、交流电压表及欧姆表组合而成的，其中部分电路是共用的。

无论是交、直流电压表,交、直流电流表,还是欧姆表,就其结构而言均由测量机构和测量电路构成,万用表则增加了一个转换开关,以根据不同的被测电量选择不同的测量电路。万用表一般采用磁电系测量机构,表盘上有相应于测量各电量的几条标度尺。测量电路把大小不同的被测电量转变成适合表头测量的微电流,万用表将这些测量电路结合在一起。

万用表的直流电流挡实际上是一个多量限的直流电流表,一般采用带闭路式分流器的电路。

万用表的直流电压挡实质上是一个多量限的直流电压表,大多采用共用附加电阻的多量限直流电压表电路。

一、万用表的交流电压挡和交流电流挡

磁电系测量机构只适于测量直流电量,若将磁电系测量机构加上交流电,因表头的永久磁铁的磁场方向是不变的,因此这时作用在动圈上的力矩方向将随电流方向的改变而改变。若通入交流电的频率是 50 Hz,则每秒钟电流的方向要变化 100 次,力矩的方向也将变化 100 次,由于表头的活动部分具有一定的惯性,所以力矩方向迅速地改变,而指针根本就不发生偏转。为了测量交流电量,必须在表头上配上整流电路,把交流电转变成直流电。

表头活动部分的偏转角 α 正比于流过表头的整流电流的平均值 I_p。因此,磁电系测量机构与整流电路构成的整流式仪表所指示的是交流电流的平均值,然而在实际应用中交流电压或电流通常用有效值来表征。为使整流式仪表便于使用和测量,它总是按正弦情况下交流电的有效值来刻度的。

有效值与平均值之比称为波形因数,对于不同波形的交流信号,波形因数的数值也不同。对于正弦交流电而言,全波整流时有

$$\frac{I}{I_{p全}}=1.11$$

半波整流时有

$$\frac{I}{I_{p半}}=2.22$$

若将整流式仪表用于非正弦交流电量的测量,必将因波形因数不同而带来误差。

带有整流电路的表头加适当的附加电阻即构成交流电压表。为使整个测量电路较简单,万用表大多采用各量限共用附加电阻的形式。

加有整流电路的磁电系测量机构装上适当的分流电阻,就构成了交流电流表。这与构成直流电流表原理基本一样,同样构成多量限交流电流表的原理也与之类似。

二、欧姆表及万用表的欧姆挡

1. 欧姆表测量电阻的原理

欧姆表测量电阻的原理电路如图 1-7 所示,图中电源 E 为干电池,端电压为 U,电源与表头及固定电阻 R 相串联,从 a、b 两个端钮间可接入被测电阻 R_X。

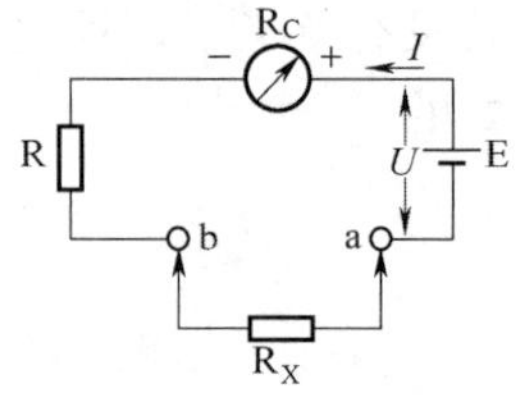

图 1-7　欧姆表测量电阻的原理电路

固定电阻 R 是这样选择的,当 $R_X=0$ 也即 a、b 两端短路时,流过表头的电流 I 正好使表头满标度偏转。这时流过表头的电流 $I=U/(R+R_C)=I_C$,其中 R_C 是表头内阻阻值,I_C 是表头的满偏转电流值。接入被测电阻 R_X 后,电路的工作电流 I 为

$$I=\frac{U}{R_C+R+R_X}$$

由式可看出：

(1)当电源电压U保持不变时，在电路中接入某一数值的被测电阻R_X，电路中就有一相应的电流流过表头，指针就会有一确定的偏转；当被测电阻R_X改变时，电流I发生变化，指针位置也会发生相应的变化，即指针的偏转角大小与被测电阻的大小是对应的。如果表头的标度尺预先按电阻刻度，就可以直接用来测量电阻。

(2)被测电阻R_X值越大，电路的工作电流I越小，指针偏转也越小。当R_X为无穷大时，$I=0$，这时表头指针指在零位。可见当被测电阻R_X值在$0\sim\infty$之间变化时，指针在满标度和零位间变化，所以欧姆表的标度尺为反向刻度，这和电流、电压表的标度尺刻度方向是不一样的。由于I与R_X间成反比例关系，所以测量电阻的标度尺的分度是不均匀的。欧姆表标度尺如图 1-8所示。

2. 零欧姆调整器

在讲述测量电阻的原理时，是假定电源电压恒定不变的，但实际上干电池的端电压U是不能保持恒定不变的，使用久了或时间放长了，其端电压就会下降，或内阻就会上升。这时当$R_X=0$时，指针就不再满标度偏转。用这样的欧姆表来测量被测电阻R_X，其结果显然是不准确的，它包含了干电池内阻的增值，给测量带来很大的误差。为了消除这种误差，可在表头的两端并联一个可调电阻R_0，如图 1-9 所示。若电池端电压U下降，使$R_X=0$时指针不能满偏转，可调节R_0使之满偏转，指在欧姆标尺的零位，故称R_0为零欧姆调整器。

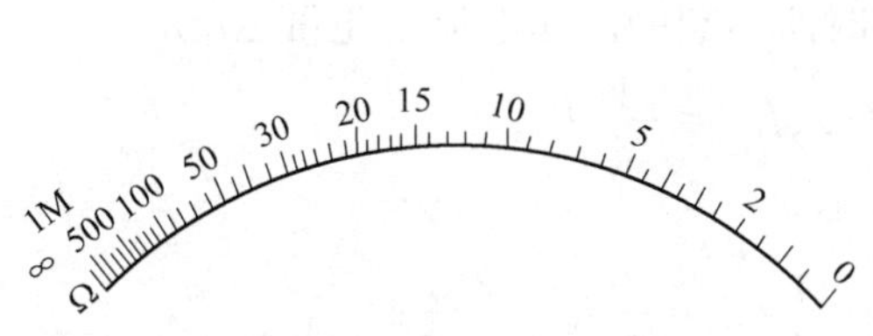

图 1-8　欧姆表的标度尺

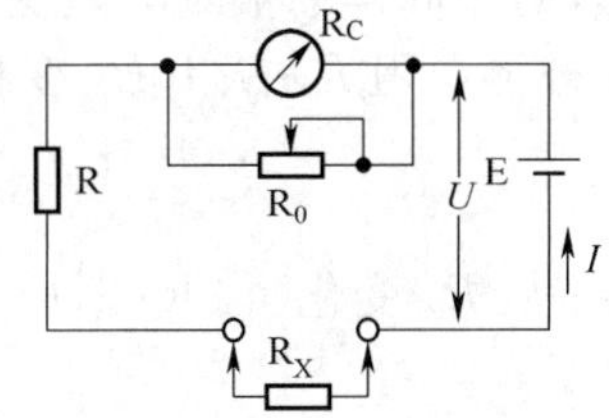

图 1-9　零欧姆调整器

实际的欧姆表测量电路中，用得较多的是分压式零欧姆调整器，如图 1-10 所示。它与图 1-9所示零欧姆调整器不同之处是，调节R_0不仅改变分流支路的参数，而且改变表头支路的参数，显然其调整效果更佳。加有R'_0，限定了分流电阻的最小值。请注意，无论是图 1-9 所示的零欧姆调整器，还是图 1-10所示的分压式零欧姆调整器，它们的出发点都是在电池端电压变化而被测电阻不变时使表头支路的电流不变。

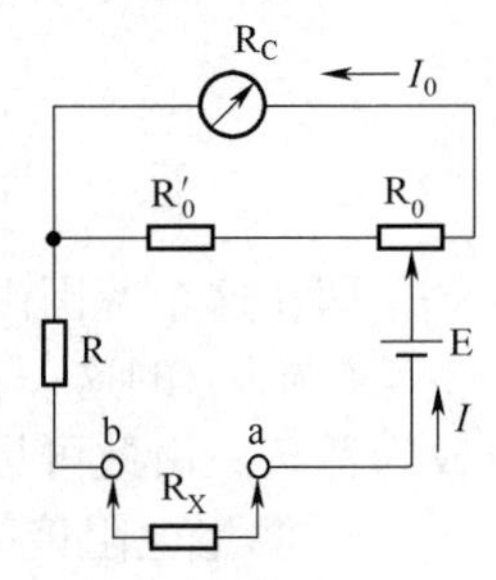

图 1-10　分压式零欧姆调整器

为了减少因电池电压变化带来的测量误差，每次测量前均必须进行零欧姆调整，所以万用表的零欧姆调整器的手柄是伸出表面的。万用表欧姆挡零欧姆调整的方法是：将测试棒短接(即$R_X=0$)，调节零欧姆调整器，使指针指向欧姆标度尺的零刻度。

3. 欧姆中心的意义

在图 1-10 所示加有分压式零欧姆调整器的电阻测量电路中，工作电流I为

$$I=\frac{U}{R'+R'_C+R_X}$$

式中,R'为电阻 R 和电池内阻之和;R'_C为表头电阻 R_C 与零欧姆调整器支路的电阻串、并联后的等效电阻。

当 $R_X=0$ 时,指针满标度偏转,这时工作电流 I 达到最大值,即

$$I=\frac{U}{R'+R'_C}=I_{max}$$

当 $R_X=R'+R'_C$时有

$$I=\frac{U}{R_X+R'+R'_C}=\frac{U}{2(R'+R'_C)}=\frac{1}{2}I_{max}$$

即当 R_X 等于欧姆表的总内阻($R'+R'_C$)时,测量回路的工作电流 I 将下降一半,因并联支路的电流是按比例分配的,所以表头支路的电流 I_0 也将下降一半。因此,这时指针位于满标度偏转的 1/2 处,即指在标度尺的中心。该中心刻度值称之为欧姆中心。换言之,欧姆表的欧姆中心就是标度尺的中心刻度值,等于欧姆表的总内阻值。这就是欧姆中心的意义。

虽然欧姆表的刻度从 0～∞,但实际有用的测量范围仅仅局限在基本误差较小的标度尺中央部分,一般对应于[(1/10)～10]倍欧姆中心值 R_Z。这可通过 I 与 R_X 间的关系来说明:

当 $R_X>10R_Z$ 时,工作电流 I 的变化范围为

$$I\leqslant\frac{1}{11}I_{max}$$

而 R_X 处在[10～(1/10)]R_Z 范围内时,电流 I 变化范围近似为

$$\frac{1}{11}I_{max}<I<I_{max}$$

显然,对于同样的被测电阻变化量 ΔR_X 所引起的工作电流变化量 ΔI,前者比后者要小得多。例如被测电阻 R_X 从 $10R_Z$ 变化到 $11R_Z$ 时所引起的工作电流变化量 ΔI 为

$$\Delta I=\frac{1}{11}I_{max}-\frac{1}{12}I_{max}=\frac{1}{132}I_{max}$$

而 R_X 从 R_Z 变化至 $2R_Z$ 时所引起的 ΔI 为

$$\Delta I=\frac{1}{2}I_{max}-\frac{1}{3}I_{max}=\frac{1}{6}I_{max}$$

虽然 R_X 的变化量 ΔR_Z 同为 R_Z,但前者所引起的 ΔI 很小,以至在表盘上很难分辨。

当 $R_X\leqslant\frac{1}{10}R_Z$ 时,工作电流 I 为

$$I=\frac{U}{R_Z+\frac{1}{10}R_Z}=\frac{1}{1.1}\times\frac{U}{R_Z}=\frac{1}{1.1}I_{max}\approx I_{max}$$

即在这个范围内工作电流 I 已基本不随 R_X 的变化而变化。

I 与 R_X 的这一关系反映在标度尺上就是刻度不均匀,标尺一头刻度很密,而另一头刻度较为稀疏。由此可见,通过欧姆中心值,可以知道欧姆表测量电阻的范围。

4. 测量电阻倍率挡的扩大

在实际使用中,需要测量各种大小不同的电阻值,因而欧姆表都做成具有不同欧姆中心的多倍率欧姆表。为了共用一条标度尺,方便读数,各欧姆挡的欧姆中心值是以 10 为倍率渐进的。例如,$R\times1$ 挡(称为标准挡)的欧姆中心值是 12 Ω,则其他各挡的欧姆中心就分别取 120 Ω、1 200 Ω……从而构成多量限欧姆表的 $R\times10$ 挡、$R\times100$ 挡……

为了扩大欧姆表测量电阻倍率,通常采用提高测量电路灵敏度的方法,即在不提高测量电压 U 的情况下,改变测量电路的分流电阻值,使表头支路的电流 I_0 之变化范围不因欧姆中心

值的增大而缩小。显然这种方法是有一定限度的。图 1-11 是一个多量限欧姆表的测量电路。虚线上部是一多量限直流电流表，E 是测量电源，而 R_7、R_8、R_9 的作用则是使各挡的总内阻值等于该挡的欧姆中心值。不难看出，倍率越高，测量电路的灵敏度亦越高。若仅靠提高测量电路灵敏度难以实现更高的倍率，则可用提高测量电压的办法来实现。

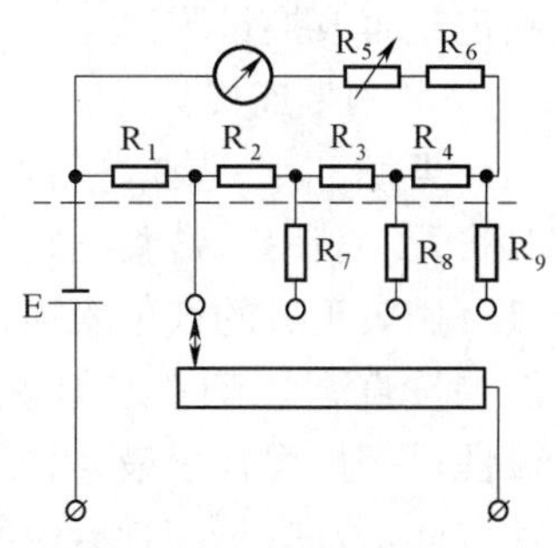

图 1-11　多量限欧姆表原理电路图

5. 万用表的欧姆挡

(1)MF-30 型万用表的欧姆挡

MF-30 型万用表的欧姆挡电路原理如图 1-12 所示，它是以最低直流电流挡为基础外加分流电阻和测量电源构成的，前四挡用 1.5 V 测量电源，用逐步加大外加分流电阻的办法来提高倍率，而第五挡(即×10 k 挡)选用了 15 V 的测量电源，用提高测量电压来提高倍率。1.7 kΩ 的电阻是它的零欧姆调整器。

(2)MF-14 型万用表的欧姆挡

图 1-13 是 MF-14 型万用表的直流电阻挡原理电路。该电路的前三挡选用 1.5 V 的测量电压，用在分流支路中选用不同的抽头点来改变倍率，最高挡×1 k 挡不仅在分流支路中选用较高灵敏度的抽头点，而且测量电压也改用 15 V 的电源，电阻 R_{43} 是它的零欧姆调整器。

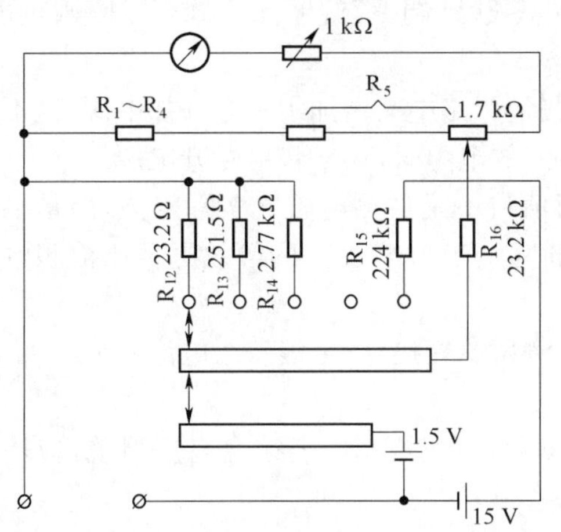

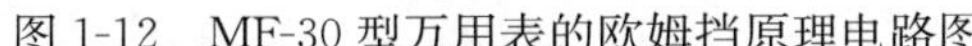

图 1-12　MF-30 型万用表的欧姆挡原理电路图

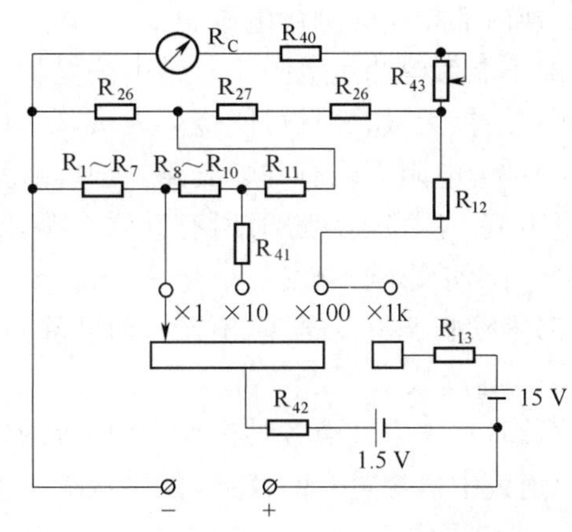

图 1-13　MF-14 型万用表的直流电阻挡原理电路图

三、万用表的正确使用

万用表的结构形式多种多样，表面上的旋钮，开关布置各有差异且测量类型多，各类测量中量限差异又大，所以正确使用万用表非常重要。

1. 测量类型选择

测量前首先要根据被测对象，选择好类型将开关旋至相应位置，绝不可张冠李戴，否则轻则得不到正确结果，重则烧坏万用表表头。例如用电流挡或欧姆挡来测电压，这时因万用表内阻较小，很可能流进大电流而将万用表烧坏。

2. 量限选择

应根据被测量的大致范围选择好量限，测量电压、电流时，最好使指针指示在满标度的1/2

或 2/3 以上,这样测量结果较准确。若不知被测量大小可先选择大量限,然后根据测量情况,确定是否改换量限。

3. 测量连接

类型、量限选择好后,即可进行测量。测量电压时将万用表并接在被测支路上;测量电流时将万用表串入被测支路。测量直流电量时特别要注意仪表极性,即测量直流电压时应将连接万用表正极的红色表棒接被测电路的正极,连接万用表负极的黑色表棒接被测电路的负极。而测量直流电流时,应让被测电流经红色表棒流入万用表,再从黑色表棒流出。若不知被测量极性可把量程置于最大,先将一个表棒接入电路一端而用另一个表棒去碰电路另一端,注意指针方向,若往正方向偏,说明万用表接入方向正确;反之,则需对换表棒进行测量。

4. 欧姆挡的正确使用

使用万用表欧姆挡测量电阻时必须注意下列各点:

(1)选择适当的倍率,尽量使指针指示在接近欧姆中心的刻度部分。因为,被测量越接近欧姆中心,读数越准确。例如用 MF-30 型万用表测 200 Ω 左右的电阻,应选用 $R\times10$ 挡,这时欧姆中心是 250 Ω,与之较接近。若选用 $R\times1$ 挡,虽也可测,但因离欧姆中心(25 Ω)较远,读数较困难。

(2)测量前应先"调零"。即将两测试棒短接,旋转"零欧姆调整"旋钮,使指针指在零欧姆位置。这是保证测量准确度必不可少的步骤。若靠"零欧姆调整"旋钮无法调至零欧姆刻度,则需更换内部相应的测量电源。

(3)不能带电测量电阻。若带电测量相当于在测量回路中又增加了一个外加电源,这不仅会使测量结果无效,而且可能烧坏表头,所以测某电路的电阻时,第一步应断开电源。

(4)被测电阻不能有并联支路,否则测得的电阻值将不是被测电阻之实际阻值,而是某一等效电阻值。测量前应断开所有并联支路,除非能肯定所有并联支路的等效电阻比被测电阻大得多,对测量影响不大。

(5)零欧姆调整要迅速,不调零时要注意不要让测试棒短接,以免浪费干电池。

5. 正确读数

读数时首先应分清各类标尺,从相应的标度尺读数,不要混淆。若表盘有反射镜,应待指针与反射镜中镜像重合时读数,以尽量减少读数误差。

6. 注意操作安全

(1)测量时手不要与表笔金属部分接触。特别是测大电流、高电压时更应注意,最好一只手拿两个测试笔,以保证测量安全和测量准确度。

(2)测大电流、高电压时,不要带电转动转换开关,否则开关触点会出现电弧,这对于万用表专用的弱电开关来说是承受不了的。

(3)测量直流电压叠加交流信号时,应考虑仪表转换开关的最高耐压值。若叠加电压峰值很大,转换开关印刷接触片间的绝缘会因电压过高而击穿。

(4)使用万用表后,一般应将转换开关旋至交流电压最高挡。这样可防止在欧姆挡时表棒短接内部测量电源——电池,更可防止下次使用时不注意看转换开关就立即去测电压烧坏万用表。

总之,使用万用表前一定要认真看懂说明书,掌握使用方法后才可动手,而且要细心、谨慎,切不可草率从事。

第三节　钳形电流表

通常用交流电流表测量线路中的电流时，需要断开电路才能将电流表或电流互感器的Ⅰ次绕组串接到被测电路中，若使用钳形电流表对被测电路进行电流测量时，就可在不切断电路的情况下进行。

一、钳形电流表的组成

钳形电流表主要由电流互感器、磁电系电流表、量程转换开关及测量电路组成，如图 1-14 所示，其电流互感器的铁芯有一活动部分在钳形电流表的上端，并与手柄相连，使用时按动手柄使活动铁芯张开，将被测电流的导线放入钳口中，然后松开手柄使铁芯闭合，此时载流导线相当于互感器的Ⅰ次绕组，铁芯中的磁通在Ⅱ次绕组中产生感应电流，这一电流通过取样电阻得到正比于一次电流值的电压，该电压经测量电路整流后，使电流表指示出被测电流的数值。

钳形电流表的测量电路如图 1-15 所示。图中 TA 为电流互感器，R_1 为取样电阻，S 为量程转换开关。当 S 在某一量程时，电流互感器的Ⅱ次绕组感应的电压直接进入整流电路，由磁电式仪表表头指示出Ⅰ次电流。

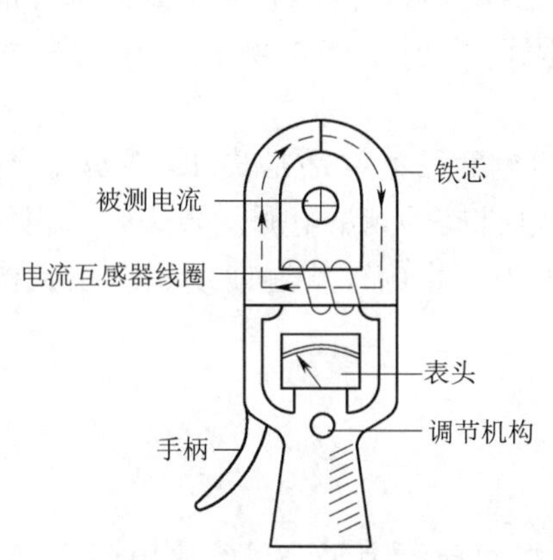

图 1-14　钳形电流表结构

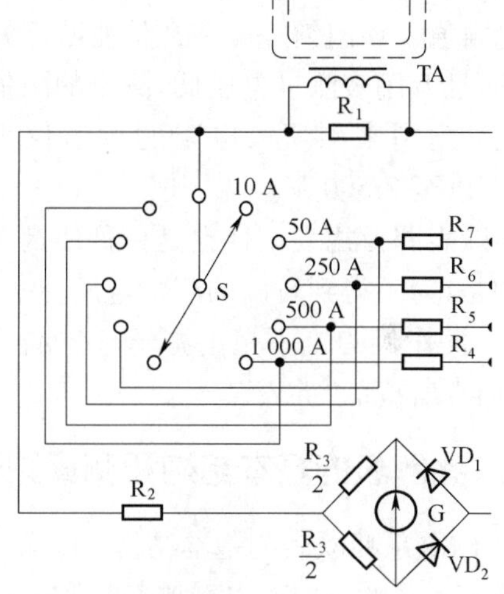

图 1-15　钳形电流表的测量电路

钳形表品种繁多，大部分带有其他测量功能，测量电路就比较复杂。

二、钳形电流表的技术特性

钳形电流表通过钳口上的电流互感器，可很方便地测得被测导线的电流，但它的测量准确度不高，常用于对测量要求不高的场合，其技术特性主要是电流的测量范围及准确度等级。由于钳形电流表多用于带电测量，故对其绝缘耐压水平有一定的要求。有些钳形表还有交流电压测量功能。

三、钳形电流表的使用

(1)应根据被测电路的电流大小,选择相应的测量量程。当被测电路的电流难以估算时,应将量程开关置于最大测量量程。

(2)钳形表表盘上标度尺刻度通常有 2～3 条,测量时应对应选择量程开关所置量程的标度尺。

(3)所选的量程应能使指针指示在表盘的 1/2～2/3 区域上,这一般可使测量的误差最小。

(4)当被测量频率较低或正弦波有较大失真时,钳形电流表误差会很大。

(5)严禁用于 380 V 以上电路的电流测量。

(6)测量完毕,应将钳形电流表量程开关置于最高测量量程。

第四节　兆欧表

绝缘材料的好坏直接影响着电气设备能否正常工作,而绝缘材料易会因发热、受潮、污染、机械损伤、老化等原因使其绝缘性能下降或受破坏,从而引起设备的短路、漏电等故障,所以必须定期检查绝缘材料的绝缘性能。衡量绝缘材料绝缘性能优劣的标志是,它在规定电压下的绝缘电阻值。该阻值一般在几十兆欧至几百兆欧之间,这是一般万用表高倍率欧姆挡所达不到的,而且万用表测量电压低,测出的阻值不能反映绝缘材料在高压状态下的绝缘性能。兆欧表则是专门用来测量大电阻的指示仪表,测量电阻时它所承受的测量电压,高达 500 V、1 000 V以至 2 500 V。

兆欧表同万用表一样也是一种便携式仪表,它的标度尺单位是兆欧,即“MΩ”。与万用表不同的是,为了得到较高的测量电压,一般由手摇发电机提供测量电源。表头则采用比率表结构,即其反作用力矩不是由游丝产生的,而是由电磁力产生的。普遍使用磁电系机构的兆欧表,即通常所说的“摇表”。

一、兆欧表的基本结构和测量原理

1. 磁电系兆欧表的基本结构

磁电系兆欧表由磁电系比率表和手摇直流发电机组成。为了测量绝缘电阻,兆欧表需要一个输出电压较高,而且携带方便、使用较安全的测量电源,手摇直流电机能满足这种要求。它虽体积小,容量小,但输出电压可达数千伏。由于它是靠手摇发电,转速无法保持恒定,所以输出电压是不稳定的。若用普通磁电系测量机构来进行测量,显然是无法进行的,因而兆欧表采用的是一种特殊的磁电系机构——磁电系比率表,它的结构示意如图 1-16 所示。同普通磁电系测量机构不同,它没有游丝,而有两个动圈其偏转力矩 M_1 和 M_2 方向相反,且动圈铁芯有缺口,使磁通分布不均匀。比率表的这些特殊结构使得它具有这样一个特点,测量机构确定后,它的指针偏转角 α 仅取决于两个动圈中电流的比值,而与测量电压的大小无关。

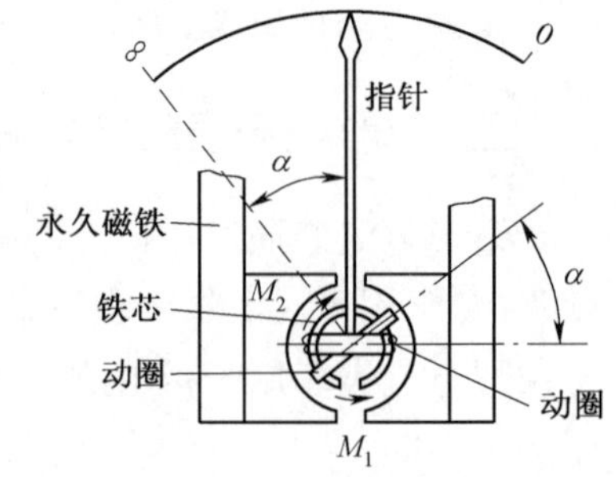

图 1-16　兆欧表的结构

2. 磁电系兆欧表的测量原理

兆欧表的原理电路如图 1-17 所示，图中一个圆上加有互相垂直且同水平成 45°角的两条细实线，表示电压线圈动圈 1 和动圈 2，虚线框内是兆欧表的内部电路，被测电阻 R_j 接在兆欧表的“线”和“地”端钮间。此外“线”端钮的外圈还有一铜环(图中虚线圆)，叫保护环或保护遮蔽环，它直接与发电机负极相连。动圈 1 和动圈 2 分处两个不同的串联支路中，动圈 1、内附电阻 R_C 和被测电阻 R_j 相串联构成一条支路；动圈 2 同内附电阻 R_U 相串联构成另一条支路，两条支路并在手摇发电机两端，所以两条支路所承受的外加电压是相同的。

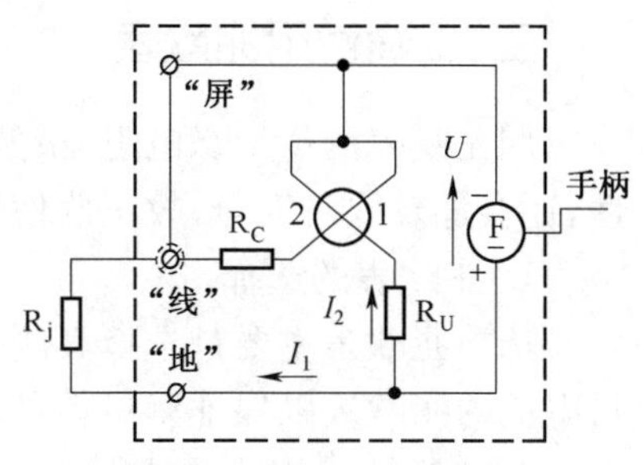

图 1-17　兆欧表的原理电路

动圈 1 所在支路的电流 I_1 除了与测量电压 U 和内附电阻 R_C 有关外，还与被测绝缘电阻 R_j 有关，而动圈 2 所在支路的电流 I_2 则仅与内附电阻 R_U 和测量电压 U 有关，两电流之比为

$$\frac{I_1}{I_2}=\frac{R_U+R_2}{R_C+R_1+R_j}$$

式中，R_1、R_2 分别为动圈 1 和动圈 2 的线圈电阻。这说明当测量电路确定后两动圈中电流之比值仅取决于 R_j 值，而同测量电压无关。

两个动圈中有电流通过时均将产生偏转力矩，但由于比率表测量机构气隙中磁场分布不均，所以对于同样大小的电流来说，线圈所处的位置不同，产生的偏转力矩大小是不同的。动圈 1、动圈 2 产生的偏转力矩分别为

$$M_1=2w_1I_1L_1r_1B_1(\alpha)=I_1\times F_1(\alpha)$$
$$M_2=2w_2I_2L_2r_2B_2(\alpha)=I_2\times F_2(\alpha)$$

选择流过两动圈的电流方向，使它们产生的偏转力矩方向相反，则当两力矩相等时，仪表可动部分停止转动，这时有

$$I_1\times F_1(\alpha)=I_2\times F_2(\alpha)$$

因而有

$$\frac{I_1}{I_2}=\frac{F_2(\alpha)}{F_1(\alpha)}=F(\alpha)$$

用反函数表示就是

$$\alpha=F^{-1}\left(\frac{I_1}{I_2}\right)$$

即偏转角 α 是动圈中电流比值的函数。

以上分析说明，只有当被测电阻 R_j 发生变化时，动圈电流的比值 I_1/I_2 才会发生变化，两力矩的相对平衡位置也会发生变化，这就是兆欧表测量电阻的原理。

由于该机构指针偏转取决于两动圈中电流的比率，所以这种机构的仪表被称为“比率表”，图 1-14 所示仪表称为磁电系双动圈比率表。

这种比率表在测量前没有任何力矩作用在可动部分，因而指针可能停留在任何位置。只有当摇动发电机时，指针才会在 M_1 的作用下指向“∞”，相当于测量一个无穷大的电阻。从理论上讲用兆欧表测量电阻时，测得的绝缘电阻值与发电机输出电压无关，但实际上当发电机输出电压太小时，动圈产生的力矩将随之变小。这时将电流引入动圈的“导丝”所存在的微小残

余力矩不能忽略,将对测量结果产生影响。此外,绝缘材料的电阻与所加电压有关,所以使用兆欧表时不宜摇得太快或太慢,应尽量保持输出电压稳定。

二、正确使用兆欧表

用兆欧表测量绝缘电阻,虽然较简单,但若操作或接线不正确,不仅影响测量结果的准确性,还会危及人身安全,故正确使用兆欧表至关重要。

1. 兆欧表的选择

选择兆欧表主要是选择其测量电压和测量范围。高压下工作的绝缘材料选用具有较高测量电压的兆欧表以保证测量值的可信性;低压工作的绝缘材料耐压较低,为了保证设备的安全,应选用测量电压较低的兆欧表。不要使兆欧表的测量范围过多地超出被测绝缘电阻的数值,即尽量使指针指示在中间刻度较稀的部分,以免产生较大的误差。

信号设备测量一般选用测量电压为 500 V 的兆欧表,因为信号设备工作电压不高,最高也不过是 380 V。

2. 测量前准备

(1)测量前必须切断被测设备电源,并接地短路放电,决不允许用兆欧表测量带电设备的绝缘电阻,这样不仅测不到正确的结果,而且可能危及人身和设备的安全,在被测设备上的电源被切断而未接地放电前,也不允许进行测量,因设备对地仍可能有电位差存在。特别是电容量很大的设备,存在的电位差可能很高。总之必须保证设备处于完全不带电状态才可进行测量。

(2)有可能感应出高电压的设备,在可能性未消除前,不可进行测量。

(3)被测物表面应擦干净。测量电气设备绝缘材料的绝缘电阻是为了了解绝缘材料本身的绝缘性能,而绝缘材料表面污染会使测量结果发生变化,使之不能反映绝缘材料的真正性能。

3. 兆欧表使用前的准备

(1)位置选择

①应放在平稳的位置,以免摇动发电机手柄时,表身摇动影响读数。有水平调节的兆欧表,应该先调整好水平位置。

②放置地点应注意远离大电流的导体和有外磁场的场合,以免影响读数。

(2)测量前对兆欧表本身的检查

①被测物接上前,摇动发电机手柄到规定转速,指针应指示在“∞”位置。若不在“∞”位置,有的兆欧表上有“∞”调节器,可把指针调到“∞”位置。

②短接“线”“接”两接线端钮,缓慢转动发电机手柄看指针是否指在“0”位。

若不满足以上检查,说明兆欧表已坏。

4. 接线

(1)接线柱识别

一般兆欧表上有三个接线柱,“线”接线柱“L”、“地”接线柱“E”和“保护”接线柱“G”。测量时“线”接线柱接被测物同大地绝缘的导体部分;“地”接线柱接被测物外壳或其他导体部分。测量时“保护”接线柱与被测物上保护遮蔽环或其他不需测量的部分相接。

(2)被测物表面影响很显著而又不易去除时,须接“保护”线。在大多数情况下,擦干净被测物的表面就能够去除表面的不良情况,使测量值接近绝缘物内部绝缘电阻的实际值,当然无须接“保护”线。但在特殊条件下,例如,空气太潮湿,绝缘材料表面受到侵蚀而不能擦干净等情况下，测出的绝缘电阻值可能很低，这时就需要判别是内部绝缘不好，还是表面漏电所影响，即要把表面与内部绝缘区分开。“保护”接线柱的作用即在此，它把表面漏电阻完全撇开。图 1-18 所示为测量电缆绝缘电阻接线图。从图中可看出，测量时在测量回路中将产生两个电流，流经绝缘材料的电流 I_x 和绝缘材料表面的漏电流 I_y，若无“保护环”，显然这两个电流均将经“线”接线端钮而流入动圈 1，这时测出的电阻实际是绝缘电阻同表面漏电阻之并联值。接上与绝缘材料表面紧密接触的“保护环”后，这两个电流被分开了。漏电流 I_y 经“保护环”直接回到发电机负极，只有 I_x 流入动圈 1，从而排除了漏电流的影响。

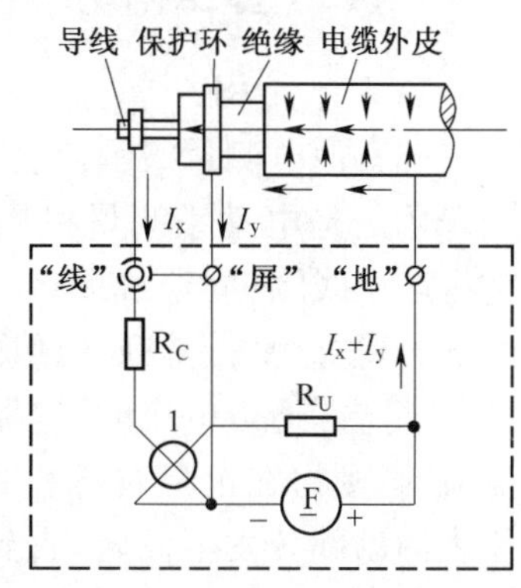

图 1-18　测量电缆的绝缘电阻

(3)应该正确地分别将“线”接线柱及“地”接线柱用单根导线与被测物相连。特别要注意的是，测对地绝缘时，导体与“线”端钮间用的连接线一定要对大地绝缘良好。否则测出的是两对地绝缘电阻之并联值，而不是被测对地绝缘电阻值。另外，测量时如用双股线中两根线分别做“线”“地”连接线，测量结果也将是不可信的。

5. 测量

(1)转动手摇发电机，使转速维持在规定范围内，切忌太快或太慢、忽快或忽慢，以免加大误差(一般规定为 120 r/min，可以有±20％的变化，最多应不超过±25％)。

(2)绝缘电阻测量值随着测量时间的长短而不同，一般采用 1 min 以后的读数为准，遇到容量特别大的被测物时，可等到指针稳定不动时再读数。

(3)测量时除记录绝缘电阻值外，必要时应记录对测量有影响的其他条件，如测量时的温度、气候，所用兆欧表的电压等级和测量范围及被测物状况等，以便进行结果分析。

(4)拆线

在兆欧表没有停止转动和被测物没有放电以前，不可用手去触及被测物测量部分和进行拆除导线的工作。在做完具有大电容设备的测量时，必须先将被测物对地短路放电，然后再停止兆欧表的转动。这主要是为防止电容器的放电而打坏兆欧表。

三、电动式兆欧表

为消除手摇发电机转速不均所引起的电压波动并减轻劳动强度，有的兆欧表不用手摇发电机，而由 220 V 工频交流电经变压器升压后再整流得到直流电源，这就是电动式兆欧表。ZC13 型兆欧表的原理电路如图 1-19 所示。

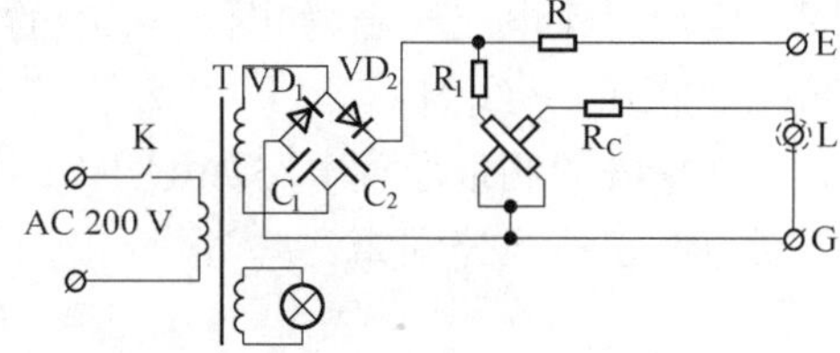

图 1-19　ZC13 型兆欧表原理电路图

第五节　功率表

瓦特表是用于测量功率的指示仪表，所以又称为功率表。功率表多采用电动系测量机构，有单相功率表和三相功率表之分。三相功率表是以单相功率表为基础构成的。本节以 D51 型单相功率表为例，讲述电动系单相功率表的测量原理和使用方法。

一、D51 型单相功率表的基本结构和测量原理

1. 基本结构

同其他电测量指示仪表一样，功率表主要由测量机构和测量电路构成。D51 型单相功率表采用的是电动系测量机构，电动系仪表的结构如图 1-20 所示，它有两个线圈：固定线圈(定圈)和活动线圈(动圈)。定圈又分成两部分，彼此平行排列，以使两线圈之间的磁场较均匀。

当定圈通以电流时，定圈周围就建立了磁场。在动圈中通以电流时，则将在定圈磁场中受到电磁力的作用而产生转动力矩，使仪表活动部分发生偏转，直到转动力矩与游丝所产生的反作用力矩相互平衡时才停止，指针即指示被测电量数值。利用空气阻尼器产生阻尼力矩(图 1-20 中仅画出空气阻尼器的叶片)。

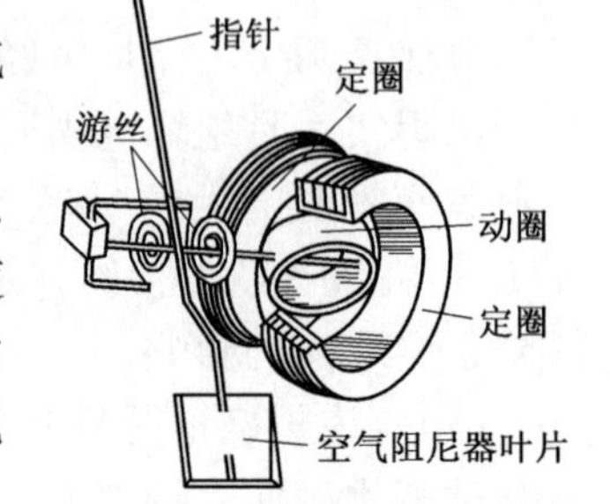

图 1-20 电动系仪表的结构

如果同时改变两个线圈中电流的方向，则电磁力的方向不会改变。也就是说，动圈所受到的转动力矩的方向不会改变，因此电动系仪表适用于交流电的测量。

电动系仪表用于直流电测量时，作用在仪表活动部分的力矩与相互作用的两线圈中的电流的乘积有关，即可动部分的偏转角与通过两线圈的电流有关。

电动系仪表用于交流电测量时，转动力矩随电流的变化而变化，由于仪表活动部分具有惯性，它来不及随转动力矩的瞬时值变化而变化，因此偏转角的大小取决于瞬时转动力矩在一个周期内的平均值。

所以 D51 型单相功率表是交直流两用的，而且是广义的“交流”，不仅指正弦交流电，还包括其他各种非正弦交流电。

2. 测量原理

D51 型单相功率表的测量电路很简单，仅仅是两个电流线圈的串、并联变换和在电压线圈支路加几组附加电阻而已。其目的是转换电流和电压线圈的测量范围，以扩大和改变功率测量范围。定圈用作电流线圈，如图 1-21 中的 A 线圈；动圈用作电压线圈，如图中的 B 线圈。

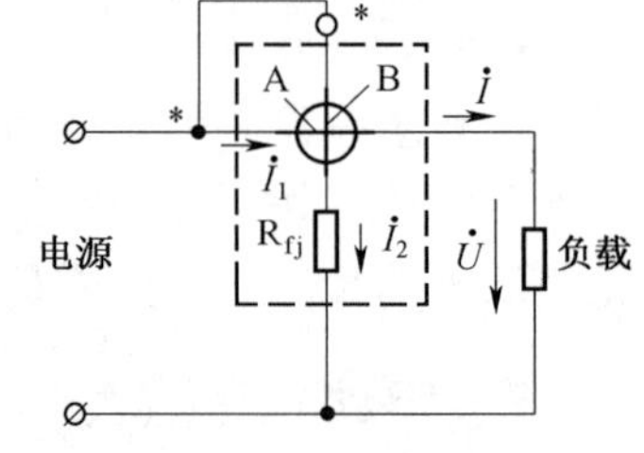

图 1-21 功率表的测量原理电路

功率表的测量原理电路如图 1-21 所示。在直流和交流电路中功率的表达式分别为

$$P=IU \quad 和 \quad P=IU\cos\varphi$$

即要用一个仪表测量功率的话，它必须反映电压和电流的乘积，电动系测量机构正是具有这个特点。

动圈偏转角 α 与两线圈中电流的关系为

$$\alpha=K_\alpha \cdot I_1 \cdot I_2$$

K_α 在合理设计下能成为与 α 无关的系数。

用于直流测量时，定圈中的电流 I_1 等于负载电流 I，即 $I_1=I$。

由于电流线圈两端的电压通常都远小于负载电压 U，所以电压支路两端的电压和 U 近似相等，则

$$I_2=\frac{U}{R}$$

式中，R 为电压支路总电阻。

在直流电路测量中，偏转角同功率的关系为

$$\alpha=\frac{K_\alpha \cdot I \cdot U}{R}=\frac{K_\alpha \cdot P}{R}=K_p \cdot P$$

式中，$K_p=K_\alpha/R$，也是一个与 α 无关的系数。

用于交流测量时，其偏转角为

$$\alpha=K_\alpha \cdot I_1 \cdot I_2 \cdot \cos\varphi$$

式中，φ 为电流 $\dot{I}_1$ 和 $\dot{I}_2$ 间的相位差角。

它说明电动系功率表用于交流测量时，除了需满足 $I_1=I$ 和 $I_2=U/Z$ 的条件外，还必须满足相位条件，即 $\dot{I}_1$ 与 $\dot{I}_2$ 间的相位差角 φ 等于 $\dot{U}$ 与 $\dot{I}$ 的相位差角 ψ。

因功率表电压线圈支路中的附加电阻 R_f 值很大，动圈的感抗可忽略不计，所以电压线圈支路可认为是纯阻支路。自然并联支路的 $\dot{I}_2$ 和电压 $\dot{U}$ 可近似认为同相，即 $\varphi=\psi$，所以功率表测量交流电时，偏转角 α 为

$$\alpha=K_\alpha \cdot I_1 \cdot I_2 \cdot \cos\varphi=\frac{K_\alpha \cdot I \cdot U}{Z}\cos\varphi=K_p \cdot P$$

式中，K_p 为一个与 α 无关的系数，$K_p=K_\alpha/Z$；P 为电路的有功功率。

从以上分析可知，单相功率表无论是用于测量直流电还是用于测量交流电，其指针的偏转角 α 的大小都取决于被测功率的大小，而与其他电量无关。

3. 多量限功率表

D51 型多量限功率表是一个多量限瓦特表。功率表扩大量限是通过扩大电流线圈、电压线圈量限来实现的。D51 型功率表有两个电流量限、四个电压量限，其电压、电流量限变换电路如图 1-22所示。

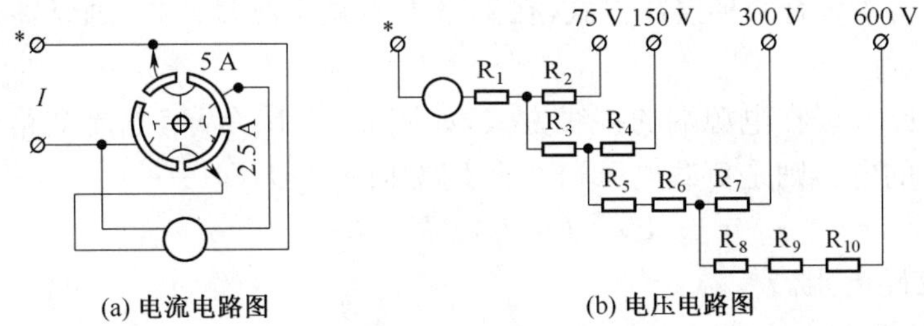

(a) 电流电路图　　(b) 电压电路图

图 1-22　D51 型多量限功率表电路

电流量限的转换靠两个完全相同的电流线圈的串、并联变换来实现。线圈的额定电流是固定的，若为 I_m，则两个相同线圈串联时允许的电流为 I_m；并联时允许的电流就为 $2I_m$，即可得两个量限 I_m 和 $2I_m$。D51 型多量限功率表是靠转换开关 K 实现线圈串、并联变换的。两个电流量限分别是 2.5 A 和 5 A。

功率表电压量限的变换是靠电压线圈串联不同的附加电阻实现的，这与电压表扩大量限完全相同。D51 型多量限功率表的四挡分别为 75 V、150 V、300 V、600 V。

二、功率表的使用方法

1. 功率表的接线

电动系测量机构产生的偏转力矩方向与两线圈中电流的方向有关。用于功率表时其动圈、定圈分处两个不同的支路,因而功率表的接线非常重要。

为使接线不致发生错误,通常在电流支路的一端(简称电流端)和电压支路的一端(简称电压端)标有“∗”“±”或“↑”等特殊标记(一般称它们为“发电机端”)。图 1-23(b)、(c)为功率表的两种正确接线方式,其接线规则如下:

(1)标有“∗”号的电流端钮必须接至电源的一端,而另一电流端钮则接至负载端。电流线圈是串联接入电路的。

(2)标有“∗”号的电压端钮,可接至电流端钮的任一端,而另一个电压端则跨接到负载的另一端。功率表的电压支路是并联接入电路的。

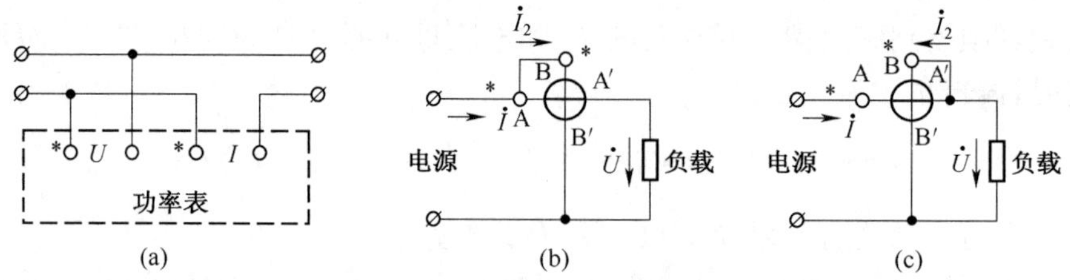

图 1-23 功率表的接线方式

如果接线发生错误,轻则指针反向偏转无法读数,重则表内绝缘有被击穿的危险。

如果功率表接线正确,但发现指针反转,则表明负载实际上含有电源,反过来向外输出功率。此时应去除负载中的电源。

2. 接线方式选择

图 1-23 所示功率表有两种接线方式,在测量中为减小测量误差,通常需对这两种方式进行选择。

(1)对电压支路并联在电源端的接线方式,如图 1-23(b)所示,电流支路流过的是负载电流,电压线圈测量的电压则是负载电压和电流支路压降之和,即

$$U_V = U + U_1 = U + I \cdot r_A$$

式中,r_A 为电流支路电阻。

这时功率表的读数为

$$P_W = P + I^2 \cdot r_A = I^2(R + r_A)$$

显然,要使测量误差小,需 $I^2 r_A$ 越小越好,故这种接线方式适合于 $R \gg r_A$,即负载电阻较大的场合。在变压器和电动机空载试验时,因负载等效阻抗较大,故多采用该方式。

(2)对电压支路并联在负载端的接线方式,如图 1-23(c)所示,电压线圈测量的是负载电压,但电流线圈测量的电流是负载电流和电压线圈电流 I_V 之和,即

$$I_A = I + I_V = I + \frac{U}{r_V}$$

式中,r_V 为电压支路总电阻。

这时功率表的读数为

$$P_W=P+\frac{U^2}{r_V}=U^2\left(\frac{1}{R}+\frac{1}{r_V}\right)$$

要使测量误差小，需使 U^2/r_V 尽量小，因而该接法适合于 $R \ll r_V$ 的场合。在变压器和电动机短路试验时，因负载等效电阻很小，故多采用此方式。

如果在实际测量中被测功率很大，无需考虑功率表的功耗，或被测功率很小，需要对功率表的功耗在测量结果中进行校正时，两种接线方式可任选。而在一般情况下，则应根据负载电阻大小和功率表的参数按上述原则对接线方式予以考虑，以减少测量误差。

3. 量程选择

选择功率表测量功率的量限，事实上是要正确选择功率表的电流量限和电压量限，务必使电流量限大于负载电流；电压量限高于负载电压，这样测量功率的量限自然就足够了。反之，只注意测量功率量限是否够，而忽视电压、电流量限是否和负载电压、电流相适应，则是错误的。例如要用功率表测一感性负载的功率，已知负载电压为 220 V，其功率大约为 800 W，功率因数为 0.8。如何选择量限呢？若只考虑功率量限，D51 型多量限功率表的 2.5 A、600 V 量限和5 A、300 V 量限均满足，但实际负载电流约为

$$I=\frac{P}{V\cos\varphi}=\frac{800}{220\times 0.8}=4.54\ (\mathrm{A})$$

超出 2.5 A 这个量限，显然第一种选择是不行的。

4. 功率表的正确读数

由于功率表大都是多量限的，为使一条标度尺适合各个量限，功率表的标度尺上只有分格数没有功率数。也即选用的功率量限不同，标尺上每格所代表的功率数是不同的。功率表每格所代表的瓦特数称为相应挡功率表的分格常数，常用 C 表示，即

$$C=\frac{U_m\cdot I_m}{\alpha_m}$$

式中　U_m——所使用功率表的电压额定值，V；

I_m——所使用功率表的电流额定值，A；

α_m——功率标度尺的满度格数。

知道了分格常数，就可计算出被测功率值，即

$$P=C\cdot\alpha$$

式中，α 为功率表指针的偏转格数。

例如：用 D51 型多量限功率表测量一负载的功率，选用的量限为 $U_m=300$ V，$I_m=5$ A。仪表标度尺的满标度格数为 $\alpha_m=75$ 格。测量时指针偏转格数为 $\alpha=50$ 格，问被测功率 P 为多少？

答：先算出所选挡分格常数，即

$$C=\frac{U_m\cdot I_m}{\alpha_m}=\frac{300\times 5}{75}=20\ (\mathrm{W/格})$$

然后计算出被测功率，即

$$P=C\cdot\alpha=20\times 50=1\ 000\ (\mathrm{W})$$

复习思考题

1. 电测量指示仪表如何分类?
2. 简述电测量指示仪表的组成及各部分的作用。
3. 简述磁电系仪表的结构和工作原理。
4. 磁电系电流表和电压表如何扩大量限? 为什么电流表与外附分流器必须配套使用?
5. 除了磁电系外,还有哪些类型的电测量指示仪表? 各有什么特点?
6. 电测量指示仪表的误差如何分类? 如何表示? 什么叫仪表的准确度等级?
7. 什么是仪表的灵敏度和仪表常数?
8. 如何合理选择和正确使用电测量指示仪表?
9. 简述万用表交流电压挡的工作原理,其刻度有何特点?
10. 用交流电压挡测量直流电压会得到什么结果?
11. 简述欧姆表的工作原理。
12. 欧姆中心有什么意义? 欧姆调零的原理是什么?
13. 没有万用表时,如何用电压表和电流表测量电阻?
14. 使用万用表要注意哪些事项?
15. 请思考,如何用万用表粗测晶体管?
16. 简述钳形电流表的结构、测量电路原理和使用方法。
17. 简述兆欧表的结构和测量原理。
18. 如何正确使用兆欧表?
19. 简述功率表的结构和测量原理。
20. 如何正确使用功率表?

第二章
较量仪器

前述电测量指示仪表，虽然使用方便，但准确度不太高，要想得到准确的测量结果，就必须使用较量仪器。较量仪器和指示仪表不同，它是依据比较测量法实现测量目的的。所谓比较测量法，就是把被测量直接与标准量相比较，从而得到被测量的测量值。由于有量具直接参与测量，所以测量准确度较高。

第一节　直流电桥

按所用测量电源的不同，电桥分直流电桥和交流电桥两大类。直流电桥主要用于测量直流电阻及相应的一些电量；交流电桥应用面较广，除可测交流等效电阻外，还可用于测量电容、电感、互感等众多电参量。

直流电桥按其桥路结构、特点的不同，有单臂电桥和双臂电桥之分。前者适合于测中值电阻（$1\sim10^6\ \Omega$），后者适合于测低值电阻（1 Ω 以下）。

一、直流单臂电桥

1. 惠斯通电桥

直流单臂电桥亦称惠斯通电桥，图 2-1 为惠斯通电桥的原理电路。

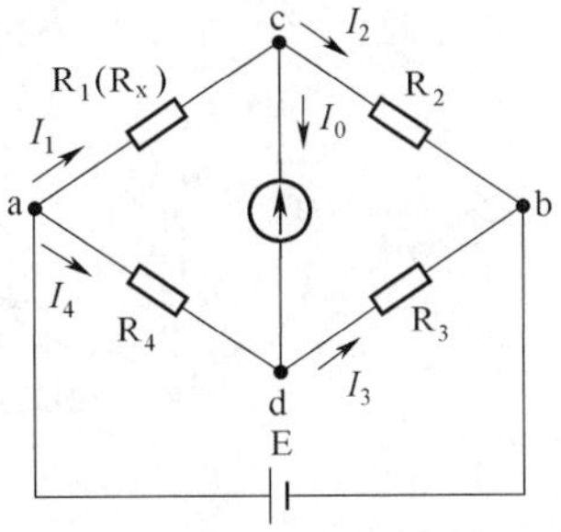

图 2-1　惠斯通电桥原理电路

通常把四个电阻所在支路称为电桥的四个桥臂，而把其余的两条支路称为电桥的对角线，即电源对角线和检流计对角线。若电桥中某一桥臂接被测电阻，而其余三个桥臂接可变电阻，则当接入测量电源和检流计后电桥进入工作状态，可发现通过调节三个桥臂的可变电阻值，能使检流计指示为零，这时电桥进入平衡状态。也就是说，所谓电桥平衡就是检流计支路的电流 I_0 为零，c、d 两点同电位。据此电桥平衡时可得下列方程组为

$$\begin{cases} I_1=I_2 & (2\text{-}1)\\ I_3=I_4 & (2\text{-}2)\\ I_1R_1=I_4R_4 & (2\text{-}3)\\ I_2R_2=I_3R_3 & (2\text{-}4)\end{cases}$$

把式(2-3)、式(2-4)相除并将式(2-1)、式(2-2)代入可得

$$\frac{R_1}{R_2}=\frac{R_4}{R_3}\qquad \text{即 } R_1\cdot R_3=R_2\cdot R_4 \tag{2-5}$$

式(2-5)说明调节桥臂电阻,当满足相对桥臂电阻之积相等的条件时,电桥进入平衡状态,因而称之为电桥平衡条件。根据此条件,显然在已知三桥臂电阻的情况下,可确定另一桥臂电阻值。假定 R_x 处第一桥臂,则可得 R_x 的测量值为

$$R_x=\frac{R_2}{R_3}\cdot R_4$$

一般来说,电桥中某一桥臂电阻值(例如 R_X)变化所引起的检流计支路电流或电压或功率的变化量越大,则说明电桥的灵敏度越高。测量中通常通过适当提高电源电压或选用灵敏度更高的检流计来提高电桥灵敏度。

2. QJ23 型直流单臂电桥

图 2-2 为 QJ23 型直流单臂电桥的电路原理图。作为实用测量桥路,它考虑了使用方便、测量安全,有条件时能提高测量灵敏度等问题。为了读数调节方便,把桥臂二、三做成了七挡固定比值形式,这七挡固定比值分别为 10^{-3}、10^{-2}、10^{-1}、1、10、10^2、10^3,而桥臂四则有四个变化范围,分别为 0~9、10~90、100~900、1 000~9 000 的十挡电位器构成,是一个有四位有效数的电阻箱。这样测量结果为桥臂四的电阻值 R_4 同桥臂二、三的比率值 R_2/R_3 的乘积,实际是十进制数浮点表示形式,即后者确定小数点位置,前者确定数值,所以通常把桥臂二、三称为比率臂,而把桥臂四称为比较臂。由于电桥所用检流计非常灵敏,为了保护其不受损坏,在检流计支路、电源支路中都接有带锁扣的自复式开关,测量时先接入电源;然后试着接入检流计,指针偏转不大时把检流计开关锁住,以防检流计因长时间过电流而烧坏。为了在需要时进一步提高测量灵敏度,该电桥可外接测量电源和检流计,其面板布置如图 2-3 所示。

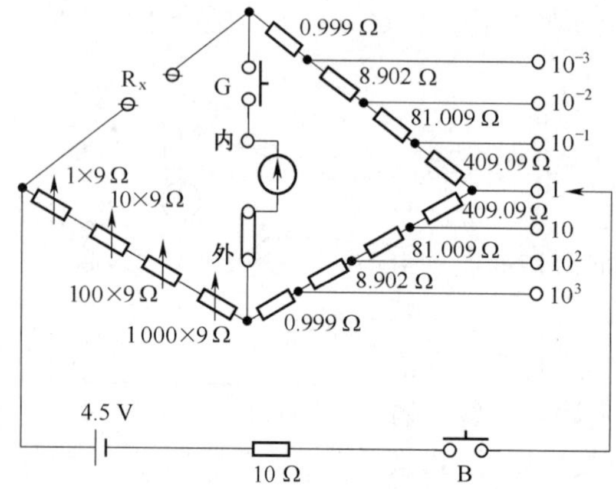

图 2-2 QJ23 型直流单臂电桥电路原理图

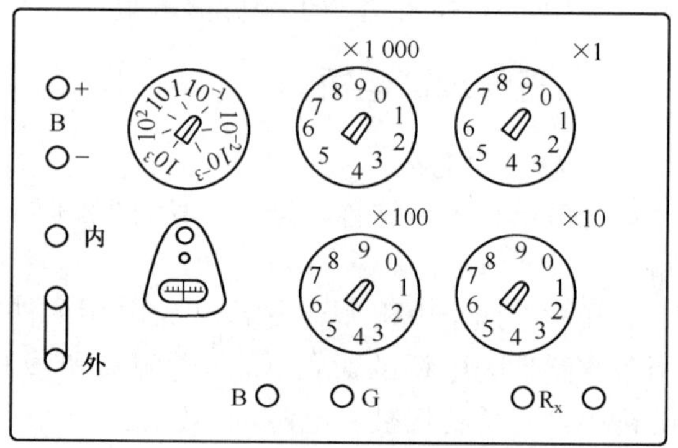

图 2-3 QJ23 型直流单臂电桥面板布置图

G—检流计支路开关;B—电源支路开关;

B+、B− —外接电源端钮;外—外接检流计端钮;

R_x—外接被测电阻端钮。

用电桥测量电阻是一种较精密的测量方法,因而使用方法必须正确,否则不仅得不到准确的测量结果,还可能烧坏电桥。因此务必注意下列各点:

(1)根据被测电阻值的大致范围和对测量准确度的要求,选择合适的电桥。自然所选电桥的测量范围应包含被测量,所选电桥的准确度应略高于被测电阻所允许的误差。

(2)需外接检流计时,检流计的灵敏度应选择得适当。太高,电桥难以平衡;太低,准确度达不到要求。一般选择的原则是,调节比较臂最低挡,检流计指针有明显的变化即可。

(3)若需外接电源,则应根据说明书的要求选择电源电压。一般允许的电压范围为 2～4.5 V。为了保护检流计,电源支路中最好串接一可变电阻,测量时通过逐渐减小电阻来提高电桥的灵敏度。

(4)测量被测电阻 R_x 前,应根据其估计值或万用表粗测值,恰当地选择比率臂的比率值。选择的原则是,使比较臂各位变阻器得到充分利用,以提高读数精度。例如,用 QJ23 型单臂直流电桥测 30 Ω 左右的电阻,则比率臂的比率值应选 10^{-2} 挡,这样当电桥平衡时可读得四位数;若选 10^{-1} 挡,虽也可得测量结果,但比较臂的最高位变阻器值只能为零,所以只能读到三位数。这自然是不能令人满意的。

(5)接线时,应注意检流计及电源极性。所有接线处要拧紧,以免因接触不良使电桥极端不平衡,导致检流计因过流而损坏。

(6)测量时,先将电源支路开关按下并锁住。即先接通电源,然后再按检流计支路开关接入检流计,并反复调节比较臂和比率臂直至检流计指示为零,使电桥达到平衡。在调节过程中要注意不要即刻把检流计支路开关按上锁住,因为初调时通过检流计的电流可能很大,所以开头几次调节只能试探性地按一下,观察平衡情况,只有当指针偏转不大时,才可把其锁住,再反复进行细调。

(7)测量完毕应先断开检流计,再断开电源,最后断开被测元件。这点很重要,否则检流计会因电桥极度不平衡(先断被测元件)或因被测感性元件的感应电势(先断电源)的作用而被损坏。

二、直流双臂电桥

在维修工作中,有时需测量诸如分流器、变压器Ⅰ、Ⅱ次线圈、电动机绕组等小阻值器件的电阻,其电阻有时不到 1 Ω,这时若用直流单臂电桥来测量,则测量结果将包含测量用导线电阻和接触电阻,而此误差在这时是不允许忽视的。若改用双臂电桥则可解决此问题。

1. 开尔文电桥原理电路

直流双臂电桥简称双电桥,又称开尔文电桥,其原理电路如图 2-4 所示。该电路最大的特点是,被测电阻 R_x 和作为比较臂的标准电阻 R_n 均有四个端钮。图中,C_{n1}、C_{n2} 和 C_{x1}、C_{x2} 分别称为 R_n 和 R_x 的“电流端钮”,而 P_{n1}、P_{n2} 和 P_{x1}、P_{x2} 分别称为它们的“电位端钮”。接线时必须严格遵守电位端钮紧靠电阻,电流端钮在电位端钮外侧的规定,否则将达不到消除或减小接线电阻和接触电阻对测量结果影响的目的。

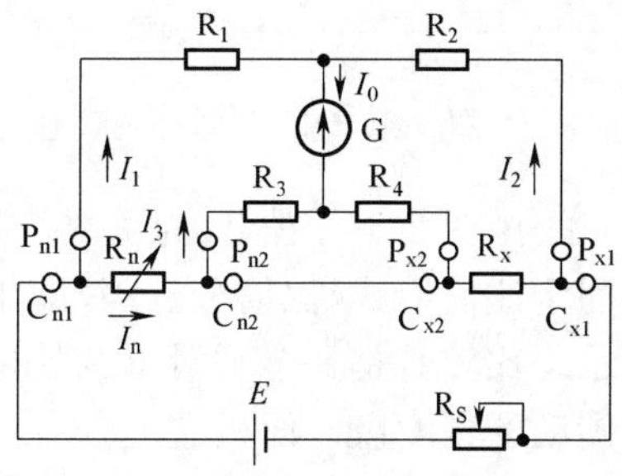

图 2-4　开尔文电桥原理电路图

为何用双臂电桥就可得到较准确的测量结果呢?关键在于经上述处理后,接触电阻和接线电阻被转移到其他支路之中,这就为消除或减小其对测量结果的影响创造了条件。如 C_{n1} 和 C_{x1} 点的接触电阻和接线电阻在电源支路之中,只影响电源支路中电流的大小,对整个电桥的平衡毫无影响;再如 P_{n1}、P_{x1} 分别在 R_1、R_2 支路中,只要 R_1 和 R_2 的选值不小于 10 Ω,其接线电阻和接触电阻对支路电阻的影响是微不足道的。至于余下的四个接点的接触电阻和接线电阻通过下列推导可发现，只要适当配置 R_1、R_2、R_3 和 R_4，就可消除其影响。由图 2-4可见，当电桥平衡时因 $I_0=0$，通过 R_1 和 R_2 的电流及流过 R_3、R_4 的电流分别相等，所以可列出方程组为

$$\begin{cases} R_1 I_1 = R_n I_n + R_3 I_3 \\ R_2 I_2 = R_x I_n + R_4 I_3 \\ R(I_n - I_3) = (R_3 + R_4) I_3 \end{cases}$$

解此方程组可得

$$R_x = \frac{R_2}{R_1} \cdot R_n + \frac{R \cdot R_2}{R + R_3 + R_4}\left(\frac{R_3}{R_1} - \frac{R_4}{R_2}\right)$$

显然电桥平衡时若使 $R_3/R_1 = R_4/R_2$，则有

$$\frac{R \cdot R_2}{R + R_3 + R_4}\left(\frac{R_3}{R_1} - \frac{R_4}{R_2}\right) = 0$$

那么被测电阻为

$$R_x = \frac{R_2}{R_1} \cdot R_n$$

即 R_x 的阻值只取决于 R_2 和 R_1 的比值及比较臂标准电阻 R_n 的阻值，而与 C_{n2}、C_{x2}、P_{n2} 和 P_{x2} 等接点所在支路的 R(C_{n1} 和 C_{x2} 的连线电阻)和 R_4 的阻值无关。但是，由于受检流计灵敏度的限制，电桥不可能达到绝对平衡，也不可能使得 R_3/R_1 和 R_4/R_2 完全相等。所以一般 R_3 和 R_4 的选择应不小于 10 Ω，电阻 R 应用足够粗的铜线制成，以尽可能地减小测量误差。

2. QJ103 型直流双电桥

QJ103 型直流双电桥原理电路如图 2-5 所示。图 2-6 是它的面板示意图。

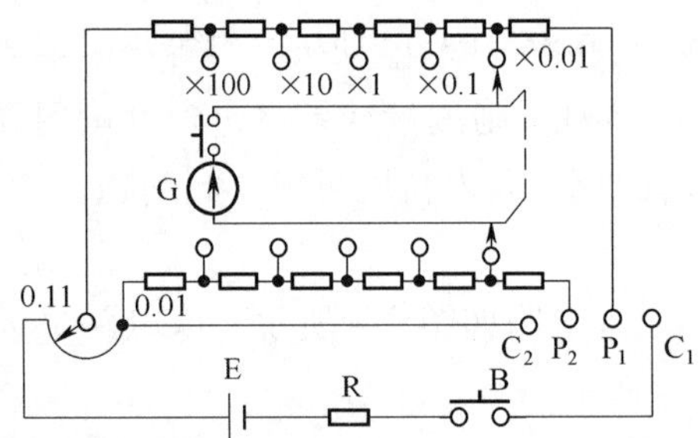

图 2-5　QJ103 型直流双电桥原理电路图

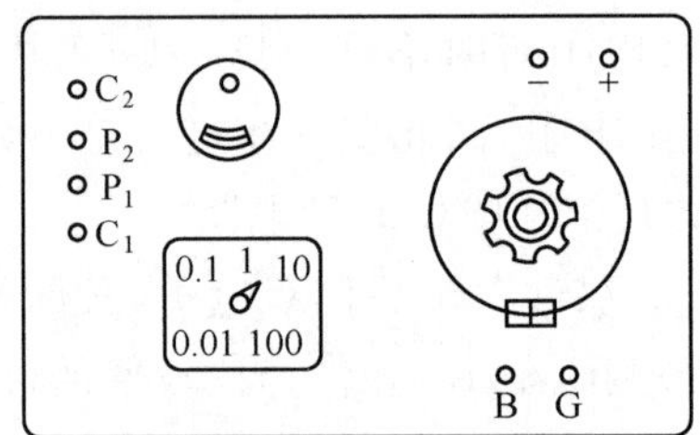

图 2-6　QJ103 型直流双电桥面板

由图 2-5 可看出，为了尽量使 R_3/R_1 和 R_4/R_2 相等，把 R_2/R_1 和 R_4/R_3 做成同步相等的固定比值形式，比值分五挡，即 100、10、1、0.1 和 0.01，面板左下方有相应的旋钮，如图 2-6 所示。比较臂是一个平滑可调的标准电阻，其阻值在 0.01～0.11 Ω 之间，面板右方有一相应可旋动的刻度盘。面板左上方有四个测量接线端(电流端钮 C_1、C_2 及电位端钮 P_1、P_2)，检流计表头右下方有检流计和电源接入按钮。左上方有外接测量电源接线端钮等，可外接测量电源。

电桥平衡时，被测电阻 R_x 为比率臂旋钮指示值与比较臂指示值之积。

3. 直流双臂电桥的使用注意事项

使用直流双电桥除了应如直流单臂电桥那样合理使用外，还需注意以下几点：

(1)被测电阻 R_x 需引出四个端钮且必须遵守电位端钮紧靠被测电阻，电流端钮在电位端钮外侧的规定。连接线应选用短而粗且导电性能良好的导线，接线处应接触紧密。

(2)在调节或选用标准电阻时,最好选择在(0.1～10)R_x 间。

(3)测量时,最好能针对不同的被测电阻调整电源电压,以得到与被测电阻相适应的测量灵敏度。测量电压较高时,应特别注意电源支路电流,以免电流过大而烧坏标准电阻、被测电阻或其他桥臂电阻。电源电压应与桥路电阻允许功率相适应,不要盲目提高测量电源电压。

第二节　交流电桥

采用交流测量电源的电桥称为交流电桥。常用的交流电桥可分为阻抗比电桥和变压器电桥两大类。相比较而言,后者测量准确度高,但制作较困难,价格较贵,所以前者应用较广。通常把阻抗比电桥称为交流电桥。本节只介绍阻抗比电桥。

一、交流电桥概述

1. 交流电桥的原理电路

图 2-7 为交流电桥的原理电路,其结构与直流电桥相仿。虽然电源改用交流电源,检流计改用交流指零仪,但它仍由四个桥臂支路和两条对角线支路构成。正是由于电源的变化,使它的桥臂构成不再局限于纯阻元件,而可以是电感元件、电容元件,因此可以说直流电桥是交流电桥的一个特例。

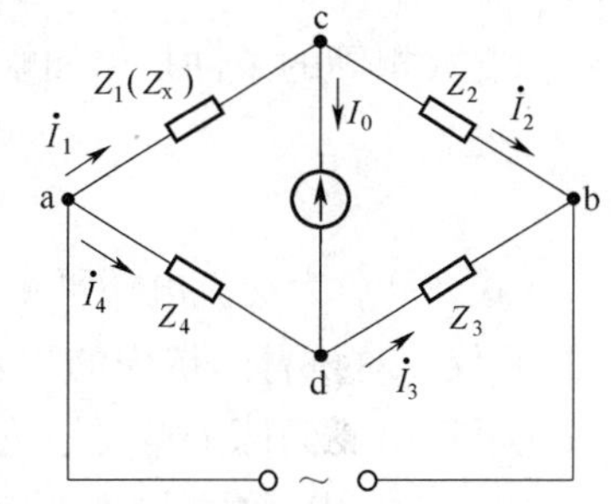

图 2-7　交流电桥的原理电路

同直流电桥相似,调节交流电桥的桥臂参数亦可使交流指零仪指零,即 c、d 两点同电位,I_0等于零,交流电桥平衡。这时有

$$\begin{cases} U_{ac}=U_{ad} \\ U_{cb}=U_{db} \end{cases}$$

即

$$\begin{cases} \dot{I}_1\dot{Z}_1=\dot{I}_4\dot{Z}_4 & (2\text{-}6) \\ \dot{I}_2\dot{Z}_2=\dot{I}_3\dot{Z}_3 & (2\text{-}7) \end{cases}$$

式(2-6)与式(2-7)相除得

$$\frac{\dot{I}_1\dot{Z}_1}{\dot{I}_2\dot{Z}_2}=\frac{\dot{I}_4\dot{Z}_4}{\dot{I}_3\dot{Z}_3} \tag{2-8}$$

因这时,$I_0=0$,所以

$$\dot{I}_1=\dot{I}_2 \qquad \dot{I}_3=\dot{I}_4 \tag{2-9}$$

将式(2-9)代入式(2-8)可得

$$\frac{\dot{Z}_1}{\dot{Z}_2}=\frac{\dot{Z}_4}{\dot{Z}_3}$$

即

$$\dot{Z}_1\cdot\dot{Z}_3=\dot{Z}_2\cdot\dot{Z}_4 \tag{2-10}$$

这就是交流电桥的平衡条件,它要求相对桥臂的阻抗之积相等。

根据平衡条件,若$\dot{Z}_1$ 为被测阻抗$\dot{Z}_x$,则

$$\dot{Z}_x=\frac{\dot{Z}_2}{\dot{Z}_3}\cdot\dot{Z}_4$$

已知其他桥臂的阻抗值,就可求得被测阻抗值。

2. 交流电桥平衡条件分析

在正弦交流电路中,阻抗可用复数形式表示,即

$$\dot{Z}=R+\mathrm{j}X=Z\mathrm{e}^{\mathrm{j}\varphi}$$

若把交流电桥的平衡条件也用复数指数形式来表示,则式(2-10)变化为

$$Z_1\mathrm{e}^{\mathrm{j}\varphi_1}\cdot Z_3\mathrm{e}^{\mathrm{j}\varphi_2}=Z_2\mathrm{e}^{\mathrm{j}\varphi_2}\cdot Z_4\mathrm{e}^{\mathrm{j}\varphi_4}$$

即

$$Z_1\cdot Z_3\cdot\mathrm{e}^{\mathrm{j}(\varphi_1+\varphi_3)}=Z_2\cdot Z_4\cdot\mathrm{e}^{\mathrm{j}(\varphi_2+\varphi_4)}$$

复数相等的条件是模和幅角均相等,故有

$$\begin{cases}Z_1\cdot Z_3=Z_2\cdot Z_4\\ \varphi_1+\varphi_3=\varphi_2+\varphi_4\end{cases}\tag{2-11}$$

式(2-11)为交流电桥平衡条件的另一种表示形式,它说明交流电桥平衡,需满足两个条件,不仅相对桥臂阻抗模的积要相等,而且还要满足幅角条件,即相对桥臂阻抗的幅角和相等。据此可得出下面两个重要结论:

(1)交流电桥的桥臂阻抗性质必须按一定方式配置

若不考虑阻抗性质,任意选择元件来组成电桥的四个桥臂,该电桥就可能无法调节平衡。例如,桥路中 Z_2、Z_3 用纯电阻元件,Z_4 用感性阻抗元件,若用它来测电容,桥路就无法调节平衡,因为幅角条件不可能得到满足,所以交流电桥的桥臂元件的性质必须按交流电桥平衡条件合理配置。

(2)交流电桥平衡调节较直流电桥困难

交流电桥平衡需同时满足两个条件,通常需反复调节两个桥臂的参数才能使电桥进入平衡,所以平衡调节较困难。为简化电路,提高测量准确度和方便调节,交流电桥一般有两个桥臂选用纯电阻元件。采用纯电阻元件有两个优点:一是纯电阻元件准确度易做得高;二是调节纯电阻桥臂的值不影响幅角。

两个桥臂选用纯电阻元件,有两种情况:一组相邻桥臂采用纯电阻元件(如 Z_2、Z_3 用纯电阻元件);另一组相对桥臂采用纯电阻元件(如 Z_2、Z_4 用纯电阻元件)。由于纯阻元件的幅角为零,所以要满足电桥平衡的幅角条件,前者就要求 $\varphi_1=\varphi_4$,即 Z_1、Z_4 为同性质阻抗元件;后者则要求 $\varphi_1+\varphi_3=0$,即要求 Z_1、Z_3 为相异性质阻抗元件。

尽管如此,桥臂参数仍可根据不同的测量目的进行多种配置,形成很多形式。从以上说明可知,它所需标准量具除标准电阻外,还需同被测量性质相同或相反的标准电抗量具。理论上说,标准电容器、标准电感线圈均可作为其标准量具。因工艺上的原因,交流电桥大多采用标准电容器作为标准量具。这不仅是因为标准电容器能达到较高的准确度,而且因为它不受外磁场影响且受温度变化的影响也较小。

二、电容电桥

电容电桥适合测量电容器的电容量及其损耗角。为了清楚电容电桥的工作原理,先介绍实际电容器的等效电路,再介绍电容电桥的工作原理。

1. 被测电容器的等效电路

实际电容器并非理想元件，它仍存在能耗即所谓的介质损耗，所以流过电容器的电流与它两端产生的电压的相位差并非 90°，而是比 90°要小的一个 δ 角，δ 即称为电容器介质的损耗角。为如实反映此特性，常把电容器看成是一个电阻同一个理想电容的串联，或是一个电阻同一个理想电容的并联，即所谓电容器的串联等效电路和并联等效电路，分别如图 2-8 和图 2-9 所示。

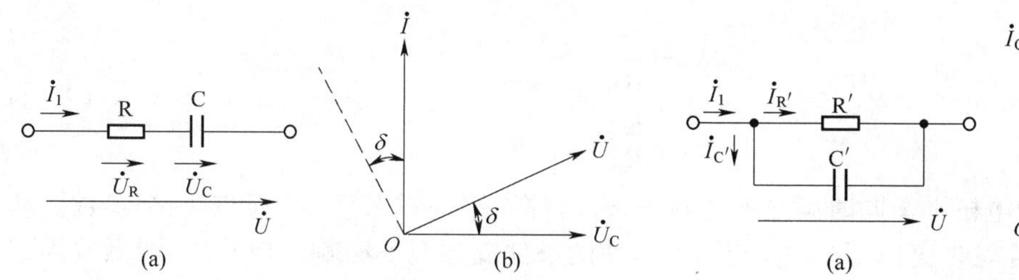

图 2-8　实际电容器的串联等效电路 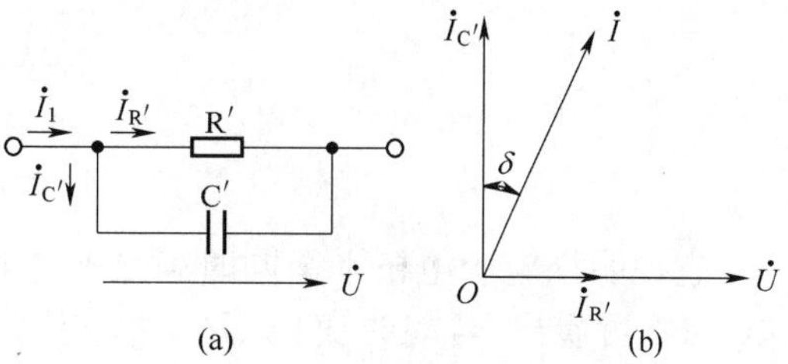　　图 2-9　实际电容器的并联等效电路

必须说明，用上述两种等效电路同时描述一个电容器时，因模拟的机理不同，两种等效电路中反映电容损耗的电阻是不可能相等的，也即用电阻来描述损耗必须同时标明采用何种等效电路，显然很不方便。为了方便起见，通常用电容器的损耗角 δ 的正切 $\tan\delta$ 来表示电容的介质损耗特性，并用符号 D 表示，通常称它为损耗因数。它在串联等效电路中的计算式为

$$D=\tan\delta=\frac{U_{\mathrm{R}}}{U_{\mathrm{C}}}=\frac{IR}{\dfrac{I}{\omega C}}=R\omega C$$

在并联等效电路中的计算式为

$$D=\tan\delta=\frac{I_{\mathrm{R}}}{I_{\mathrm{C}}}=\frac{\dfrac{U}{R'}}{\dfrac{U}{\dfrac{I}{\omega C}}}=\frac{1}{\omega R'C}$$

虽然 D 在两种等效电路中的表现形式不同，但电容器上的电流和电压间的相位差 φ 与损耗角 δ 间的关系均为 $\varphi=90°-\delta$，这对于两种等效电路均合适，所以无论用何种等效电路，求出的损耗因数 D 的值应一致。

2. 测量低损耗电容的电容电桥

适合于测量低损耗电容的电容电桥，又称为维纳电桥，其电路原理如图 2-10 所示。

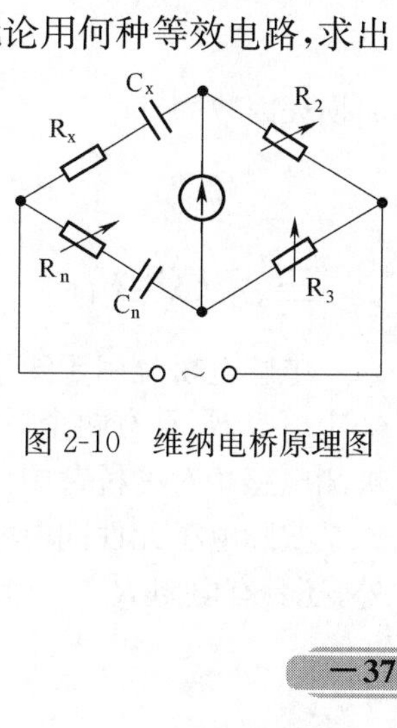

图 2-10　维纳电桥原理图

该电桥的特点是：一组相邻桥臂（桥臂二、三）采用纯电阻元件；被测电容采用串联模式（桥臂一），而标准电测量具采用标准电容，它与一标准可变电阻以串联的形式出现（桥臂四）。显然反复调节 R_{n} 和 R_2、R_3 的比率可使电桥进入平衡状态，这时有

$$\left(R_x+\frac{1}{j\omega C_x}\right)\cdot R_3=\left(R_n+\frac{1}{j\omega C_n}\right)\cdot R_2 \tag{2-12}$$

令式(2-12)实数部分和虚数部分分别相等,有

$$\begin{cases}R_xR_3=R_nR_2\\ \dfrac{R_3}{C_x}=\dfrac{R_2}{C_n}\end{cases}$$

整理可得

$$\begin{cases}R_x=\dfrac{R_2}{R_3}\cdot R_n\\ C_x=\dfrac{R_3}{R_2}\cdot C_n\end{cases} \tag{2-13}$$

它说明该电容电桥平衡同时满足上述两个条件,那么平衡调节至少需调节两个参数。从式(2-13)可看出,若能改变 C_n、R_n,可单独调节,使两条件成立互不影响。但 C_n 一般做成固定的,因而必须通过调节对两式均有影响的 R_2、R_3 比值,来实现第二个条件的成立,这使平衡调节变得较困难,需反复调节 R_n、R_2 和 R_3 等参数才能达到。

电桥平衡后,C_x、R_x 可经式(2-13)算得,而其损耗因数 D 为

$$D=\omega R_xC_x=\omega R_nC_n$$

3. 测量高损耗电容的电容电桥

在电容的串联等效电路中,电阻 R_x 越大表明电容的损耗越大。显然用上述电桥测量时,R_x 越大,相应地要求 R_n 就越大。由于 R_n 太大会影响桥路灵敏度,所以被测电容损耗较大时,需采用图 2-11 所示的电路来测量。它与维纳电桥的不同之处是,标准电容 C_n 与可变标准电阻 R_n 以并联的形式出现,相应地若用并联等效电路表示被测电容,则电桥平衡时有

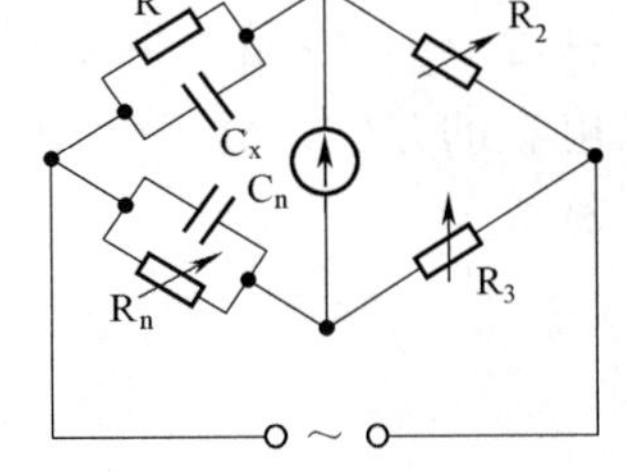

图 2-11　测量高损耗电容的电容电桥电路

$$R_2\cdot\left(\frac{1}{\dfrac{1}{R_n}+j\omega C_n}\right)=R_3\cdot\left(\frac{1}{\dfrac{1}{R_x}+j\omega C_x}\right)$$

整理后可得

$$\begin{cases}C_x=C_n\cdot\dfrac{R_3}{R_2}\\ R_x=R_n\cdot\dfrac{R_2}{R_3}\end{cases}$$

而损耗因数为

$$D=\frac{1}{\omega C_xR_x}=\frac{1}{\omega C_nR_n}$$

三、电感电桥

电感电桥是用于测量电感元件的交流电桥。它可接成多种线路,但因标准电抗量具大多采用电容器,且有两个桥臂选用纯电阻元件,所以实际的电感电桥一般将标准电容器安置在与被测电感相对的桥臂中。

实际电感元件同电容器一样并非理想元件,它也具有损耗,即实际电感除了具有感抗 ωL 外,还具有电阻 R。一般用品质因数 Q 来衡量实际电感元件的性能。品质因数 Q 的计算式为

$$Q=\frac{\omega L}{R}$$

显然 Q 越大，电感的内阻 R 越小；反之则越大。

1. 测量高 Q 值电感的电感电桥

测量高 Q 值电感的电感电桥又称海氏电桥，其原理电路如图 2-12所示。它的特点是标准电容 C_n 同可变标准电阻 R_n 以串联形式出现在与测量桥臂相对的桥臂中。

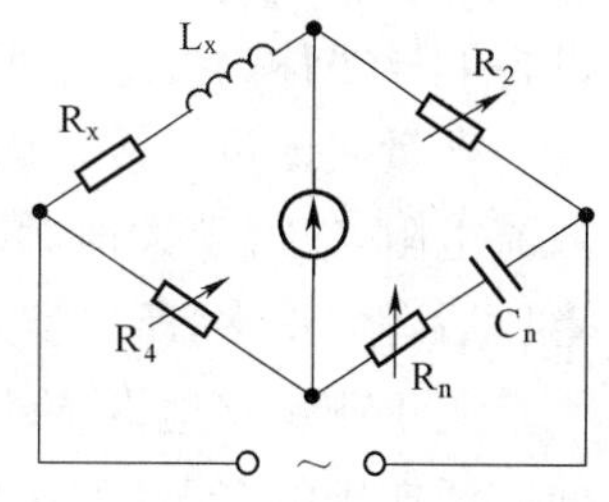

图 2-12　海氏电桥电路原理图

根据电桥平衡的条件，两相对桥臂阻抗的积应相等，所以电桥平衡时必有

$$(R_x+j\omega L_x)\cdot\left(R_n+\frac{1}{j\omega C_n}\right)=R_2\cdot R_4$$

化简后可得

$$\begin{cases}L_x=\dfrac{R_2\cdot R_4\cdot C_n}{1+\omega^2C_n^2R_n^2}\\R_x=\dfrac{R_2\cdot R_4\cdot R_n(\omega C_n)^2}{1+\omega^2C_n^2R_n^2}\end{cases}$$

以上化简结果说明，海氏电桥的平衡同频率有关，因此使用该桥路测量时若外接测量电源，需注意所用电源频率及其波形是否符合要求。

用海氏电桥测量其 Q 值为

$$Q=\frac{\omega L_x}{R_x}=\frac{1}{\omega R_n C_n} \tag{2-14}$$

式(2-14)说明，Q 值越低，则要求 C_n 越大。然而标准电容的值不可能做得很大，若靠提高 R_n 来弥补，显然又将影响电桥的灵敏度，因此海氏电桥只适合于测量 Q 值较高的电感元件。

2. 测量低 Q 值电感的电桥

图 2-13 所示桥路为测量低 Q 值电感的电感电桥，该电桥又称麦克斯韦电桥。

它与海氏电桥的不同之处是，标准电容 C_n 同可变标准电阻 R_n 以并联方式接在测量桥臂相对的桥臂中。

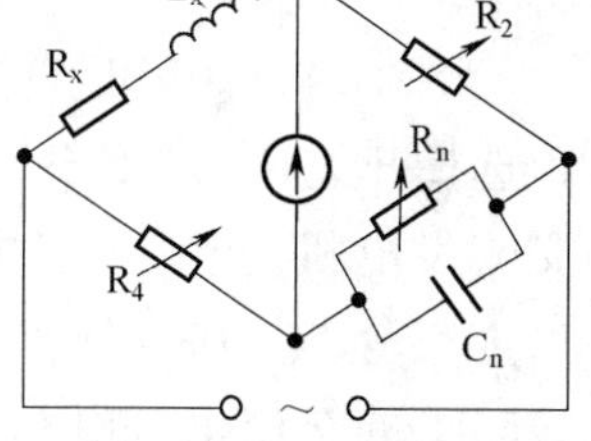

图 2-13　麦克斯韦电桥电路原理图

同其他电桥一样，通过平衡时桥臂间的关系可求得测量结果为

$$\begin{cases}L_x=R_2\cdot R_4\cdot C_n\\R_x=\dfrac{R_2}{R_n}\cdot R_4\\Q=\dfrac{\omega L_x}{R_x}=\omega R_n C_n\end{cases}$$

第三节　接地电阻测量仪

一、接地的概念

为了避免雷电或其他高压对人身、电气设备造成危害，电气设备、建筑物等常常需安装接地线。在信号设备中，组合柜、控制台外壳、电源屏外壳、电源变电器Ⅱ次侧等均需做接地处理。

所谓接地就是把具有一定尺寸的金属导体埋进大地中,再用导线把它与需接地的设备相连,从而构成设备与大地间的电气连接。埋在大地中的金属导体称为接地体,而连接接地体和设备的导线称为接地导线,两者统称为接地设备。

衡量接地设备接地优劣的标准是其接地电阻值。接地设备的接地电阻包括两部分:一是散流电阻,它反映大地对于接地体通过电流之电阻;另一个是接地设备本身所具有的电阻。前者比后者大得多,所以实际测量的接地电阻可认为就是散流电阻。

用于测量接地设备的接地电阻的测量仪表种类很多,测量原理也各不相同。本节介绍目前广泛使用的 ZC-8 型接地电阻测量仪。

二、ZC-8 型接地电阻测量仪的组成

ZC-8 型接地电阻测量仪主要由手摇交流发电机、电流互感器、滑线电阻器、相敏整流器、量程转换开关及检流计组成,是一种便携式仪表,全部机构装于携带式外壳内。附件有接地探针及连接导线等,装于附件布袋内。

根据其测量端钮个数的不同有三端钮、四端钮之分,它们的电路原理相近。它除了可以测各种接地设备的接地电阻外,还可测低电阻导体的电阻。四端钮仪表还可以测量土壤的电阻率。

三、ZC-8 型接地电阻测量仪的测量原理

ZC-8 型接地电阻测量仪是根据电位差计的原理设计的,现以三端钮为例予以说明。ZC-8 型接地电阻测量仪原理电路如图 2-14 所示。

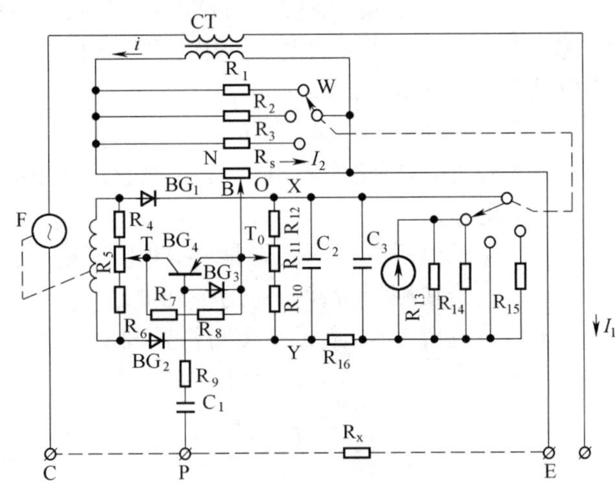

图 2-14　ZC-8 型接地电阻测量仪电路原理图

图 2-14 中 CT 是电流互感器,W 是量程选择开关,R_s 和 F 分别为滑线变阻器和交流发电机,当手摇发电机以 120 r/min 以上转速转动时,能产生频率为 110～115 Hz的交流电,此时,手摇发电机输出的电流 I_1 经电流互感器 CT 的 Ⅰ 次线圈→E 端子→接地体接地电阻 R_x→辅助接地电极 C 端子构成闭合回路。电流互感器 CT 的Ⅱ次线圈感应电流 I 经滑线电阻 R_s 构成回路。电流 I_2 随 I_1 的变化而变化,当选择开关 W 位置确定后,它们的比值是常量。

辅助接地棒的接地电阻 R_c 和 R_p(分别为辅助接地棒 P、C 的接地电阻)分别在发电机支路的 BG_4 基极支路中,因而加在相敏整流器输入端 PB 间的电压仅仅是接地电阻 R_x 上的电压和滑线可变电阻 R_s(BO 段)上的电压之代数和,而与 R_p、R_c 无关。相敏整流器只要输入信号与其所用电源同相或相位差 180°,它就有整流输出,供检流计使用。因流过 R_s 的电流 I_2、流过

R_x 的电流 I_1 和相敏整流器所用电源出自同一发电机，必然满足上述相位要求，所以当检流计指示为零时，即有

$$U_{BO}=U_{PE}$$

也即

$$I_1R_x=I_2R_{BO}$$

由此可得

$$R_x=R_{BO}\cdot\frac{I_2}{I_1}=\frac{1}{K_I}\cdot R_{BO}$$

式中，K_I 为 W 位置所选定的电流比值，$K_I=\frac{I_1}{I_2}$，比值的大小取决于 R_1、R_2、R_3。

为方便读数，这里把 K_I 的比值选定为 1、10 和 100，所以实际测量时只要读取 R_s 的刻度值除以相应的倍率就可得到接地电阻 R_x 的值。

由图 2-14 可见相敏整流器由晶体管 BG_1～BG_4、电阻 R_4～R_{12} 及电容器 C_1 等元件构成。相敏整流器的输入端为 BO，取 U_{BO} 和 U_{PE} 叠加值，输出经 π 形低通滤波器加在检流计上，检流计的灵敏度随 K_I 的不同而不同，以相适应。它的工作电源由手摇发电机 F 供给。由于它具有以电位器 R_5、R_{11} 的活动触点 T、T_0 为分界点上下阻值对称之特点，所以当 BP 间无信号输入时，电源正半周流过 T_0 点上方电阻的电流同电源负半周流过 T_0 点下方电阻的电流大小及变化相同，方向相反，因而相敏整流器只有正负对称的交流信号输出而无直流分量。然而当 BP 间有信号输入，且该信号与电源电压频率相同，相位相同或相反时，情况就大不相同了，假如相敏整流器的输入信号相位与电源相位相同，那么当 $U_{BO}>U_{PE}$ 且测量电源处正半周时，由于输入信号大于零，所以在 BG_4 的放大作用下流过电阻 R_{XT} 的电流比输入信号为零时的要大，因而正半周加到检流计上的电压比输入为零时也将大；而当电源处在负半周时，输入信号量值不变，但显然将变为负信号，所以 BG_4 的输出电流即流过 R_{YT} 电流亦将变小，所以加到检流计的电压比输入为零时的要小，因而从整个周期来看，正半周加在检流计的电压远大于负半周时的电压，有直流电压存在，所以检流计将发生偏转。同理可分析在 $U_{BO}<U_{PE}$ 时检流计输出信号亦发生畸变，而存在直流成分输出。

若输入信号与电源间无此特定频率、相位关系，将无此效果。例如，若输入信号频率为电源电压频率的 2 倍或 1/2 时，则前者因正负半周畸变相同，后者因畸变相反，所以均无直流分量输出。

接地电阻测量仪采用交流测量电源和相敏整流器，目的是避免因为测量而增加土壤的导电离子和防止杂散电流的干扰。土壤加上直流电压会使其中一些成分起化学变化，增加土壤中电介质的含量；交流杂散电流特别是工频 50 Hz 的交流电是很难避免的，所以如不设法避免和防止就不可能测到准确的值。

四、ZC-8 型接地电阻测量仪的使用方法和注意事项

1. 使用方法

(1)盘面布置

ZC-8 型接地电阻测量仪盘面布置如图 2-15 所示，除了测量端钮 P、C、E 及检流计外，主要

有“倍率标度”开关和“测量标度盘”旋钮。“倍率标度”开关有三挡,分别为×0.1、×1、×10。“测量标度盘”上标度均匀,从0到10。

(2)使用步骤

①沿被测接地电极E′,使电位探针P′和电流探针C′,依直线彼此相距20 m,且将电位探针P′插于接地极E′和电流探针C′之间,然后用导线将E′、P′和C′连于仪表相应的端钮,如图2-16所示。

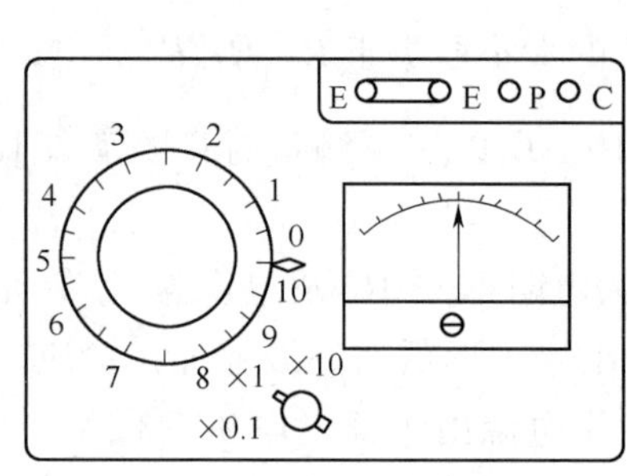

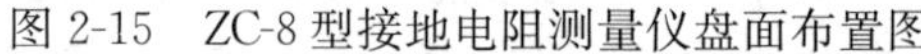
图2-15　ZC-8型接地电阻测量仪盘面布置图

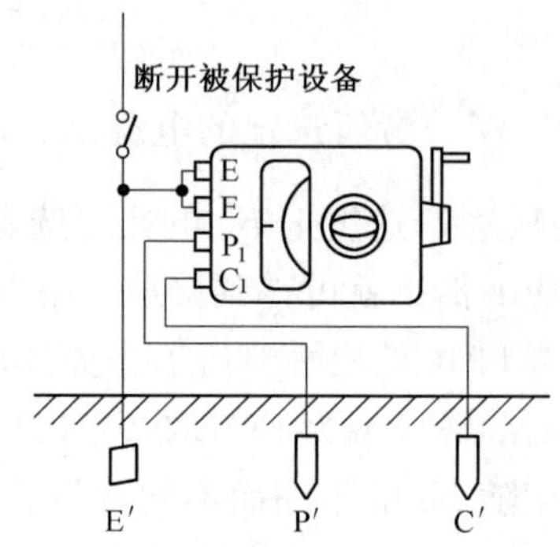

图2-16　ZC-8型接地电阻测试仪的使用

实验表明,接地电阻主要集中于接地电极周围很小的范围内,在接地点附近阻值增加快,离接地点超过20 m电阻值就几乎不再增加了,所以在实际测量中一般把离接地极20 m测得的电阻值作为该接地极的接地电阻。

②将仪表水平放置,检查检流计的指针是否指于中心线上,否则可用零位调整器将其调整指于中心线。

③先将“倍率标度”K_1置于最大倍数,慢慢转动发电机摇把,同时旋动“测量标度盘”使检流计指针指于中心线。当检流计指针接近中心线时,加快摇动摇把,使发电机转速达到120 r/min以上,调整“测量标度盘”使指针指于中心线上。

④如“测量标度盘”的读数小于1时,应将“倍率标度”置于较小的倍数,然后重新按上述方式调整“测量标度盘”以得到正确的读数。

⑤用“测量标度盘”的读数乘以“倍率标度”的倍数即为所测接地电阻值。

2. 注意事项

(1)当检流计灵敏度过高时,可将电位探针浅插土壤中,这相当于提高BG_4的阻容耦合输入电阻,从而减小了输入信号量;当检流计灵敏度不够时,可沿电位探针和电流探针注水使其湿润,这可起到减小阻容耦合输入电阻和发电机回路电阻的作用,从而在同等条件下加大相敏整流器的输入信号,从而提高了仪表的灵敏度。

(2)当接地极E′和电流探针C′间的距离大于20 m时,电位探针P′的位置插在离开E′、C′之间的直线几米以外时,其测量时的误差可不计;但E′、C′之间的距离小于20 m时,则应将电位探针P′正确地插于E′和C′的直线中间。

(3)测量地线电阻时,应将地线同被保护的电气设备断开。

复习思考题

1. 什么叫比较测量法？哪些仪器是较量仪表？

2. 电桥如何分类？

3. 简述直流单臂电桥的测量原理。如何正确使用直流单臂电桥？

4. 简述直流双臂电桥的测量原理。如何正确使用直流双臂电桥？

5. 测量低阻值电阻时为什么必须用直流双臂电桥？

6. 为什么在用直流双臂电桥测量电阻时，必须将电流端钮接在电位端钮的外侧？

7. 简述交流电桥的测量原理。何时采用交流电桥进行测量？

8. 简述电容电桥的结构和测量原理。

9. 简述电感电桥的结构和测量原理。

10. 接地电阻测试仪有何用途？

11. 简述接地电阻测试仪的结构和工作原理。

12. 测量接地电阻时选用一个辅助接地即可形成测量回路，但测量中为什么要选用两个辅助接地？

13. 如果手中拿着电流辅助接地时，转动仪表发电机摇把会出现什么现象？

14. 如何正确使用接地电阻测量仪？

15. 为什么较量仪器的测量准确度较高？

第三章

电子仪表

电子测量就是借助电子学的手段来进行测量。在电子测量过程中使用的设备,就是电子仪表。随着科学技术的发展几乎任一种物理量都可以用电子仪表进行测量,如今许多测量也离不开电子仪表,电子设备的维护本身更是如此。各种电量、电现象是人体感官所无法感觉到的,需借助于电子仪表这个媒介才能了解到。电子仪表具有精度高、量限广、频带宽、速度快、功能多、可进行远距离测量、易实现自动化、使用方便灵活等优点,所以应用越来越广泛。

电子仪表种类繁多。按其用途分,有专用测量仪表和通用测量仪表两大类。专用测量仪表指专门用于某专业、某项目测量的仪表。通用测量仪表则是适用于各领域测量的仪表。按仪表工作原理的不同,则有模拟式和数字式之分。模拟式电子仪表的基本原理是把具有连续特性的被测量或是变换成可直接感觉的、具有连续特性的模拟量(如把电压转变成指针的连续偏转)进行测量,或是与同一类数值已知的模拟量相比较,从而得到被测物理量的结果。数字式测量仪器的基本原理是通过模—数转换把具有连续特性的模拟量量化,变成具有离散特性的数字量,从而得知被测物理量的数值。本章介绍的是铁路现场普遍使用的通用型模拟式仪表和数字式仪表。

第一节　电子电压表

一、电子电压表概述

电压是最基本的电量之一,在电子测量中仍是如此。电子测量要求更高,范围更广,这是因为电子电路具有如下特点:

1. 频率范围宽

电子电路中电压的频率可从直流到数百兆赫范围内变化,而50 Hz的电压则不多,这就要求电压表具有较宽的频带,适用于低频、高频乃至甚高频的电压测量。

2. 电压范围广

对于微伏级及其以下的直流或交流电压必须用灵敏度很高的电压表来测量,对于千伏以上的电压则需用绝缘强度较高的电压表来测量。在电子电路中微伏量级及毫伏量级的电压是很多的,这就要求电压表具有较高的灵敏度和稳定度。

3. 等效电阻较高

电子电路的等效电阻往往达几千欧乃至几兆欧。测量时电子仪表的输入阻抗实际是电子电路的一个额外负载,为能测得反映电子电路特性的真实数据,这就要求测量仪表具有较高的输入阻抗,以尽量减小对被测电路的影响。

4. 信号波形多种多样

电子电路中除正弦电压以外，还有大量的非正弦量(例如脉冲电压)。若用普通指示仪表测量，则其指示值往往含有较大的波形误差。

5. 成分较复杂

被测电压中往往是交流与直流并存，甚至还可能串入一些噪声干扰等不需测量的成分，这就要求在测量中加以区分。

二、DA-16型晶体管毫伏表

DA-16型晶体管毫伏表也是一种放大—检波式电子电压表。该毫伏表除具有该类毫伏表共有的特性外，由于前置电路采用了两个串联的低噪声晶体管组成的射极输出电路，从而获得了低噪声电平及高输入电阻，同时使用负反馈有效地提高了仪器的频率响应、指示线性和温度稳定性。

1. 主要技术特性

(1)电压测量范围：1 mV～300 V。按1—3—10分11挡。

(2)测量电平范围：－72～＋32 dB。分贝刻度是以1 mW功率消耗于600 Ω电阻为0 dB进行计算的。测量值为分贝刻度指示值与所选挡附加分贝数的代数和。可测电平的电压挡10挡，各挡附加分贝数分别为－60 dB、－50 dB、－40 dB、－30 dB、－20 dB、－10 dB、0 dB、＋10 dB、＋20 dB、＋30 dB。

(3)被测电压的允许频率范围为：20 Hz～1 MHz。

(4)输入阻抗：频率为1 kHz时，输入电阻大于1 MΩ。输入电容随量限不同而变，在1 mV～0.3 V挡时输入电容约70 pF，1～300 V时约50 pF。

2. 工作原理

DA-16型晶体管毫伏表原理如图3-1所示。它由高阻抗分压器、射极跟随器、低阻分压器、放大电路、检波电路、指示器和电源供给电路等部分组成。

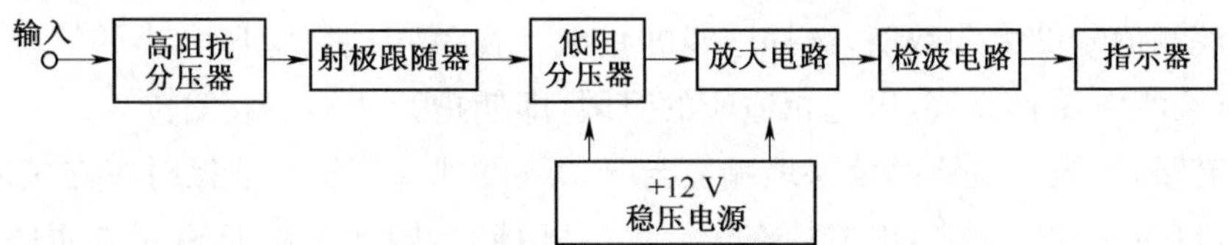

图3-1　DA-16型晶体管毫伏表原理框图

高阻抗分压器、射极跟随器、低阻分压器构成了输入电路，用以将1 mV～300 V范围内变动的输入电压转变为10 mV及其以下。射极跟随器接在高阻抗分压器和低阻分压器之间，是利用其高输入阻抗、低输出阻抗及电压放大倍数近于1的特性，解决电压表既要有较大的输入阻抗又要避免放大器输入电容影响这一矛盾。因为用它隔离后，前级分压器可选用阻值较大的电阻，后级分压器则可用阻值较小的电阻。

输入电压提供的10 mV以下的电压，经放大、检波电路变换成相应大小的直流电，使指示器偏转至相应的指示。

3. 使用方法

(1)面板布置

DA-16 型晶体管毫伏表的面板布置如图 3-2 所示。

①量限选择开关,是仪器分压电路中的分压选择开关。有 11 挡,每挡刻有该挡电压量限数及测电平时的附加分贝值。

②输入端需采用同轴电缆作为被测电压的输入引线。连接时,被测电路的公共地线应与毫伏表输入连接线的屏蔽线(仪表接地)相连接(这是使用电子仪表的常识,以下不再赘述)。

③零点调整旋钮,是仪器检波电路中的一个电位器。当仪器输入信号电压为零时,仪器指示应为零,若不为零则调节该电位器使之指零(常称为电气调零)。

④表面刻度,表面上有三条标度尺,分别为 0～10 标度线、0～3 标度线和－12 ～＋2 dB的分贝标度线。第一条标度尺用于 1 mV、10 mV、0.1 V、1 V、10 V 各挡;第二条标度尺用于 3 mV、30 mV、0.3 V、3 V、30 V、300 V 各挡;第三条用于测量电平。

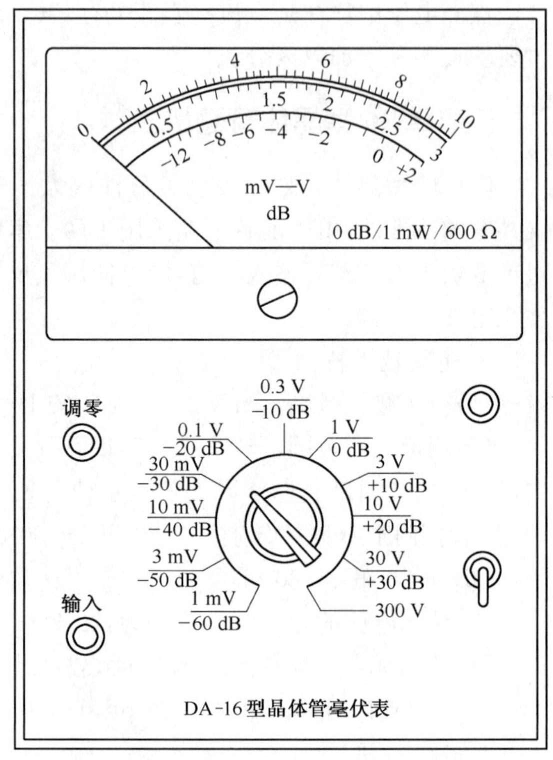

图 3-2　DA-16 型晶体管毫伏表面板布置

(2)使用步骤

①仪器垂直放置,电源接通前看指针是否指零,否则应调节机械零点调整器使之指零。机械调零一般无需经常进行。

②根据被测信号的大约数值,选择适当的量限。在不知被测电压大小的情况下可先选大量限,待了解被测电压大概值,再选相适应的量限,即使指针达到最大偏转。

③连接电路时,被测电路的公共地端应与毫伏表的地线相接。连接时应先接地线,后接另一测试端钮,拆线时则应反之,以避免在较高灵敏度挡时,因人手触及输入端而使表头指针猛烈偏转而损伤。

④根据量限开关选择位置从相应刻度线读出测量值。测电平时实际分贝值为指示分贝值和所选挡附加分贝值的代数和。

(3)注意事项

①所测交流电中的直流分量不得大于 300 V。

②用该表测市电时,相线接输入端,中线接地,不可接反。测 36 V 以上电压时注意机壳带电。

③由于本仪器灵敏度较高,使用时必须正确选择接地点,以免造成错误测量。

第二节　示波器

一、概　　述

前述各种仪表只能测量电信号、电器件的某个参量，而不能反映电信号随时间的变化情况及电器件的非线性特性，这就需要通过测量信号波形和元器件的特性曲线来实现。示波器是用来测量电信号波形，即把被测信号的幅值变化与时间的对应关系显示出来的专门仪器。

广义地来说，示波器是一种能够反映任何两个参数相互关系的 $X—Y$ 坐标图形的显示仪器。晶体管特性图示仪，可以说是其的一个特例，是一种专用示波器。示波器种类很多，用途很广，不仅应用于电量测量，而且应用于非电量测量，是一种最为灵活而多用的电子仪器。

1. 示波器的特点

它的主要特点是：

(1)由于电子束的惯性小，因而速度快，工作频率范围宽，适应于测量快速脉冲信号。

(2)灵敏度高，因为配有高增益放大器，所以能够观测微弱信号的变化。由于不用表针指示方式，因而过载能力强。

(3)输入阻抗高，对被测电路影响很小。

(4)随着计算机技术在示波器领域得到越来越广泛的应用，使示波器的测量功能更强大，测量电参量的数量更多。

2. 电子示波器的分类

根据内部结构或应用领域及测量范围等可对示波器进行分类，此外还有一些用于特殊环境的示波器。

(1)根据测量信号的频率范围分类

①低频示波器。Y 通道频带宽度不大于 1 MHz，适合于测量低频信号。

②普通示波器。Y 通道频带宽度 5～60 MHz，适合于测量中频信号。

③宽带示波器。Y 通道频带宽度在 60 MHz 以上，适合于测量高频(100 MHz)和超高频(1 000 MHz)信号。

(2)按显示信号数分类

按显示信号的数量分，有单踪示波器(只显示一个信号)、双踪示波器(可同时显示两个信号)，还有多踪示波器(可同时显示多个信号的波形)。

(3)按电路结构分类

按电路结构分，有电子管示波器、晶体管示波器和集成电路示波器。

(4)按测量功能分类

按测量功能分，有模拟示波器和数字示波器。模拟示波器与数字示波器就存储格式而言，根本不同之处在于模拟示波器把波形直接存在示波管里，而数字示波器把代表波形的数据存进数字存储器中。

(5)按波形显示器件分类

按波形显示器件分，有阴极射线管(CRT)示波器、液晶显示器(LCD)示波器。

(6)按用途分类

按用途分,有通用示波器、多线示波器、取样示波器、记忆存储示波器、特殊示波器。

3. 模拟示波器

模拟示波器是一种实时监测波形的示波器,适于检测周期性较强的信号。在实际的应用场合中,只需要观察实时信号而不需存储和记忆的情况下,模拟示波器有它独特的长处。模拟示波器的结构如图 3-3 所示。

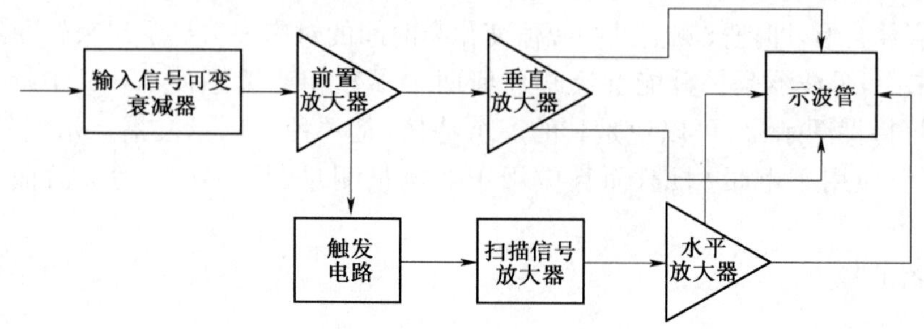

图 3-3　模拟示波器的结构

模拟示波器的特点如下:

(1)操作简单,全部操作都在面板上可以找到,波形反应及时。

(2)垂直分辨率高,连续而且无限级。

(3)信号能实时捕捉因而更新快。每秒捕捉几十万个波形。

(4)实时带宽和实时显示。连续波形与单次波形的带宽相同。

模拟示波器显示的是实时波形,人眼睛视觉神经十分灵敏,屏幕波形瞬间变化反映至大脑即可作出判断,细微变化都可感知。这种特点使得模拟示波器能深受使用者欢迎。

4. 数字示波器

数字示波器是将被测信号进行数字化,即将模拟信号变成数字信号,然后在微处理器的控制下进行存储,把被测信号的一部分,即一个时间段的信号,记录在存储器中,这样就可以清楚稳定地显示所存的信号波形,可以有选择地观测某一时刻的信号,这对于测量数字信号和比较复杂的模拟信号非常有用。此外,在微处理器的控制下可以对被测的信号进行处理和运算,同时将有关的幅度和时间轴等信息显示在屏幕上,以极大地方便观测信号、分析信号及处理信号。数字示波器的显示部分与模拟示波器相同,其结构如图 3-4 所示。

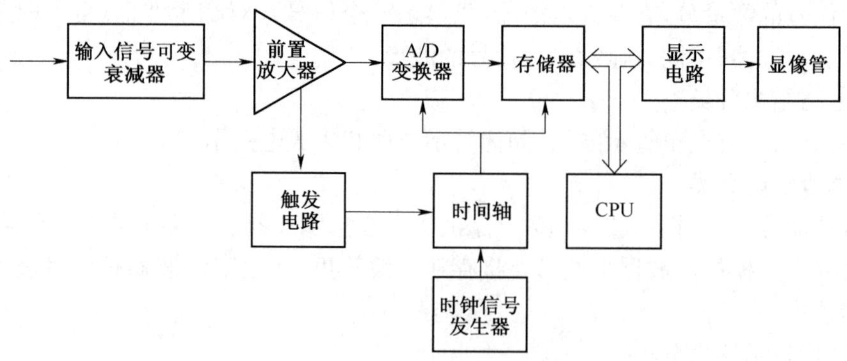

图 3-4　数字示波器的结构框图

数字示波器与记忆示波器也不同，它用 A/D 变换器把模拟波形转换成数字信号，然后存储在 RAM 中，需要时，将 RAM 中存储的内容调出，通过相应的 D/A 转换器，再恢复为模拟量显示在示波管屏幕上。在这种示波器中，信号处理功能和信号显示功能是分开的，其性能（包括速度和精度），完全取决于进行信号处理的 A/D、D/A 转换器和 RAM。最关键的核心器件是 A/D 转换器。

数字示波器由于采用了数字处理技术和计算机控制技术使功能大大增强，特别是波形的存储、记忆及特殊信号的捕捉等功能，这是模拟示波器无法实现的。另外，对信号波形的自动监测、对比分析、运算处理也是数字示波器的特长。

数字示波器的特点是：

(1)能够捕捉单次瞬态事件。由于数字示波器波形的量化值存于存储器中，不被刷新将一直保持，故单次信号一旦被获取，便能随时显示。

(2)能够无闪烁地显示低频信号。在数字示波器中，存储器的写入和读出的速度是不同的，对慢信号写入速度可以很慢，而以固定频率读出，所以光迹无闪烁现象。

(3)具有多种触发功能。如前触发（负延迟触发）、后触发（正延迟触发）、窗口触发、数字组合触发等。尤其是前触发，可以方便地显示触发点以前的波形。窗口触发和数字组合触发在数字电路中获得广泛的应用。

(4)能多波形显示。数字示波器可存储多个波形，并能在屏幕上显示同一时间或不同时间发生的几个波形，故可方便地进行分析比较。

(5)具有多种显示方式。如存储显示、滚动显示和触发显示等。

(6)测量精度高。数字示波器的时钟是由晶振产生的，A/D 转换器都采用高分辨率和高稳定基准，加上数字示波器中均采用数字光标测量，故测量精度大大提高。

(7)便于对信号数据的后期处理。在数字示波器中，信号的量化值存于存储器中，可用微处理器对量化值进行运算和处理，获得诸如平均叠加、峰值检测、包络及快速傅里叶变换等结果，还可利用接口电路方便地与计算机和打印机等外设连接。

二、示波器波形显示原理

1. 阴极射线示波管的结构原理

示波管是示波器的关键部件。示波器通过它将电信号转换为可见图形，其结构如图 3-5 所示。它密封在玻璃壳内，由电子枪、偏转系统和荧光屏三部分构成，可以说是一个特殊的电子管。

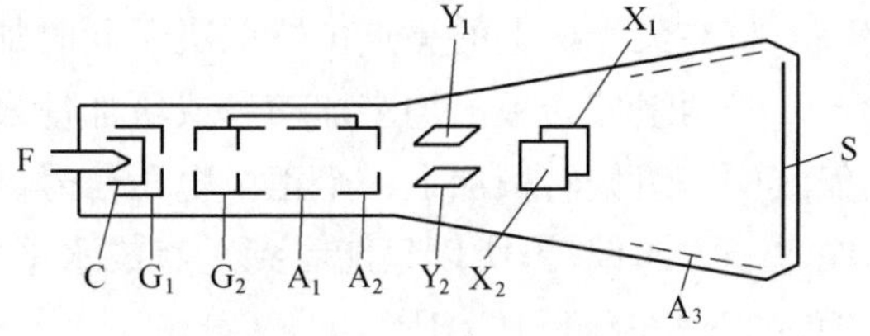

图 3-5　阴极射线示波管的结构

(1)电子枪

电子枪的作用是产生高速、强弱可控的聚焦的电子束。电子枪由灯丝 F、阴极 C、栅极 G_1、前置加速极 G_2、第一阳极 A_1 和第二阳极 A_2 构成。灯丝用于加热阴极，阴极是一个表面涂有氧化物的金属圆筒，在灯丝的加热下向外发射电子。栅极是一个顶端有小孔的圆筒，套在阴极外边，其电压较阴极低，对阴极发射出的电子起控制作用，只有具有一定初速的电子才可能穿过栅极顶端小孔奔向荧光屏，初速小的电子则折回阴极。如果栅极电位足够低就可使电子全部返回阴极，所以调节栅极电位可控制射向荧光屏的电子流密度，从而改变这点的辉度，实现辉度控制。

前置加速极加速冲出栅极的电子流,阻挡离开轴线太远的散射电子,以得到一截面较细具有一定速度的电子束。前置加速极还同第一、第二阳极构成电子聚焦系统,使电子束聚焦,在荧光屏上形成的光点最小、最清晰。调节第一阳极的电位可调节电子束的聚焦点。

为了使屏幕上光点达到一定亮度,电子束还需进一步加速。这由涂覆在示波管锥形管壁上的石墨层——后加速极 A_3 来完成。后加速极在屏幕和偏转板间构成所谓先偏转后加速系统,其目的是提高偏转灵敏度。后加速极除起加速作用外,还能靠本身正电荷吸收轰击屏幕溅落的二次电子,靠电场屏蔽作用防止外部电场对电子束产生干扰偏移。

(2)偏转板

高速电子束形成后尚不能显示波形,还需靠偏转板来实现波形的显示。偏转系统由两组偏转板构成,任一组偏转板加上电压后均可产生与电子束运行方向垂直的电场,从而使通过的电子束发生偏移。示波管中控制垂直方向偏移的一组偏转板称为 Y 轴偏转板;而控制水平方向偏移的则称为 X 轴偏转板,如图 3-5 所示。不难理解,当进入偏转系统的电子束的速度、偏转板的尺寸位置确定后,电子束的偏转程度完全取决于偏转板上所加的电压大小和方向,所以屏幕上波形显示过程,实际上就是偏转板上的电压控制过程。

(3)荧光屏

荧光屏一般是呈圆形曲面或矩形的平面,其内壁沉积有荧光物质,形成一层荧光膜。受到电子束轰击时,屏幕上会形成亮点,从而显示电子束偏转运动轨迹。

这主要是应用了磷光物质的两大特性,一是辉光特性,即在高速电子束轰击下它能把电子束的动能转变成光能;另一个特点是它的余辉特性,磷光物质在高速电子轰击后发光并非马上消失,而是要保留一段时间,这为观察电子束在一定时间内的完整轨迹提供了条件,否则一闪即逝,只能看到一个动态光点。磷光物质的余辉时间有长短之分,通常有短余辉、中余辉、长余辉三种,测量高频信号的示波管宜用短余辉示波管;而长余辉管则用于观测缓慢信号的低频示波器;一般用途的示波器均用中余辉管。

必须强调的是,电子束打在荧光屏上只有少部分转变成光能,大部分则转变成热能,所以不应使亮点长期停留在一处,以免烧坏磷光物质而产生斑点。

2. 波形显示原理

(1)电子束在 U_X、U_Y 合成作用下的运动轨迹

打在荧光屏上的亮点位置取决于同时加在垂直和水平偏转板的电压。

若两组偏转板上均未加信号或所加信号电压值为零,这点则应打在屏幕的中心位置。若仅其中一组偏转板加上一个正弦电压信号,则因无论是垂直偏转板还是水平偏转板均只能控制单一方向偏转,所以只能看到垂直或水平的线段,正弦信号的电压越高线段越长,反之则越短,如图 3-6(a)和(b)所示。

但若两组偏转板均加上同一正弦信号,情况就不同了,如图 3-6(c)所示,二者合成作用的结果,其轨迹为一斜线。斜线在 X 轴偏转板上投影线段的长度取决于 X 轴偏转板所加正弦信号电压的大小;在 Y 轴偏转板上投影线段的长短则取决于 Y 轴偏转板所加正弦信号电压的大小。这说明上述几种情况均不能显示被测信号的波形,而要显示波形,必须把 U_Y 当作输入信号,而在 X 轴偏转板加上一电压随时间线性变化的信号。

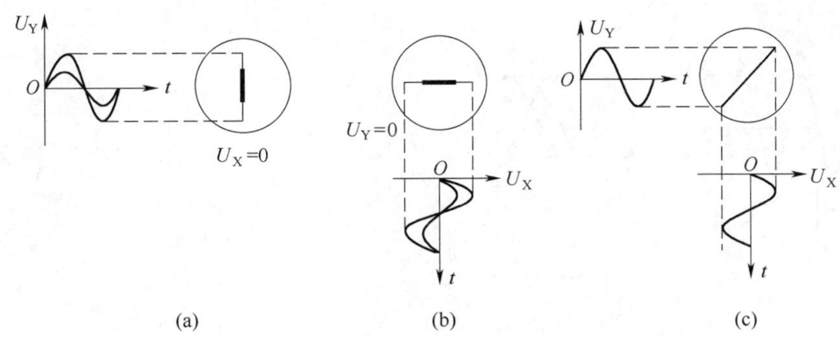

图 3-6　三种情况下电子束运动轨迹

(2)时间基准

随时间线性变化的电压称为扫描电压,锯齿波电压即可作为扫描电压,理想的锯齿波如图 3-7所示。虽然 U_X 单独作用时,屏幕上能看到的仍是一条水平线段,但这时光点是周期性地沿水平方向等速移动,而不是按正弦规律移动的。这就在水平方向形成了一个时间基准,为显示波形提供了条件。所以当 X 轴加有扫描电压时,受 U_Y 控制的电子束的上下运动就被水平方向线性展开了,从而显示出 U_Y 的变化波形。

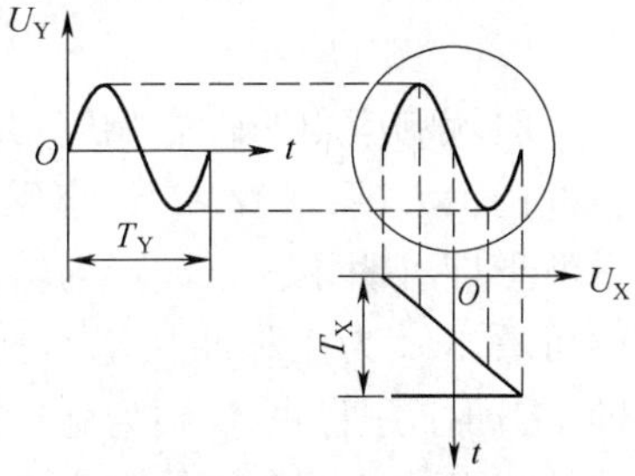

图 3-7　加扫描电压后的显示图形

(3)同步

在 X 轴加上锯齿波形扫描信号后,未必能清楚地显示 U_Y 的波形,还需满足一定的条件。如图 3-7 所示情况,是在 $T_X=T_Y$ 的特定条件下,这时锯齿波扫描一次就在屏幕上显示一个周期的被测信号,一次次相同的图形重叠在一起,自然就能看到一个稳定的图形。若无此特定条件,情况就不一定了。如图 3-8,是在 $T_X=7/8T_Y$ 的情况下,这时每次扫描所显示的图形并不相同,第一次扫描显示被测信号第一个周期的前 7/8;第二次扫描显示被测信号第一个周期余下的 1/8 及第二个周期的前 6/8……以此类推,有 8 种不同的图形相继出现,不可能重叠,看上去波形在跑动,得不到稳定的图形。

可见要得到稳定的图形,锯齿波每次扫描所显示的波形必须相同,而要达到这一点锯齿波周期必须为被测信号周期的整数倍,即 $T_X=nT_Y$。扫描周期与被测信号间满足上述关系,称为“同步”或称“整步”,而实现该“同步”的过程,称为“同步”调节。

在同步条件 $T_X=nT_Y$ 中,n 为大于或等于 1 的任一整数,即从理论上讲 n 取其中的任一值均得到稳定的图形。所不同的仅仅是显示的被测信号周期数不同而已。图 3-9 所示为 $n=2$ 时的显示图形。

(4)示波器的主要技术特性

①频带

对于示波器而言,频带的定义是加至示波器输入端(Y 轴输入端或 X 轴输入端,不说明时均指 Y 轴输入端)的信号在屏幕上所显示图形的幅度与同等条件下中频段输入信号的图形幅度相比,下降小于 3 dB 的频率范围。它表征了适合该示波器的被测信号频率范围。例如 SB-14 型示波器的频带为 0～100 kHz,说明它适合于测低频信号及含有直流成分的信号。

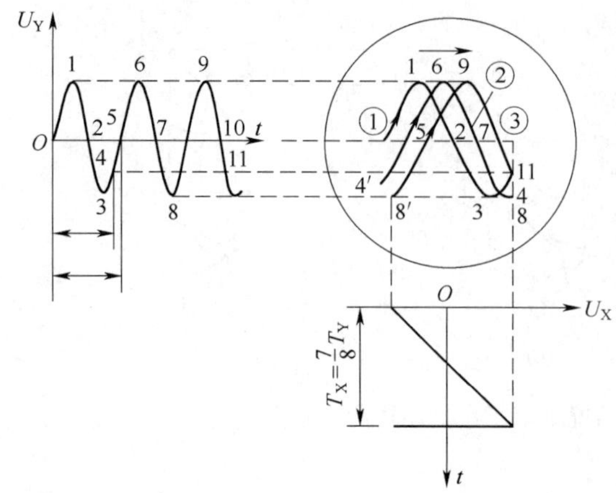

图 3-8　$T_X=7/8T_Y$ 时的图形

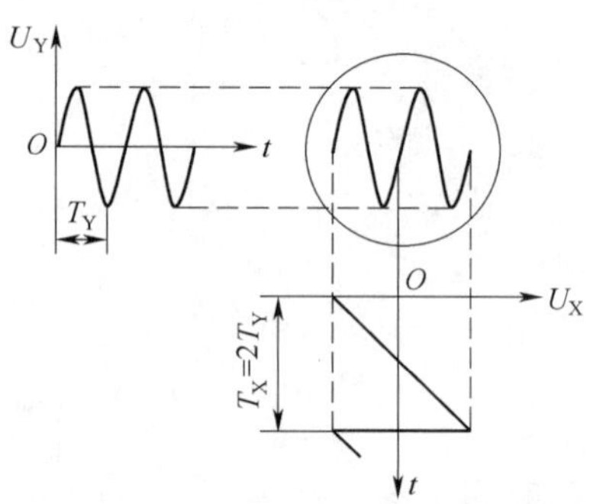

图 3-9　$T_X=2T_Y$ 时的图形

②时域响应

时域响应也叫瞬态响应，是反映示波器测量通道的过渡特性的。一般示波器说明书给出脉冲前沿 t_r、后沿 t_f 和 S_o 来反映此性能，它们的含义对照图 3-10 所示波形即可明了。该波形为输入理想矩形脉冲时的显示图形。从图中可看出 t_r 为正脉冲从基本幅度 A 的 10%上升到 90%所需时间，即上升时间；上冲 S_o 则为脉冲前沿上冲量 b 与基本幅度 A 之比的百分数。显然这两个参量限定了可测周期连续信号的最高频率和脉冲信号的最小宽度。

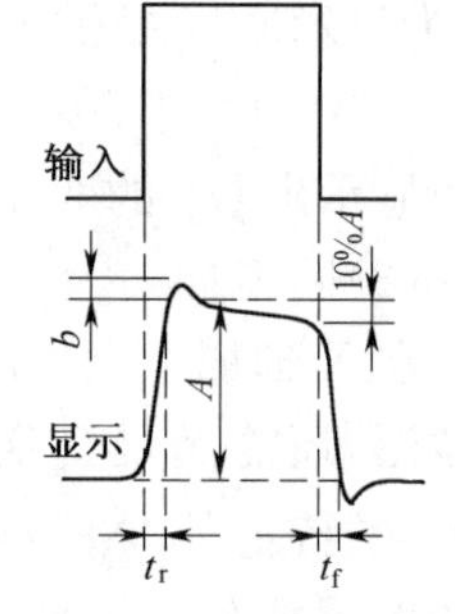

图 3-10　输入矩形脉冲时示波器显示图形

③通道偏转灵敏度

偏转灵敏度又称偏转因数，指输入信号在无衰减情况下，亮点在屏幕上偏转一“度”所加信号电压的峰—峰值，单位为 mV/(°)。度指荧光屏上刻度的一大格，1°等于 1 cm 或 0.8 cm，随管型不同而异。示波器每个通道的偏转因数具有一定的变化范围，其上限表明输入端不加衰减允许输入的最大电压，下限则反映示波器观察微信号能力。例如，通用示波器SB-14的偏转因数范围为 35 mV/cm～25 V/cm，它说明示波器允许输入信号峰—峰值最大为 150 V(以屏幕有效高度为 6 cm 计)，而若输入信号峰—峰值小于 35 mV，则观测较困难。

④输入阻抗

输入阻抗包括输入电阻和电容两部分，它为使用者提供了示波器对被测电路影响程度的依据。显然输入电阻越大，输入电容越小(特别是测高频信号时)越好。

⑤扫描速度

扫描速度表征示波器能够展宽被测信号的能力，其为单位时间内光点在屏幕上水平方向移动的距离。扫描速度的倒数称为“时基因数”，即光点在屏幕上移动单位长度所需时间。时基因数的单位通常为 s/cm、ms/cm 及 μs/cm。利用时基因数来表征扫描速度更为常见，因此人们往往把时基因数习惯称为扫描速度。一个示波器的扫描速度越高，表明它能够展宽高频信号波形或窄脉冲的能力越强。与之相反，为了观测信号缓慢变化过程，则要求示波器能提供极慢的扫描速度，所谓慢扫描示波器就是专供研究超低频系统而设计的。

三、SB-14 型示波器

SB-14 型示波器是一种电路结构较简单的低频示波器，适宜观测各种变化缓慢的周期性或非周期性信号，也能用于观测几十千赫兹以下的脉冲信号，但对于定量测试有一定的局限。由于它没有比较信号和时标，所以电压、频率、相位等的测量需借助于适当的示波测量法。SB-14 型示波器属早期产品，但因其操作简单，性能稳定，所以在信号测量中应用仍很普遍。

1. 主要技术性能

(1)Y 通道，频带宽度为 0～100 kHz，偏转因数经放大器输入时为 35 mV/cm；直接输至偏转板为 25 V/cm。输入电阻为 470 kΩ，输入电容小于 50 pF，带有 1、10、100 三挡衰减。

(2)X 通道，频带宽度为 0～100 kHz，偏转因数经放大器输入时为 40 mV/cm；直接输入到偏转板时为 25 V/cm。输入电阻为 470 kΩ，输入电容小于 45 pF，亦带有 1、10、100 三挡衰减。

(3)扫描频率，连续扫描为 0.05 Hz～10 kHz 分七挡，触发扫描为 0.05 Hz～2 kHz，分六挡。

(4)屏幕有效工作面为 10 cm×10 cm，这说明其最小时基因数为 $(1/10^4)/10\ \text{s}=10^{-5}\ \text{s}=10\ \mu\text{s}$。

2. SB-14 型示波器的结构和特征

整机方框如图 3-11 所示，它由 Y 轴衰减器、Y 轴放大器、X 轴衰减器、X 轴放大器、整步触发电路、扫描信号发生器、显示控制电路及高、低压电源等组成。

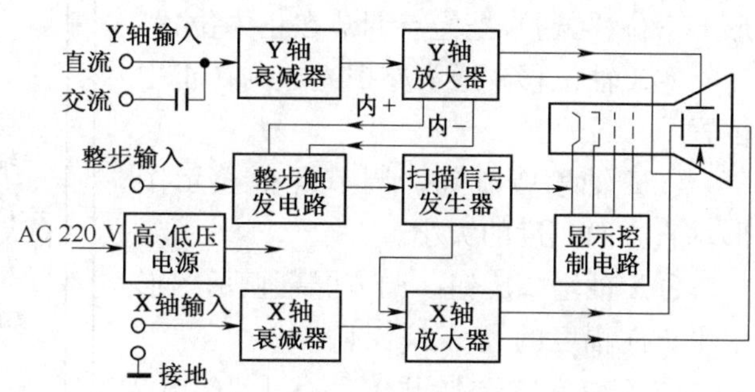

图 3-11　SB-14 型示波器框图

该示波器的特点主要是：

(1)为适合测低频信号，其示波管采用了长余辉管，且 Y 轴放大器采用了直接耦合差动放大电路，该电路不仅能放大直流信号，而且能有效地抑制因工作点漂移带来的共模干扰信号。

(2)为适合测量各种脉冲信号，不仅能采用连续扫描方式，而且可改用触发扫描方式。触发扫描方式主要是用于观测占空比较大的脉冲信号，对这种脉冲信号若用连续扫描方式无非是图 3-12(a)和(b)所示两种情况，不是脉冲不能被充分展开，就是基线太亮，而且这种方式同步可能性很小，需占空比之倒数正好为整数。而改用触发扫描方式及相应的增辉措施则可解决此难题，此时波形显示情况如图 3-12(c)所示。

所谓触发扫描就是被测脉冲信号出现后，扫描信号发生器才受触发而启动产生一个扫描信号。无信号时扫描信号发生器处于等待状态。所谓增辉，是在扫描期间给示波管栅极加一与扫描电压 U_X 底部同宽的正脉冲，以此达到给波形增辉的目的。

3. 使用方法

(1)面板布置

SB-14 型示波器的面板和机后输入板如图 3-13 所示。

①辉度旋钮。辉度旋钮的作用是调节光点的亮度。顺时针旋转时增加光点亮度，逆时针旋转时减弱光点亮度。光点亮度宜适中，不可太亮，否则有损示波管寿命。光点也不宜在荧光屏固定位置上停留太久，否则屏上此点位置的荧光物质易损坏。

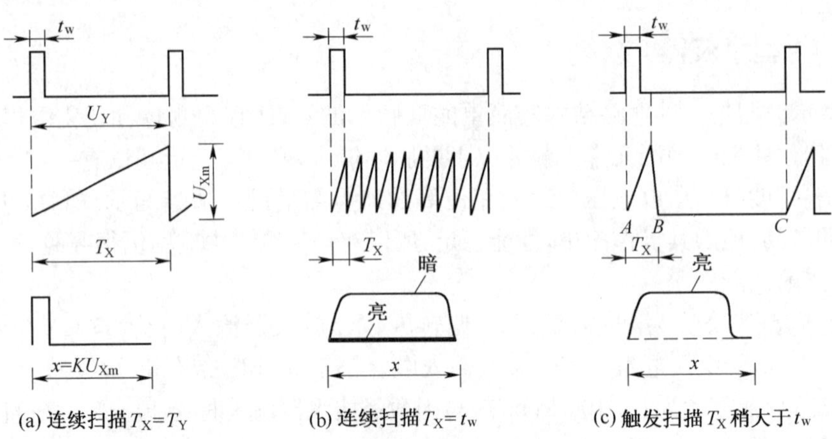

(a) 连续扫描 $T_X=T_Y$　(b) 连续扫描 $T_X=t_w$　(c) 触发扫描 T_X 稍大于 t_w

图 3-12　触发扫描与连续扫描之区别

②聚焦旋钮。调节光点大小,使光点趋于最小圆点,直径一般不大于 1 mm,如光点不小不圆,可同时调节聚焦旋钮和机后辅助聚焦电位器,使屏上光点趋于最小圆点为止。辅助聚焦一次调整后不必经常调节。

③Y 轴位移。通过它调节光点或图形上下位移,通常把光点调节在正中位置。

④X 轴位移。通常亦把光点调在正中位置。

⑤Y 轴增幅旋钮。调节屏幕显示图形垂直方向幅度的大小。

⑥X 轴增幅旋钮。调节屏幕显示图形水平方向幅度的大小。

⑦Y 轴衰减选择开关。有 1、10、100 和 50～四个选择位置。选择 50～位置时,示波器电源变压器Ⅱ次侧输出的 50 Hz 正弦交流信号接入 Y 通道,该挡在对示波器进行定性检查时才用。其他三挡则是供测量时选用的三种不同衰减倍率。通常被测信号小于 2 V(峰—峰值)时,采用 1 挡(不衰减);大于 2 V 且小于 20 V 时,选用 10 挡(衰减 10 倍);超过 20 V 时,则采用 100 挡(衰减 100 倍)。

⑧X 轴衰减选择开关。有连续、触发、1、10、100 五个选择位置。用示波器观测信号电压波形时,X 轴选择开关应放在连续或触发位置,此时仪器内扫描信号发生器按连续或触发方式向 X 轴放大器输入

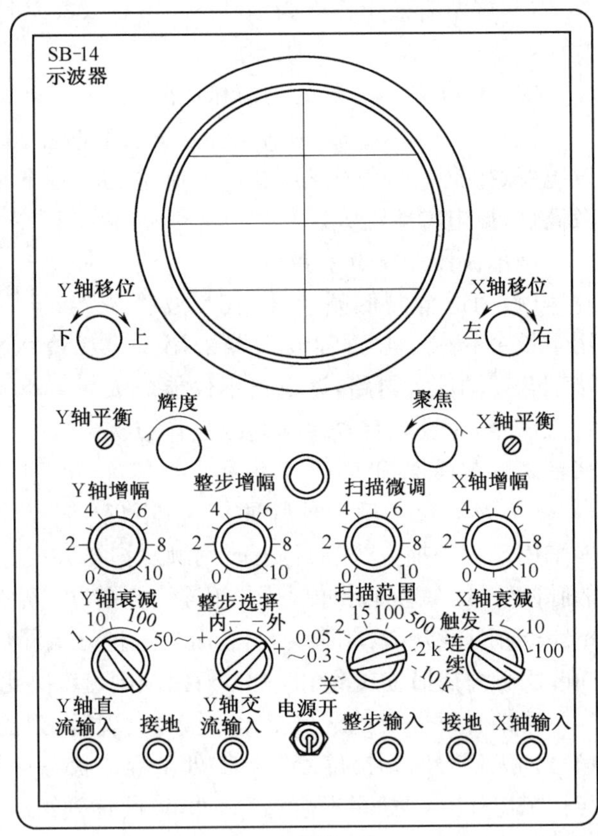

(a) 面板

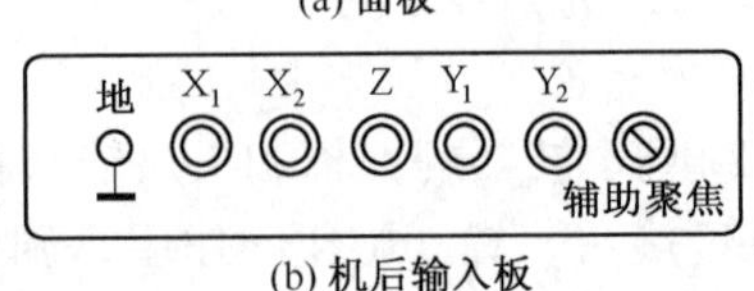

(b) 机后输入板

图 3-13　SB-14 型示波器面板及机后输入板

锯齿波扫描信号。若采用李沙育图形测频法测量频率，则 X 轴选择开关应放在衰减挡上，这时 X 通道和 Y 通道一样输入被测信号。

⑨Y 轴平衡电位器。通常 Y 轴位移旋钮置于中间位置，荧光屏上光点应在垂直方向中间位置，否则应调节 Y 轴平衡电位器，使光点居中。

⑩X 轴平衡电位器。同 Y 轴一样，X 轴位移旋钮置中间位置时，屏幕上光点应在水平方向中间位置。否则，需调节 X 轴平衡电位器，使光点居中。

⑪扫描范围选择开关。其作用是粗调锯齿波发生器产生的锯齿波频率。该开关有八个选择位置 0.05～0.3 Hz、2 Hz、15 Hz、100 Hz、500 Hz、2 kHz、10 kHz 和关。需在 X 轴输入被测信号时，该开关放在关位置，其他各挡如何选择，则要看 Y 轴输入信号频率及屏幕上要显示几个波形而定，一般以能看到三四个完整波形为宜。例如，若被测信号频率为 1 kHz，若需观测四个完整波形，则扫描频率应为 250 Hz，扫描范围选择开关应放在500 Hz挡。

⑫扫描微调旋钮。通过它细调扫描信号发生器产生的锯齿波信号频率。测量时，选择好扫描范围后，再缓缓调节扫描微调，从而得到稳定的显示图形。

⑬整步选择开关。通过它选择不同的整步信号来源，有内＋、内－、外＋、外－四挡。内＋、内－表明触发信号取自 Y 轴通道的被测信号之上升沿或下降沿；外＋、外－表明触发信号取自外来信号源，即取自外触发输入端。

⑭整步增幅旋钮。调节整步或触发信号的大小，在调节扫描微调后使显示波形完全稳定。

⑮机后输入板。机后输入板上有辅助聚焦电位器，Y 轴输入插孔、X 轴输入插孔、Z 轴输入插孔和接地接线柱，如图 3-13(b)所示。

Y 轴输入，有 Y_1、Y_2 两个插孔，分别与示波管两块垂直偏转板直接相连。信号可从这里直接送到垂直偏转板。此时示波器的偏转因数就是示波管的偏转因数，为 25 V/cm。

X 轴输入，亦有 X_1、X_2 两个插孔，分别与示波管两块水平偏转板相连。输入信号从这里可直接送到示波管水平偏转板。偏转因数就是示波管的偏转因数，为 25 V/cm。

使用 Y 轴或 X 轴输入插孔时，输入信号应采用对地对称的信号(即要求信号源是平衡信号)，中心点接在机后接地接线柱上。若输入不平衡信号虽也能观察图形，但图形有失真。另外输入时为不影响偏转板直流电位，应用电容隔直流输入。

Z 轴输入插孔与示波管阴极直接相连。从这里接入交变信号时，示波管阴极发射的电子束将受该信号调制。辉度适中时，信号正半周电子枪无电子束发射，负半周则电子束得到加强。利用此特性，在 Z 轴加入标准频率信号、时间信号就可实现对被测信号的频率、时间测量，这标准信号常称时标。

(2)使用步骤

①开机预热 10 min，待电子管工作正常后再进行检查和使用。

②寻找光点。将 X 轴位移和 Y 轴位移旋钮均放中间位置，并顺时针调节辉度旋钮，使荧光屏中间显示光点。一台正常的示波器开机预热后，若屏幕上没有光点，通常是这三个旋钮位置不适中。

③聚焦调节。将 X、Y 轴增幅旋钮均置于起始位置，调节聚焦旋钮，使荧光屏上光点聚焦成一直径不大于 1 mm 的小圆点。

④输入被测信号。若被测信号变化缓慢或需观察其中直流成分变化情况，则信号应从 Y 轴直流输入端输入；如果被测信号是一般交流信号，则可从 Y 轴交流输入端输入。同时应根

据输入信号的大小选择好衰减挡。一般输入信号小于 2 V(峰—峰值),置衰减"1"挡;大于 2 V(峰—峰值),小于 20 V(峰—峰值)时置衰减"10"挡;超过 20 V(峰—峰值)时则置衰减"100"挡,若被测信号超过几十伏时,则可按机后 Y 轴输入方式直接送到偏转板。

⑤波形稳定调节。稳定调节实际就是通过调节锯齿波电压频率使之与被测信号同步。同步关系有多种,所以调节前首先应根据需显示波形的周期数,选择适当的扫描范围,然后调节扫描微调使波形趋于稳定(缓慢移动),最后调节整步增幅旋钮使波形完全稳定下来。调节整步增幅旋钮时应将其逆时针旋到底后,从零位起顺时针缓缓调节,且整步信号不能调得过大,以免引起过整步。采用触发扫描方式时,整步增幅旋钮不能放在零位,否则将不扫描,这时通过调节扫描微调使波形稳定。

一台工作正常的示波器,在采用连续扫描时,如按上述步骤调不到稳定的波形,往往是整步选择开关位置未选择好。

四、SR-071 型通用双踪示波器

SR-071 型通用双踪示波器是电子开关转换式双踪示波器,是一种能够同时观察和测量两个不同电信号瞬变过程的脉冲示波器,它的通频带是 0~7 MHz,具有 X—Y 显示功能,且带有 1 kHz 的标准方波信号,所以测量、校验均较方便。

1. 主要技术性能

(1)Y 轴系统,频带为 0~7 MHz,上升时间小于 50 ns,上冲量小于 5%。偏转灵敏度为 5 mV/cm~10 V/cm,允许输入的最大峰—峰电压为 400 V。工作方式有交替、Y_1、Y_1+Y_2、Y_2、断续五种。直接输入电阻为 1 MΩ,电容不大于 40 pF。经探头输入时,电阻为 10 MΩ,电容不大于 15 pF。

(2)X 轴系统,通频带为 0~1 MHz,比 Y 通道窄,偏转灵敏度输入阻抗同 Y 通道相同。

(3)时基因数,从 0.1 μs/cm 至 1 s/cm。

(4)示波管有效显示面积为 5 cm(垂直)×10 cm(水平)。

2. SR-071 型通用示波器的结构和特征

图 3-14 为其结构框图,主要由 Y_1、Y_2 输入级,前置放大器,Y 主放大器,X 放大器,电子开关,触发电路,内触发放大器,扫描电路,增辉电路,高低压电源电路等组成。

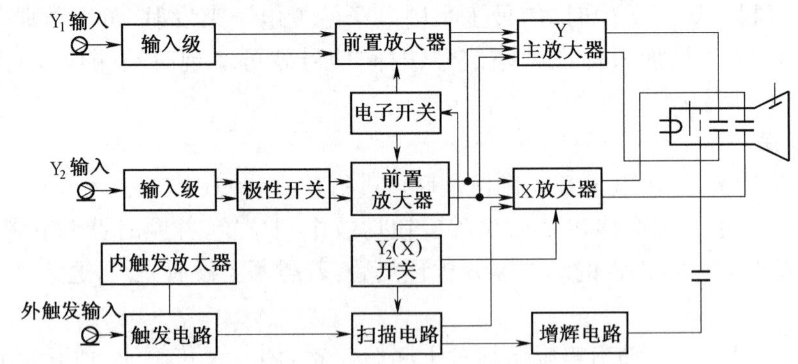

图 3-14 SR-071 型双踪示波器结构框图

与单踪示波器相比,这种示波器最大的特点是有了电子开关。通过电子开关的五种不同状态,实现五种不同的示波测量。

电子开关靠其双稳态电路控制 Y_1、Y_2 通道的前置放大器的工作。若双稳态电路受控处于某一稳态，这时就只有一个前置放大器工作——或是 Y_1 通道工作或是 Y_2 通道工作，类似于单踪示波器。若提供某一信号使双稳态电路的两个三极管同时截止，这时 Y_1、Y_2 的输入信号将同时送到 Y 主放大器，从而得到两信号相加或相减的合成信号波形。若用与扫描频率相同的脉冲信号作为双稳态电路的计数触发信号，则 Y_1、Y_2 通道按扫描周期间隔交替工作，即一个周期对 Y_1 通道信号扫描，另一个周期对 Y_2 通道信号扫描，从而在屏幕上同时显示 Y_1、Y_2 输入的两个信号波形，以进行比较。若把双稳态触发器转变成以一定频率振荡的自激多谐振荡器，则可以交替取样的方式同时显示 Y_1、Y_2 通道输入的两个波形。这两个波形均为断续的，如图 3-15 所示。显然交替扫描方式和交替取样方式均可同时显示两个波形，但前者适合于测量频率较高的信号，而后者则适合于测量频率较低的信号。否则，前者会出现闪烁现象，后者会因取样少而失真。

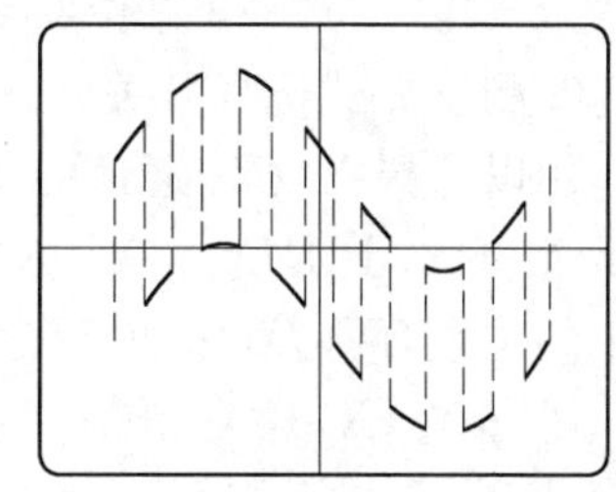

图 3-15　交替取样方式时显示图形（Y_1、Y_2 输入同一正弦波）

这五种测量方式对应于 SR-071 方式选择开关的五个选择位置，分别为 Y_1、Y_2、Y_1+Y_2、交替、断续。处于断续方法时，多谐振荡器之振荡频率为 100 kHz。

3. 使用方法

(1)面板布置

SR-071 型双踪示波器的面板如图 3-16 所示。

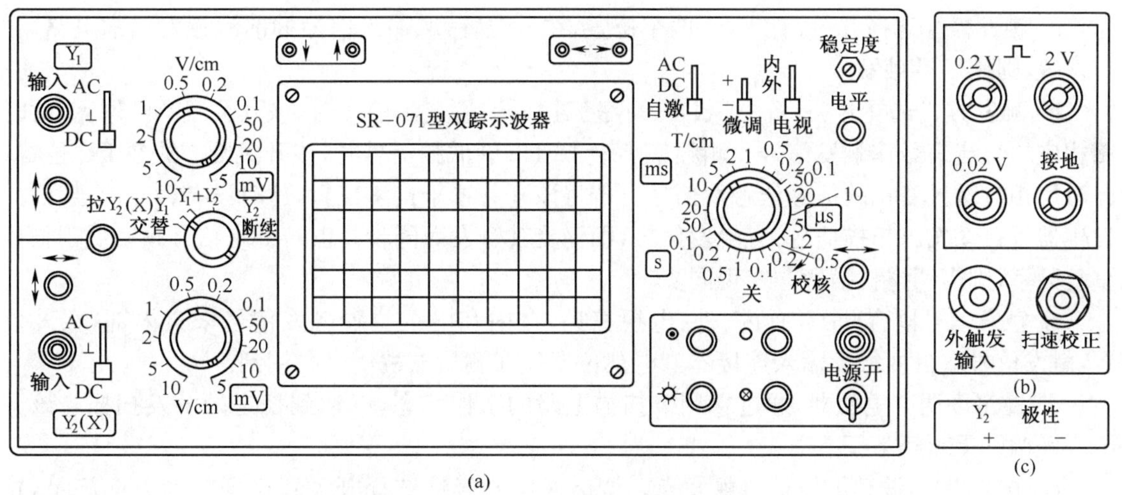

图 3-16　SR-071 型双踪示波器的面板

①光点调节

辉度调节旋钮，聚焦调节旋钮的使用方式同 SB-14 型，所不同的是该仪器面板上有辅助聚焦旋钮，其作用同 SB-14 型的辅助聚焦相类似，配合聚焦旋钮调节，保持光点有良好的聚焦。

②Y_1 通道旋钮和开关的作用

a. Y_1 通道的输入信号连接器。

b. Y_1 通道的输入信号连接耦合开关。有 DC、⊥、AC 三挡位置。置于 AC 位置时,输入信号的直流分量被隔离,只有交流分量进入 Y_1 通道,若要测 10 Hz 以下或包含直流成分的信号,则应将此开关放在 DC 位置。该开关置于⊥位置时,Y_1 通道前置放大器的输入端被接地。

c. Y_1 位移旋钮。控制 Y_1 通道输入信号在屏幕上显示图像的垂直方向位移。

d. Y_1 通道的灵敏度选择开关。通过它可调节 Y_1 通道的偏转灵敏度,调节范围为 5～10 V/cm,以 1—2—5 进位共 11 挡。

③测量方式选择开关

用以选择 Y_1、Y_2 通道的工作方式,有交替、Y_1、Y_1+Y_2、Y_2、断续五种。处 Y_1+Y_2 挡时,显示 Y_1+Y_2 还是 Y_1-Y_2 的合成波形,要看仪器左侧 Y_2 极性开关的位置〔图 3-16(c)〕。置于+的位置,两信号相加;反之则相减。

另有 Y_2(X)开关,该开关拉出时,仪器转变成 X—Y 显示器,这时 Y_2 作为 X 通道,Y_1 作为 Y 通道,扫描系统则自动停止工作,显示 X—Y 合成图形。

④Y_2 通道各旋钮开关的作用

a. Y_2 通道输入信号连接器。

b. Y_2 通道的输入信号耦合开关,其作用与 Y_1 通道的输入信号连接耦合开关。

c. Y_2 通道的位移。控制 Y_2 通道输入信号在屏幕上显示图形的垂直方向位移。但在 X—Y 显示时,用作 X—Y 合成显示图形的水平方向位移。

d. Y_2 通道灵敏度选择开关。在 X—Y 显示时进行 X 通道灵敏度的选择,其功能与 Y_1 通道的灵敏度选择开关相同。

⑤扫描方式控制

a. 触发极性选择开关,有+、－两个位置,在+位置,取输入信号的前沿触发扫描电路,在－位置,则用后沿触发。

b. 触发方式选择开关,有 AC、DC、自激三挡。测量交流信号时,该开关置 AC 位置,此时用相应的交流信号作触发信号。测频率小于 10 Hz 的低频信号时,该开关则应放在 DC 位置,此时用相应缓慢变化的信号作触发信号。若将该开关置于自激位置,这时没有触发信号,扫描发生器也自动发出扫描信号;有触发信号,则仍受其触发而同步。但若外来信号频率低于扫描重复频率,则需调整扫描微调实现同步。

c. 触发信号耦合开关,有内、外、电视三挡,在内和电视位置触发信号来自内部;在外位置,触发信号取自外触发输入连接器。电视位置仅在测量电视信号时用到。

d. 稳定度调节电位器,通过它调节扫描电路的工作状态,以达到稳定的触发扫描。该调节一经调好无须经常调节。

e. 电平调节,调整触发信号触发点。调节时触发极性选择开关置+逆时针方向旋足,置－则顺时针方向旋足,然后逐步向中调节。

f. 扫描范围选择开关,按 1—2—5 换挡,共 22 挡,从 0.1 μs 至 1 s。

g. 扫描微调,通过它亦可调节扫描重复频率。

h. 水平方向移位旋钮,进入 X—Y 显示状态时,该旋钮失去作用。

⑥光标偏向指示,是新型示波器增加的功能。

a. 左侧两发光二极管,用于指示光标偏离垂直中心轴线的方向。

b. 右侧两发光二极管,用于指示光标偏离水平中心轴线的方向。

⑦右侧面板

a. 输出 0.02 V、0.2 V、2 V 的 1 kHz 方波插孔。

b. 接地插孔。

c. 扫描速率校正电位器。

d. 外触发输入插孔。

⑧左侧面板

极性开关,用以转换 Y_2 通道信号的极性。

(2)使用步骤

①使用前检查

a. 各控制器件位置应见表 3-1。

表 3-1　SR-071 型示波器各控制器件使用前位置

序号	控制机件	作用位置	序号	控制机件	作用位置
1	☼	居中	7	V/cm	0.05 V
2	⊙	居中	8	Y_2(X)	按
3	○	居中	9	⇆	居中
4	测量方式选择开关	Y_1	10	触发方式	自激
5	↓↑	居中	11	触发极性	+
6	DC—⊥—AC	⊥	12	T/cm	0.5 ms

b. 接通电源,示波管灯丝预热后,显示屏出现两条扫描基线,调整表中第 1、2、3 项使基线清晰。

c. 将本机 0.2 V、1 000 Hz 的标准信号接至 Y_1 输入端,显示方式置 Y_1,输入耦合改置"AC"位置,触发方式选择改置"触发"位,并调节电平旋钮,使屏幕上显示峰—峰幅度为 4 cm,重复周期为 2 cm 的方波脉冲。

d. 该信号改由 Y_2 输入,显示方式改置 Y_2,以同样方式也能调出同样的显示波形。

②二踪显示

a. 用 SR-071 型二踪示波器,同时观察或测量两个电信号 U_A 和 U_B 时,通常应将测量方式选择开关置于交替挡。当被测信号频率较低时,需将扫描时间开关置于 30 ms 以上各挡,为避免屏幕显示图像的闪烁,应将选择开关置于断续挡。

b. 被测信号 U_A 和 U_B 直接或经探头(衰减 10 倍)接入 Y_1 和 Y_2 输入连接器,一般情况下 Y_1、Y_2 通道输入耦合开关置于 AC 挡(对于缓慢变化的信号则应选 DC 挡)。

c. 根据各通道输入信号大小适当选择各通道的灵敏度。

d. 根据输入信号的周期(或频率)和荧光屏上显示波形的数目,选择适当的扫描时间开关挡级。例如输入信号频率为 1 kHz(即周期为 1 ms),选择 0.5 ms/cm 可显示五个波形,若选择 0.2 ms/cm,则只能显示两个波形。

e. 使用时一般将触发方式选择开关置于"AC"挡(对于用缓慢变化的信号触发时要选 DC 挡)。

③测量电压

运用偏转放大器的校准偏转因数,可以对被测波形进行电压测量,正确的测量方法虽根据不同的电压有所差别,但测量的基本原理相同。一般情况下,多数被测波形的电压同时包含交流分量和直流分量,而测量时经常需测量两种分量复合的数值,或各自的数值。

a. 测量交流分量电压

测量交流分量电压时,通常应将输入耦合开关置于 AC 位置,将被测信号的交直流分开,以免因交直流叠加超过偏转放大器线性偏转范围,而得不到准确的测试结果。但若被测信号频率较低,则输入耦合选择开关应置于 DC 位置,否则将因频带的限制而影响测量结果的准确性,其测量步骤如下:

(a)从正峰顶点到负峰顶点(或到某一谷点,按测量需要定)根据坐标读出两点间 Y 轴方向距离。

(b)读出输入偏转因数开关选择值。

(c)将上述两值乘以所用探头衰减倍数,其值即为被测峰—峰电压(或其他电压)。

例如,所用测试探头衰减倍数为 10∶1,输入偏转因数选择开关所置为 0.5 V/cm,读得被测信号峰—峰间 Y 坐标距离为 2.5 格(cm),则被测信号峰—峰电压为

$$10\times0.5\times2.5=12.5\ (\text{V})$$

上例之被测信号若为正弦波,则可根据上值计算出有效值。

b. 测量瞬时电压(包括直流测量)

测量瞬时电压与测量交流分量电压的主要区别是,瞬时电压需要一个相对的参考基准电位,一般情况下基准电位是对地电位而言,但也有可能是一定幅度的其他参考电位。所以测量时需先在荧光屏上按坐标确定参考电位的基准线位置,然后相对该基准线测出被测电压的值。测量瞬时电压的同时,也可测出被测波形的直流分量。因为被测信号波形的平均电压可按瞬时电压通过换算得来,而平均电压就是被测信号直流分量的电压值(当然这是指以地作为参考电位时的情况)。

测量步骤:

(a)将输入选择开关置于"DC"位置,将测试探极的探针接地或接入其他所需要的参考电位,扫描方式选择开关置于"自激"位置使之产生连续扫描信号,然后调节"Y 轴位移"使光迹移动到合适的位置,什么位置合适,应根据被测信号的幅度、极性而定。同时为读数方便,一般将光迹调至与坐标格子线重合处。参考基准线确定后,测试时切勿再转动"Y 轴位移",这时所测各电压实际为所需测定点与其间电位差。

(b)将测试探极从基准电压或接地点移开,接入被测信号,然后调节触发电平使波形稳定。

(c)根据坐标的刻度,读出从基准线至被测波形上所需测定点间 Y 坐标距离。

(d)将所测的 Y 坐标距离乘以输入偏转因数开关指示值,再乘以探极的衰减倍数即得被测电压值。

例如:所用探极衰减为 10∶1,"V/cm"开关在"0.2 V/cm"位置,测得从参考基线到波形上需要测定点的 Y 轴坐标距离为 2.7 cm 时,瞬时电压值为

$$10\times0.2\times2.7=5.4\ (\text{V})$$

若基准电压为 0 V,被测信号波形如图 3-17 所示,则被测信号中交流分量的大小、直流分量的大小、瞬时电压的大小将一目了然。

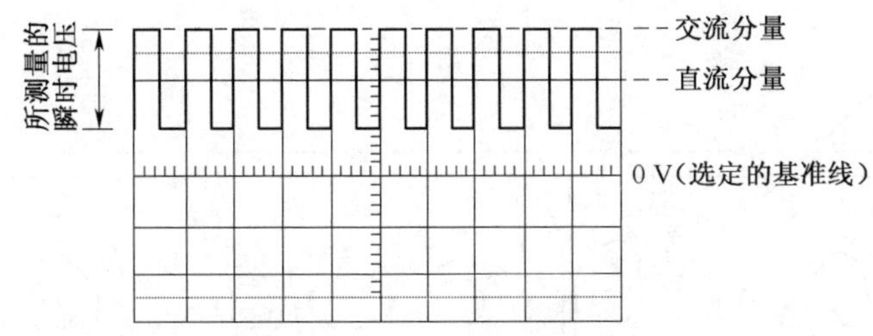

图 3-17 基准电压为零时含直流分量的矩形脉冲图形

④周期测量

在示波管的有效面内读被测波形一个周期的横坐标长度，将其乘以“T/cm”开关指示值，即为该信号的周期值。

⑤时间测量

时间测量原理类同周期测量，不同的是从坐标盘上读取所需测两点间的 X 坐标距离，显然周期测量为其特例。被测时间自然是“T/cm”开关指示值乘以读出距离值。

⑥相位测量

在许多场合需测量某一网络的相移，例如测量正弦放大器的相位滞后角等，其方法是将网络输入、输出信号同时显示在屏幕上，测出两信号间相位差即为该网络之相移。

测量时应将超前的信号去触发扫描电路。在本机，则应将超前的信号由 Y_1 通道输入，并用内触发形式启动扫描电路扫描。

若被测信号一个周期在屏幕上的水平坐标距离为 9 cm，两波形峰顶间距离为 d cm 则两信号间相位差为

$$\theta = d \times 360^\circ / 9$$

五、Agilent 5000A 系列示波器

Agilent 5000A 系列示波器为 2 通道和 4 通道数字存储示波器，具有响应最快的深度存储器、清晰度最高的彩色显示屏、最快的波形更新率；具有强大的功能和高性能：100 MHz、300 MHz和 500 MHz 带宽；最高可达 4 GSa/s 的采样率；强力触发；USB、LAN 和 GPIB 端口使打印、保存和共享数据更简便；彩色 XGA 显示屏。

1. 前面板布置

Agilent 5000A 系列 4 通道示波器前面板布置如图 3-18 所示。

(1)电源开关。按一次打开电源；再按一次关闭电源。

(2)亮度控制。顺时针旋转提高波形亮度，逆时针旋转降低亮度。

(3)USB 主机端口。连接符合 USB 标准的大容量存储设备以保存或调用示波器设置文件或波形。

(4)探头补偿端子。使用这些端子的信号使每个探头的特性与其所连接的示波器通道相匹配。

(5)垂直位置控制。使用此旋钮更改通道在显示屏上的垂直位置。每个通道对应一个垂直位置控制。

(6)通道打开/关闭键。使用此键打开或关闭通道，或访问软键中的通道菜单。每个通道对应一个通道打开/关闭键。

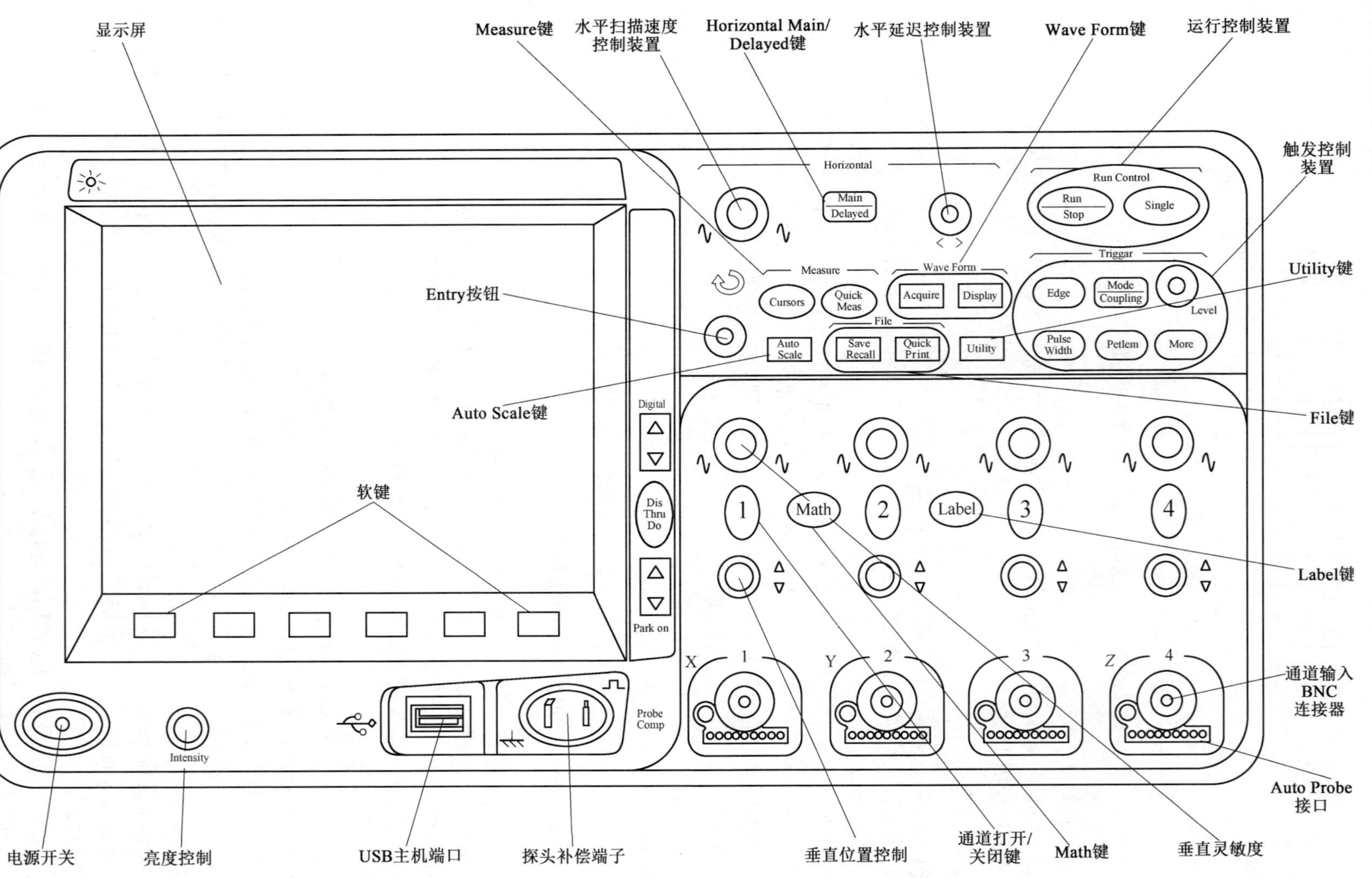

图 3-18 Agilent 5000A 系列 4 通道示波器前面板布置

(7)Math 键。通过 Math 键可以使用 FFT(快速傅里叶变换)、乘法、减法、微分和积分函数。

(8)垂直灵敏度。使用此旋钮更改通道的垂直灵敏度(增益)。

(9)Auto Probe 接口。将探头连接到示波器时,Auto Probe 接口尝试确定探头的类型,并在 Probe 菜单中相应地设置其参数。

(10)通道输入 BNC 连接器。将示波器探头或 BNC 电缆连接到 BNC 连接器,这是通道的输入连接器。

(11)Label 键。按此键访问 Label 菜单,可以输入标签以识别示波器显示屏上的每个轨迹。

(12)File 键。按 File 键访问文件功能,如保存或调用波形或设置,或按 Quick Print 键打印显示屏上的波形。

(13)Utility 键。按此键访问 Utility 菜单,可以配置示波器的 I/O 设置、打印机配置、文件资源管理器、服务菜单和其他选项。

(14)触发控制装置。这些控制装置确定示波器如何触发以捕获数据。

(15)运行控制装置。按 Run/Stop 使示波器开始寻找触发。

(16)Wave Form 键。使用 Acquire 键可以设置示波器以正常、峰值检测、平均或高分辨率模式进行采集,还可打开或关闭实时采样。使用 Display 键可以访问能够选择无限余辉菜单、打开或关闭矢量或调节显示网格亮度。

(17)水平延迟控制装置。当示波器运行时,使用此控制装置可以设置触发点相应的采集窗口。当示波器停止时,可以转动此旋钮在数据中水平平移。

(18) Horizontal Main/Delayed 键。按此键访问可以将示波器显示屏分成 Main 和 Delayed部分的菜单,在此还可以选择 XY 和 Roll 模式,也可以选择水平时间/格游标,并在此菜单上选择触发时间参考点。

(19)水平扫描速度控制装置。转动此旋钮调节扫描速度,这将更改显示屏上每个水平格的时间。如果在已采集波形且示波器停止后调节,则将产生水平拉伸或挤压波形的效果。

(20)Measure 键。按 Cursors 键打开可以用于进行测量的游标。按 Quick Meas 键访问一组预定义测量。

(21)显示屏。显示屏对每个通道使用不同的颜色来显示捕获的波形。

(22)Entry 旋钮。用于从菜单选择项或更改值。

(23)Auto Scale 键。按 Auto Scale 键时,示波器将快速确定哪个通道有活动,并将打开这些通道且对其进行定标以显示输入信号。

(24)软键。这些键的功能根据显示屏上键正上方显示的菜单而异。

2 通道示波器的控制装置与 4 通道示波器很类似。它们之间的区别是:2 通道示波器具有两组通道控制装置;4 通道示波器的外部触发输入在前面板上。某些触发功能不同。

按前面板上的键将在显示屏上出现软键菜单,使用这些菜单即可访问示波器功能。软键菜单出现在显示屏的底部,在六个软键上方。下列图形符号显示在示波器的软键菜单中:

↻ 用 Entry 旋钮调节参数。Entry 旋钮位于前面板上。许多软键使用 Entry 旋钮来选择值。旋钮上方的符号在此控制装置活动时点亮。

▲ 按此软键显示包含选项列表的弹出菜单。重复按此软键,直到选中所选择的为止。

使用标记为 Entry 的旋钮或按软键调节参数。

选项已选中并在运行中。

功能已打开,再次按软键将关闭功能。

功能已关闭,再次按软键将打开功能。

按软键查看菜单。

按软键返回到前一个菜单。

2. 使用前的准备

(1)连接电源线

将电源线连接到示波器背后,然后接上合适的交流电源。示波器根据输入线电压(在 100 到 240 V 交流电范围内)进行自动调节。要始终保证电源线的接地。

(2)按电源开关

电源开关位于前面板的左下角。此时前面板的指示灯点亮,示波器将在几秒钟后运行。

可以使用前面板键,或者通过 LAN、USB 或 GPIB 发出远程命令。

(3)建立 LAN 连接

①如果控制器 PC 尚未连接到局域网(LAN),要先进行连接。

②从网络管理员处获取:示波器的网络参数(主机名、域名、IP 地址、子网掩码、网关 IP、DNS IP 等)。

③在示波器上,确保启用了控制器接口。

a. 按 Utility 键。

b. 使用软键按 I/O 和 Control。

c. 使用 Entry 旋钮选择 LAN,然后再次按 Control 软键。

④配置示波器的 LAN 接口

a. 按 Config 软键,直到选中 LAN 为止。

b. 按 LAN Settings 软键。

c. 使用 Config 软键和 Entry 旋钮选择 DHCP、AutoIP 或 netBIOS 及相关选项。

d. 按 Addresses 软键。使用 Modify 软键(和其他软键及 Entry 旋钮)输入 IP 地址、子网掩码、网关 IP 和 DNS IP 值。完成后,按返回(向上箭头)软键。

e. 按 Domain 软键。使用 Modify 软键(和其他软键及 Entry 旋钮)输入主机名和域名。完成后,按返回(向上箭头)软键。

f. 按 Apply 软键应用更改。

⑤设置密码。

(4)建立点对点 LAN 连接

①从示波器随附的 CD 安装 Agilent I/O Libraries Suite。

②使用交叉 LAN 电缆将 PC 连接到示波器。

③打开示波器电源。

④按 Utility I/O,此时将显示 I/O 状态。等待 LAN Status 指示示波器为 configured。这需要几分钟时间。

⑤从 Agilent I/O Libraries Suite 程序组启动 Agilent Connection Expert 应用程序。

⑥显示 Agilent Connection Expert 应用程序时,选择 Refresh All。

⑦右键单击 LAN 并选择 Add Instrument。

⑧在 Add Instrument 窗口中，LAN 线应该突出显示；选择 OK。

⑨在 LAN Instrument 窗口中，选择 Find Instruments…

⑩在 Search for instruments on the LAN 窗口中，选中 LAN 和 Look up hostnames。

⑪选择 Find Now 键（可能最多需要 3 min 才能找到仪器。如果第一次没有找到仪器，等待约 1 min，然后重试）。

⑫找到仪器后，选择 OK，然后再选择 OK 以关闭 Add Instrument 窗口。

仪器已连接，并可以使用仪器的 Web 接口。

(5)使用 Web 接口

使用计算机和 Web 浏览器连接到示波器时，可以使用远程前面板功能控制示波器。

(6)使用 Web 浏览器控制示波器

使用内建的 Web 服务器可以通过支持 Java™的 Web 浏览器进行通信和控制，可以远程设置测量、监视波形、捕获屏幕图像和操作示波器。此外，还可以在 LAN 上发送 SCPI（可编程仪器标准命令）命令。

(7)滚动和监视器分辨率

在远程计算机上使用 1 024×768 或更低的分辨率时，需要滚动才能访问完整的远程前面板。

(8)设置密码

将示波器连接到 LAN 时，可设置密码来防止通过 Web 浏览器对示波器进行未经授权的访问。

①从仪器的 Welcome 页面选择 Configure Network 选项卡。

②选择 Modify Configuration 按钮。

③输入所需的密码。

④选择 Apply Changes 按钮。

重置密码，按 Utility & I/O & LAN Reset。

(9)连接示波器探头

输入阻抗可选择：1 或 50，按通道的开/关键，然后按 Imped 软键选择输入阻抗。

1 M 模式用于有多个无源探头的情况，并用于一般用途测量，高阻抗会将示波器对被测试电路的负载效降到最小。

与 50 模式匹配的是 50 电缆和一些通常用于高频测量的有源探头，这种阻抗匹配能进行最为精确的测量，因为它将沿信号路径的反射降到最小。

(10)检验基本示波器操作

检验是否可以在示波器上显示信号：

①按前面板上的 Save/Recall 键，然后按 Default Setup 软键（位于前面板上显示屏的正下方）。示波器被配置为默认设置。

②将示波器探头从通道 1 连接到前面板上的 Probe Comp 信号端子。

③将探头的接地导线连接到 Probe Comp 端子旁边的接地端子。

④按 Auto Scale。

示波器的显示屏上应显示方波。如果方波形状不正确,则要补偿示波器探头,使其特性与示波器的通道匹配。

如果未看到波形,则需确保电源符合要求、示波器加电正确、探头已牢固连接到前面板示波器通道输入 BNC 和 Probe Comp 端子上。

3. 前面板操作

(1)调节波形亮度

亮度控制装置位于前面板的左下角,电源开关附近。

顺时针旋转 Intensity 提高所显示波形的亮度,逆时针旋转则降低亮度。

(2)调节显示网格亮度

按 Display 键,然后转动 Entry 旋钮更改所显示网格的亮度。亮度级显示在 Grid 软键中,可在 0～100%之间调节。

(3)开始和停止采集

①按 Run/Stop 键时,此键点亮为绿色,则示波器处于连续运行模式。

②再次按 Run/Stop 键时,此键点亮为红色,示波器停止。显示屏顶端状态行中的触发模式位置显示 Stop。可通过旋转水平和垂直控制旋钮平移和缩放存储的波形。

③通过示波器的 Web 接口控制它时,从 Main Menu 中选择 Run Control,或按 Ctrl＋R 运行/停止,或 Ctrl＋S 进行单次采集。如果在示波器运行时按 Run/Stop 键,则此键将不停闪烁,直到当前采集完成为止。如果采集立刻完成,Run/Stop 键将不闪烁。

④再次按 Run/Stop 键时,此键点亮为红色,示波器停止。

显示屏顶端状态行中的触发模式位置显示 Stop。可通过旋转水平和垂直控制旋钮平移和缩放存储的波形。

⑤通过示波器的 Web 接口控制它时,从 Main Menu 中选择 Run Control,或按 Ctrl＋R 运行/停止,或 Ctrl＋S 进行单次采集。

(4)进行单次采集

按 Single 键时,此键将点亮为黄色,且示波器启动采集系统,搜索触发条件。满足触发条件时,即显示捕获的波形,Single 键变暗,而 Run/Stop 键点亮为红色。

(5)平移和缩放

①按 Run/Stop 键停止采集(或按 Single 键,允许示波器采集波形,然后停止)。当示波器停止时,Run/Stop 键呈红色亮起。

②将扫描速度旋钮转至水平缩放,将电压/格旋钮转至垂直缩放。显示屏顶端的 V 符号表示放大/缩小参考的时间参考点。

③将 Delay Time 旋钮◀▶转至水平平移,将通道的垂直位置旋钮⬍转至垂直平移。

(6)选择自动触发或正常触发模式

在自动触发模式下,如果按 Run 键之后未在预先确定的时间(根据所选的扫描速度)内找到触发,则示波器将生成一个触发。

(7)使用自动定标

要快速配置示波器,可按 Auto Scale 键以显示活动的连接信号。

4. 进行测量

(1)使用XY水平模式

XY水平模式使用两个输入通道将示波器从电压—时间显示转化为电压—电压显示。通道1是X轴输入,通道2是Y轴输入。

①将正弦波信号连接到通道1,将相同频率但异相的正弦波信号连接到通道2。

②按Auto Scale键、按Main/Delayed键,然后按XY软键。

③使用通道1和2位置旋钮◆信号在显示屏上居中。使用通道1和通道2 Volts/Div旋钮及通道1和2 Vernier软键扩展信号以便于查看。

④按Cursors键。

⑤在信号的顶部设置游标Y_2,在信号的底部设置游标Y_1。

⑥将Y_1和Y_2游标移动到信号和Y轴的交叉点,再次注意Y值。

⑦使用$\sin\theta=\frac{Y_1}{Y_2}$计算相差。

(2)数学函数

使用Math菜单在示波器通道上显示数学函数,可以减去或乘以在示波器通道1和通道2上采集的信号,然后显示结果。对在任何通道上或数学函数1×2、1−2或1+2上采集的信号求积分、微分或执行FFT运算,然后显示结果。

访问数学函数,按前面板上的Math键显示Math菜单。

①数学定标和偏移

通过按Settings软键,然后调整Scale或Offset值,可以手动定标任何数学函数。

②乘法

选择1×2时,通道1和通道2电压值逐点相乘,并显示结果。

③减法

选择1−2时,通道2电压值和通道1电压值逐点相减,并显示结果。

④微分

计算所选源的离散时间导数,可使用求微分测量波形的瞬间斜率。

由于求微分对噪声很敏感,因此有助于在Acquire菜单中将采集模式设置为Averaging。

用公式可求出所选源的导数。

⑤积分

$\int dt$ 计算所选源的积分。可使用积分计算脉冲能量或测量波形下的面积。

$\int dt$ 使用梯形法则求出源的积分。

⑥FFT测量

FFT被用来利用示波器输入通道或数学函数1+2、1−2或1×2计算快速傅里叶变换。选择FFT函数后,FFT频谱作为幅度以dBV频率被绘制在示波器显示屏上。水平轴的读数从时间变化为频率(Hz),而垂直轴的读数从V变化为dB。FFT函数可用于查找串扰问题、在模拟波形中查找由放大器非线性引起的失真问题或用于调整模拟滤波器。

(3)游标测量

可以使用游标在信号上测量定制电压或时间。

①将信号连接到示波器并获得稳定的显示。

②按 Cursors 键,然后按 Mode 软键。

X 和 Y 游标信息显示在软键上。X、$1/X$、Y 及二进制和十六进制值显示在软键上方的行中。

③按 Source 软键选择示波器通道或数学源,Y 游标可在其上显示测量值。Normal 游标模式中的源可以是任何示波器通道或数学源。

④选择 X 和 Y 软键进行测量。

XY 键——按此软键选择 X 游标或 Y 游标用于调整。

X_1 键和 X_2 键——X_1 游标(垂直短画线)和 X_2 游标(垂直长画线)水平调整,并表示与除数学 FFT(表示频率)之外所有源的触发点相对的时间。

X_1 和 X_2 之间的差值(X)以及 $1/X$ 显示在软键上方的专用行上,或在选择了某些菜单的情况下显示在显示区域中。选择了它的软键后,转动 Entry 旋钮调整 X_1 或 X_2 游标。

Y_1 键和 Y_2 键——Y_1 游标(水平短画线)和 Y_2 游标(水平长画线)垂直调整,并指示与波形地点的相对值,其中,值与 0 dB 相对的数学 FFT 除外。

X_1X_2 键——按此软键,通过转动 Entry 旋钮同时调整 X_1 和 X_2 游标。

Y_1Y_2 键——按此软键,通过转动 Entry 旋钮同时调整 Y_1 和 Y_2 游标。

(4)自动测量

可在 Quick Meas 菜单中进行的自动测量有:占空比、频率、周期、上升时间、下降时间、+宽度、一宽度、最大时的 X、最小时的 X、相位和延迟;电压平均值、振幅、基准、最大值、最小值、峰—峰值、RMS、标准偏差、顶部;前冲和过冲。

①自动测量

Quick Meas 在任何通道源或任何运行的数学函数上进行自动测量。

②设置测量阈值

设置测量阈值可定义在示波器通道上进行测量的垂直电平,更改默认阈值可能更改测量结果。

③时间测量

Agilent 5000A 系列示波器具有一个集成的 5 位硬件频率计数器,它计算在一段时间内发生的周期数(称为选通时间),以测量信号的频率。计数器测量的选通时间自动调整为 100 ms 或当前时间窗口的两倍,取二者中较大值,时间最长为 1 s。

可测量占空比、频率、周期、下降时间、上升时间、+宽度、一宽度、最小时的 X、延迟、相位等。

④电压测量

使用通道 Probe Units 软键将每个输入通道的测量单位设置为 V 或 A。如果在通道 Probe Units 软键中通道 1 和通道 2 被设置为不同的单位,则当 1－2 或 1＋2 是选中的源时,对于数学函数 1－2、$\mathrm{d}/\mathrm{d}t$ 及 $\int \mathrm{d}t$,将显示定标单位。

可测量振幅、平均值、基准、最大值、最小值、峰—峰值、标准偏差、顶部、过冲和前冲等。

5. 保存和打印数据

Agilent 5000A 系列示波器可配置打印机,将显示屏的显示打印出来;可将轨迹和设置保存到内部存储器或覆盖现有的 USB 大容量存储设备文件,需要时可调用轨迹和设置。

第三节　频率计

现代测量中，频率测量一般不再采用模拟式测量仪表。模拟式测量仪表，如电动系频率表、铁磁电动系频率表（只要变化量在其灵敏度范围内），对输入的每一个变化都有相应的指针偏转角与之对应；而数字式测量仪表的指示同输入量间的关系则是离散的，即不连续的，输入量的变化在仪器最小的一个单位内时，只有一个输出值与之对应，这是它们的主要区别。数字式测量仪表同模拟式测量仪表相比，有以下优点：

（1）测量精度高

数字式仪表比模拟式仪表的测量精度提高了许多，有的甚至提高了几个数量级，其主要原因是：

①数字显示器件对测量精度没有限制

由于采用数字显示，因而彻底摆脱了模拟式仪表中指针、表头、标尺、刻度盘等表示装置的分辨力和视差对测量精度的影响，且在技术允许范围内测量单位越小，精度可越高。

②时间（或频率）的数字测量精度高

高速数字电路的发展，使时间—数字的转换精度和分辨率已达 1 ns。因此，如果其他模拟量能高精度地转换成时间，那么它们也就可能获得高精度的数字测量。

③数字信号不易受噪声和干扰的影响

在数字式仪表中转换、传输、存储、运算等处理的都是数字信号，即脉冲与二进制逻辑电平信号。由于表示数字量“0”和“1”的两种逻辑电平明显不同，因此在处理过程中不易因外界的某些干扰影响而出错，也不会因元件存在的某些误差而影响精度。

（2）自动化程度高

仪表的数字化是自动化的基础。事实上，在仪表数字化的过程中就伴随着仪表的自动化。数字式仪表利用数字电路的各种逻辑功能很容易实现自动重复测量、自动转换极性、自动选择量程、自动调节（如自动调零、自动调节触发电平等）、自动校准、测量结果自动显示、记录、判断等。更重要的是，数字式仪表很容易同计算机结合，特别是在计算机技术高速发展的今天，这种结合使测量仪器自动化又有了新的飞跃。目前，电子测量仪器的自动化主要体现在微处理器与仪表相结合构成“智能”仪器，以及微型或小型计算机控制的自动测试系统。

（3）测量速度快

数字式仪表实现了测量自动化，不但操作简便，而且大大加快了测量速度。

由于数字式测量仪表具有这些优点，所以应用越来越广泛。

一、电子计数器

1. 电子计数器的分类

电子计数器测试功能很多，用途甚广，但归纳起来主要有如下三大功能：

①对信号次数计数——累加计数。

②在已知的标准时间内对未知信号计数——频率测量。

③在未知的待测时间内对标准时间信号计数——时间测量。

因此,电子计数器按功能可划分为如下四大类:

(1)通用计数器,是一种具有多种测量功能、多种用途的万能计数器。它可测量频率、周期、多周期平均、时间间隔、累加计数、计时等;配上转换器、传感器还可测量其他众多电量和非电量。

(2)频率计数器,是专门用来测量高频和微波频率的计数器,其功能限于测频和计数,测频范围很宽。

(3)时间计数器,是以时间测量为基础的计数器。这类计数器都在不同程度上采用了计算技术,其测量时分辨力和准确度很高,已达 10^{-12} s 的量级。

(4)特种计数器,是具有特种功能的计数器,包括可逆计数器、预置计数器、序列计数器、差值计数器等。

2. 基本计数测量法

(1)计数法测频率

单位时间内信号周期性变化的次数即为该信号的变化频率,频率的数字测量法就是以此为依据的,其测量原理如图 3-19 所示。

测量时被测信号经整形送到受控门(与门)1 输入端,但能否送到计数器计数则要看与门是否打开,即与门的另一个输入端 2 端是否为 1。显然 2 端输入为 1 的持续时间就为双稳态触发器某稳态的持续时间,也即计数触发信号——单位时间信号的周期 T_0。计数器累加计数即是在 T_0 时间内计被测信号周期数。不难看出,若计数器的累计数为 N,则被测信号的频率 f_X 为

$$f_X = N/T_0$$

若 T_0 的单位为 s,则被测频率 f_X 的单位就为 Hz。单位时间信号周期越长,精度越高,测量的准确度就越高。

(2)计数法测周期

周期测量实际为频率测量的逆过程,即在被测信号的周期 T_X 内,累计标准时间信号的周期数,其测量原理如图 3-20 所示。

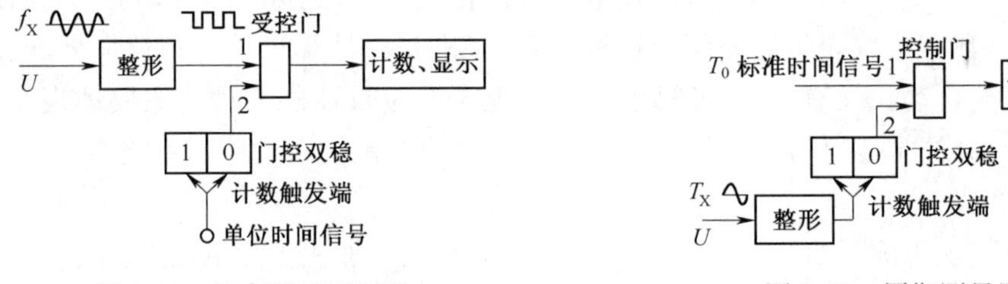

图 3-19　频率测量原理图　　　图 3-20　周期测量原理

显然若计数器累计数为 N,则被测周期 T_X 为

$$T_X = N \cdot T_0$$

T_0 所用单位就为被测周期 T_X 的单位,并且标准时间信号周期越短,精度越高,测量的准确度越高。

(3)计数法测相位差

如图 3-21 所示,相位差测量是基于时间 t_X 的测量进行的,从图中可见,若已知两被测信号的周期 T_X、两信号时间差 t_X,则两信号间的相位差为

$$\theta_X=\frac{t_X}{T_X}\times 360^\circ$$

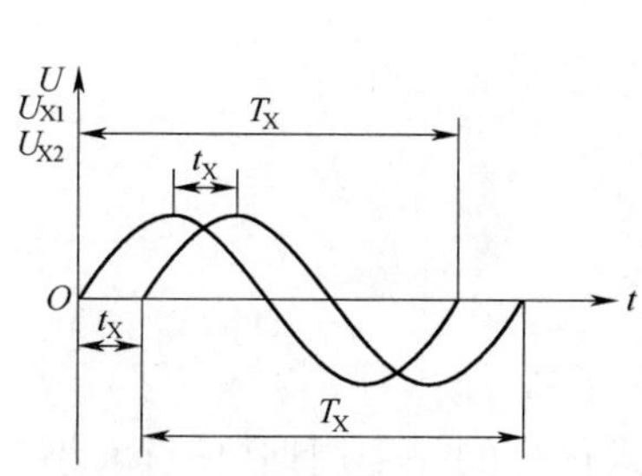

图 3-21　周期与时间差示意图

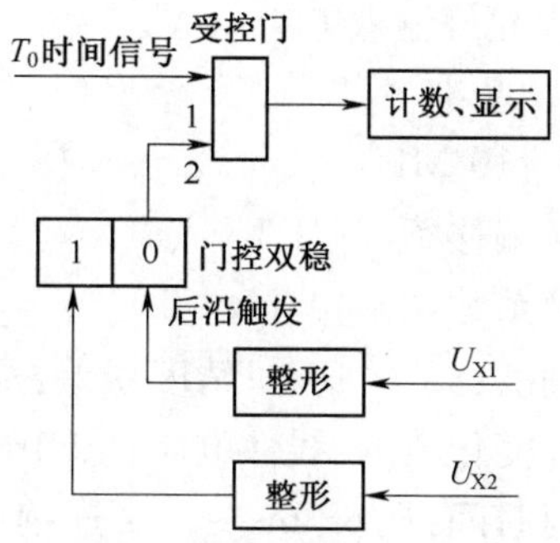

图 3-22　计数法测相位差原理图

未知时间间隔 t_X 的测量原理如图 3-22 所示。仍是累计标准信号的周期数，但门控双稳转变为 1 态由被测信号 U_{X1} 触发，而恢复 0 态则由 U_{X2} 触发，显然受控门打开时间为两信号整形脉冲后沿间隔时间，即 t_X。若计数器累计数为 N，则

$$t_X=N\cdot T$$

所以可以说周期测量为相位差测量的一个特例。

二、CN3165 型频率计

CN3165 型频率计是一种带有微处理器的高精度数字频率计，其测量范围可从 0.1 Hz 至 1 000 MHz，所测频率和周期的数值通过八位数码显示出来。该频率计具有工作稳定、测量精度高范围广、使用方便灵活的特点。

1. 技术指标

(1)输入特性

仪表有 A、B 两个测量端。

①A 测量端

a. 频率测量范围：不隔直耦合时为 0.1 Hz～80 MHz；隔直耦合时为 30 Hz～80 MHz。

b. 灵敏度：0.1～50 Hz，15 mV；0.1 Hz～80 MHz，25 mV；50～80 MHz，25 mV。

c. 动态范围：0.1 Hz～50 MHz 时为 15 mV～2 V，其他为 25 mV～2 V。

d. 耦合方式：AC/DC。

e. 滤波：可选择使用≤100 kHz 的低通滤波器，此功能仅 A 测量端有。

f. 输入阻抗：1 MΩ//40 pF。

g. 衰减：×1、×20 两挡。

h. 触发方式：自动和手动。

i. 触发电平：自动时为预置值；手动时，为－2.5～＋2.5 V 可调。

j. 最大输入：250 V(直流成分加交流成分峰值)。

k. 周期测量范围：10 ns～10 s。

②B 测量端

a. 频率测量范围：50 Hz～1 GHz。

b. 灵敏度：≤650 MHz，20 mV；650 MHz～1 GHz，70 mV。

c. 耦合方式:隔直耦合。

d. 输入阻抗:50 Ω。

e. 最大允许输入电压:3 V。

(2)时间基准

①频率:10 MHz。

②频率偏移率:每月 10^{-6}。

③温度系数:0~40 ℃,≤10^{-5}。

④精确度:≤5×10^{-5};精度误差:≤5×10^{-5}。

⑤线性变化范围:线性电压在±10%变化范围内时≤10^{-7}。

⑥闸门时间:从 60 ms~10 s 连续可变,也可是输入信号的一个周期(任意大小)。

(3)显示

①频率:8 位 LED,0.3 s 刷新。

②指数:1 位 LED,0.3 s 刷新。

③单位:Hz、s。

④符号:一。

⑤工作指示:OVFL(溢出)、闸门时间、触发电平。

(4)工作环境

①一般使用范围:15~35 ℃、湿度≤80%。

②适用范围:0~50 ℃、湿度≤85%。

(5)电源

(110±11) V/60 Hz 或(220±22) V/50 Hz。

2. 工作原理

CN3165 型频率计测量电路框图如图 3-23 所示。它由输入信号调节器、波形形成比较器、前置放大器、开关逻辑电路、10 MHz 时间基准、计数器、闸门时间信号发生器、微处理器、触发控制电路、显示电路等组成。

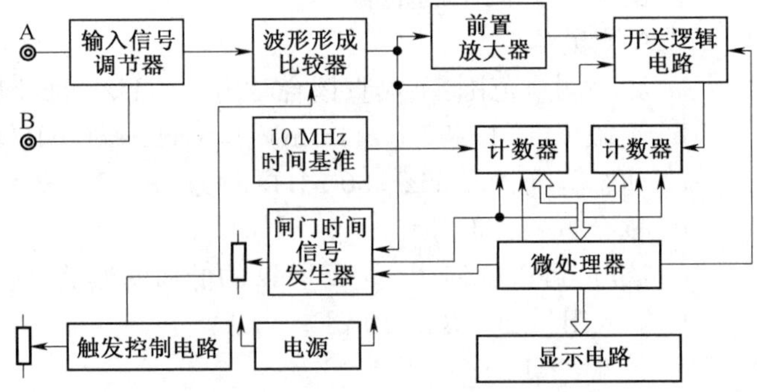

图 3-23 CN3165 型频率计测量电路框图

(1)交流电源

仪表的电源变压器设计成可使用 110 V/220 V,采用哪种电源可通过内部电源板上的跳线来实现。

注意:如果必须改变电源,必须由专业人员进行。110 V 电源采用 750 mA熔断器;220 V 电源采用350 mA的熔断器。

(2)直流电源调节

仪表的直流电源是高稳定且可调的,有+5 V 和-5 V 两种电压值,调节范围为±10%。如果直流电源被改变或调整过,那么时间基准将不准确,所以如果直流电源被调整过,则时间基准必须再校正。

(3)时间振荡器

时间基准由一个高稳定的石英振荡器产生。通过调节可变电容器可修正频率准确度，把标准频率修正在 10^7 Hz、$\pm5\times10^{-6}$。10 kΩ 的可变电阻是一个加载阻抗，调节其阻值可获得适当的直流电压和较好的波形。

(4)信号调节

①A 测量端(FREQ A，PER A，0.1 Hz～100 MHz)

FREQ A 为频率测量方式，PER A 为周期测量方式，除了显示单位不同外，FREQ A 和 PER A 有同样的输入信号条件。PER A 的单位是 Hz，另一个的单位是 s。两者在进入缓冲器前均通过测量电缆把输入信号接至 A 测量端，并均通过 AC/DC 耦合开关、衰减器(×1 或×20)、限幅二极管和低通滤波器，并可通过开关选择低通滤波器的频带，然后缓冲后的信号被传送给高速度波形比较器。

②B 测量端

FREQ B 适合测量非常高的频率信号，范围为 50 MHz～1 GHz。输入信号通过测量电缆连接至 B 测量端，输入耦合只能采用 AC 耦合方式。输入阻抗为 50 Ω，两个二极管用于限幅。最大的输入电压 3 V。

注意：为了保护 B 测量端，在测量时必须接入一个 50 Ω 的终端连接器。

(5)触发控制电路

缓冲信号被加于高速比较器的同相输入端，同时一个可调节的触发电平加在其反相输入端。如果触发电平在输入信号的峰—峰值范围内，那么比较器工作且输出方波信号给计数电路。如果触发电平超出信号峰值范围，比较器的触发方式将被终止。

触发操作有自动和手动两种方式。在自动方式时，触发非常灵敏，输入信号频率从 0.1 Hz到 50 Hz 范围内能很容易地触发。手动方式时，只要适当地调整触发电平，输入信号频率从 10 Hz 到 100 MHz 内能被可靠触发。为了便于工作，当信号频率在10 Hz以下时，必需选用自动触发方式。如果输入信号是图 3-24所示的复杂波形，使用者可调节触发电平选择适当的触发点获得所需的峰值。如果触发电平被调至 L_0，则比较器被双重触发产生两倍频率的方波送至计数电路，因而显示频率为2 kHz。如果触发电平选为 L_1，信号达到峰值才触发，计数结果就为 1 kHz。

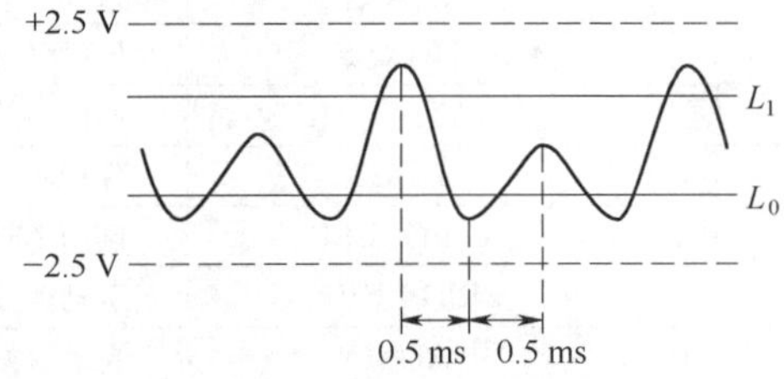

图 3-24 波形复杂的输入信号

(6)计数电路

计数电路由两个高精度的计数器、闸门时间信号发生器和微处理器组成。计数电路以微处理器为核心，因此它具有较高的门控响应速度、较高的分辨率和非常适合于低频测量的特性。它的闸门时间可在 60 ms 至 10 s 间连续可调。微处理器控制计算过程、运算顺序包括自检，命令触发器动作和打开控制门，开始计数，确定闸门时间，结束计数，关闭控制门，从两个计数器获得数据、计算数据和显示结果。在开门脉冲的作用下开始计数，开门脉冲滞后于手动产生的置位脉冲，它在触发动作发生作用时产生。如果输入信号突然中断或触发停止，则测量终止，因为触发动作不断在微处理器的监视之下。有两个计数器，一个用于计算输入的未知频率信号，另一个用于对 10 MHz 的时间基准的计数。假如未知频率信号计数值为 C_x、时间基准计数值为 C_s、闸门时间间隔为 T_o、输入未知频率为 F_x、时间基准频率为 F_s，那么在完整测量过

程中,计数器的计数结果如下:

未知频率记录计数值

$$C_x = F_x \cdot T_o$$

基准频率记录计数值

$$C_s = F_s \cdot T_o$$

因此

$$C_x / F_x = C_s / F_s$$

输入的未知频率 F_x 为

$$F_x = F_s \cdot C_x / C_s$$

如果在周期测量方式时测量结果 T_x 为

$$T_x = 1/F_x$$

从原理分析可见,测量结果主要取决于计数器的计数精度和 F_s 的精度,而与闸门时间无关。由于本仪表采用了两个高精度的计数器和高精度的标准信号,因而测量精度较高,而且由于对于不同的测量信号可随意选用不同闸门时间信号,所以测量也比较灵活。

3. 使用方法

(1)面板布置

CN3165 型频率计面板布置如图 3-25 所示,面板上各部件的名称和作用见表 3-2。

表 3-2　CN3165 型频率计面板部件名称及作用

序号	名　称	作　　用
①	ON/STBY	电源开关
②	RESET	复位开关
③	FREQ A	A 频率测量方式(0.1 Hz～100 MHz)
④	PER A	A 周期测量方式
⑤	FREQ B	B 频率测量方式(50 MHz～1 GHz)
⑥	GATE TIME	闸门时间控制开关,控制范围为 60 ms～10 s
6.1	HOLD	保持闸门方式,测量数据保持在 LED
6.2	GATE LED	闸门 LED 点亮,表明闸门时间间隔正在起作用
⑦	TRIG LEVEL	手动触发电平控制开关,控制范围为－2.5～＋2.5 V
7.1	AUTO	自动触发方式
7.2	TRIG LED	触发 LED 闪烁,表明触发电路正在工作;LED 亮稳定灯光或灭灯,表明触发电路不工作
⑧	FIL TER	低通滤波器,≤100 kHz(－3 dB)
⑨	ATT	衰减,×1、×20(信号电压＞2 V 时用×20)
⑩	DC/AC	耦合开关
⑪	A	A 测量端同轴电缆插接口
⑫	B	B 测量端同轴电缆插接口
⑬	s	s,周期单位
⑭	Hz	Hz,频率单位
⑮	EXPONENT	显示指数值,以科技符号表示
⑯	EXPONENT SIGN	负号“－”,表明显示指数为负
⑰	DATA LED	八位数码显示
⑱	OVFL	溢出,被测量超出显示范围

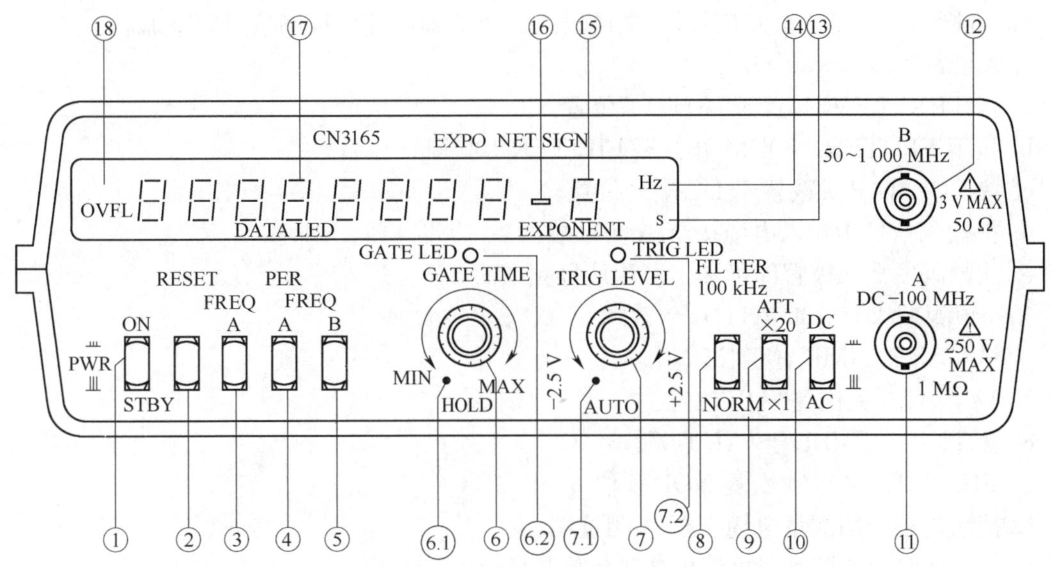

图 3-25　CN3165 型频率计面板布置

(2)使用步骤

①电源自检

a. 在打开仪器电源前需保证电源电压与仪器要求的电压相符(仪器设定电压标在其背面)。

b. 设置所有按钮开关在弹出位置。

c. 设置闸门时间在“MIN”位置。

d. 设置触发电平控制在“AUTO”位置。

e. 检查所有的 LED 显示(数码、小数点、溢出、符号、单位、指数),从 00000000 至 99999999 连续检查。

②一般频率(30 Hz～20 MHz)测量时的自检和测量步骤

a. 将电源开关置“ON”位置。

b. 按压 FREQ A 按钮、AC/DC;开关置于“AC”位置。

c. 置 GATE TIME 于“MIN”(≈60 ms)。

d. 置触发电平控制于“AUTO”位置。

e. 通过测量电缆将 10 MHz、1 V(峰—峰值)的方波输入至 A 输入端。

f. 检查 TRIG LED 和 GATE LED 是否频繁闪烁。

g. 观察数码发光二极管是否显示 10 MHz。

h. 旋转 GATE TIME 至中间位置(闸门时间≈1 s),检查 GATE LED 是否每秒闪烁一次。

i. 当频率至少以 1 位数变化时,观察 DATA LED 的显示分辨率。

j. 旋转 GATE TIME 控制至“MIN”。

k. 微调 TRIG LEVEL 离开“AUTO”位置(接近−2.5 V),检查 TRIG LED 是否在灭灯状态,GATE LED 是否也处在灭灯状态,如果触发电平置于不适当的位置,测量将不能正常进行。

l. 顺时针旋转 TRIG LEVEL 至 TRIG LED 频繁闪烁,检查 GATE LED 是否同样闪烁,并且测量正在进行,未中断。

m. 将检测信号换成被测信号,从数码发光二极管即可读出被测信号频率值。

③低频测量(0.1～30 Hz)

a. 将 TRIG LEVEL 置于“AUTO”位置。

b. 按下 FIL TER/NORM 开关至 FIL TER 100 kHz 位置。

c. 按 DC/AC 开关改置于 DC 耦合位置。

d. 把被测信号用输入电缆接至 A 测量端。

e. 从数码发光二极管即可读出被测信号频率值。

④高频测量(20～100 MHz)

a. 将 GATE TIME 置于“MIN”。

b. DC/AC 开关恢复“AC”位置。

c. 置 TRIG LEVEL 于“AUTO”。

d. FIL TER/NORM 恢复 NORM 位置。

e. 把测量信号用测量电缆接至 A 测量端。

f. 从数码发光二极管即可读出被测信号频率值。

注意:测量 40～100 MHz 范围内的频率时采用手动调节触发电平能够得到更好、更准确的测量。

⑤高频测量(100 MHz～1 GHz)

a. 打开电源开关。

b. 按压 FREQ B 开关。

c. 被测信号通过测量电缆接至 B 测量端。

d. 置 GATE TIME 于“MIN”。

e. 从数码发光二极管即可读出被测信号频率值。

⑥周期测量(10 ns～10 s)

a. 置电源开关于“ON”位置。

b. 按下 PER A 开关。

c. 置 GATE TIME 于“MIN”。

d. 置 TRIG LEVEL 于“AUTO”。

e. 被测信号通过测量电缆接至 A 输入端。

f. 从数码发光二极管即可读出被测信号频率值。

第四节　数字式多用表

数字式多用表(DMM)同万用表一样,有测量直流电压、直流电流、交流电压、交流电流及电阻等多种功能。由于它具有数字式测量仪表的优越性,并且因采用集成电路而轻便、灵活,所以应用越来越广。

数字式多用表以数字式直流电压表为基础。测量直流电流、交流电流、电压、电阻等其他电量靠相应转换电路实现,其结构如图 3-26 所示,主要由 A/D 转换器、计数显示器、整流器、电阻—电压变换器、电流—电压变换器等部分组成。其中,A/D 转换器和计数显示器实际上就构成了一个直流数字式电压表。

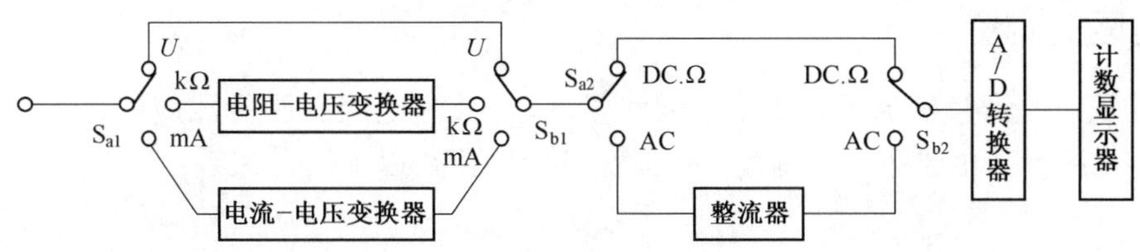

图 3-26　数字式多用表结构框图

一、A/D 转换器

A/D 转换器是进行电压、电流、电阻等数字测量的最关键部分，其种类繁多且采用的A/D 转换器不同，模数转换方式不同，测量精度也就不同。所以一些数字式电压表、多用表常以所用 A/D 转换器的类型代表其测量方式。数字式电压表、多用表用得较多的是二重积分式 A/D 转换器，其结构如图 3-27 所示，由基准电压 E_r、时钟脉冲、模拟开关(K_1、K_2 和 K_3)、积分器、比较器、控制逻辑电路等组成。它通过两次积分把被测电压变换成与其平均值成正比的平均间隔，然后对这个间隔用时钟脉冲进行计数，从而实现 A/D 转换。

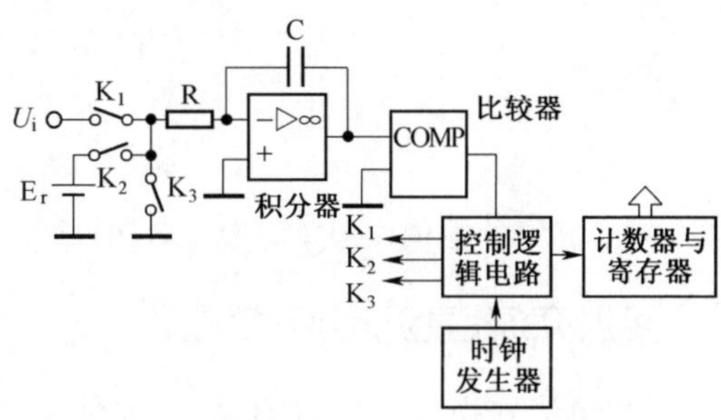

图 3-27　二重积分式 A/D 转换器结构

二、交、直流电压的测量

1. 测量直流电压

A/D 转换器和计数显示电路构成最基本的数字式电压表，其测量范围有限，类似于指示式仪表中的表头。要实际用于测量，还需由测量电路扩大测量范围。数字式电压表的测量电路由分压器和类似于射极跟随器的输入阻抗变换器构成。由于其输入阻抗变换器由运算放大器构成，具有输入阻抗很大、输出阻抗极低的特点，所以数字式电压表的输入阻抗可做得很高，其阻抗就近似于分压器的阻抗，因而其分压器一般由高阻值电阻构成。

2. 测量交流电压

交流电压的测量如图 3-28 所示。它增加了整流电路和平均值—有效值变换器，即将交流电量转变成直流电量进行测量。因数字式电压表测得的是平均值，而常常要测量有效值，所以还需进行平均值—有效值转换，而这只要经具有一定放大倍数 K 的放大器放大即能实现。例如半波整流后平均值为 $0.318U_m$，则要求 K 为

$$K=\frac{U}{\overline{U}}=\frac{0.707U_m}{0.318U_m}=2.22$$

式中，U 为有效值；$\overline{U}$ 为平均值；U_m 为峰值。

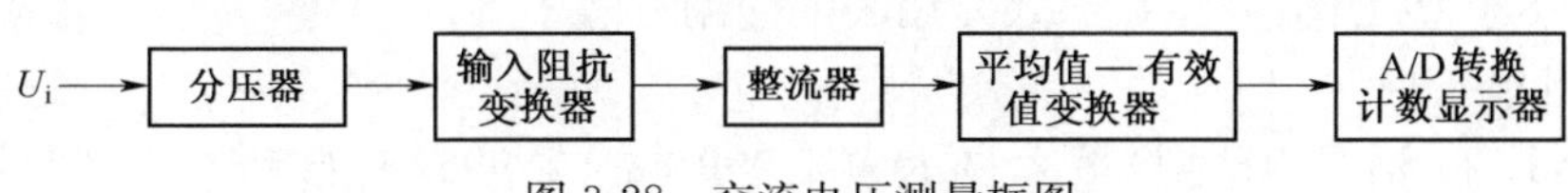

图 3-28　交流电压测量框图

三、电阻的测量

电阻测量就是通过恒流源供电的伏安测量法,将被测电阻转换为相应的直流电压进行测量,如图 3-29 所示。由于采用恒流源,所以 U_x 与 R_x 存在以下线性关系:

$$U_x = I_s R_x \qquad R_x = \frac{1}{I_s} U_x$$

式中,I_s 为恒流源输出电流。

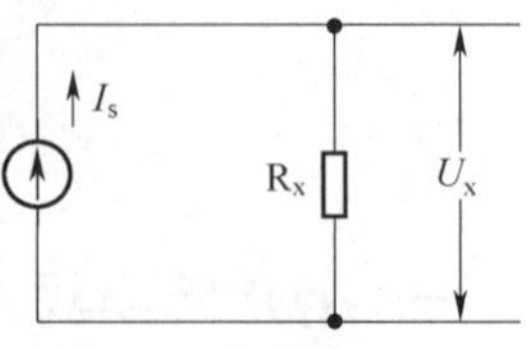

图 3-29　电阻测量的变换

不难理解,适当选择 I_s 可使指示值同电阻值一致。选择不同的 I_s,可实现量程的变换。例如可选择 $I_{s1}=1$ mA、$I_{s2}=0.001$ mA 两种,但 U_x 均为 4.5 V,则它所代表的被测电阻 R_x 分别为

$$R_{x1} = \frac{4.5}{1 \times 10^{-3}} = 4.5\ (\text{k}\Omega)$$

$$R_{x2} = \frac{4.5}{0.001 \times 10^{-3}} = 4.5\ (\text{M}\Omega)$$

R_{x1}、R_{x2} 的数值一致,均为 4.5,但单位不相同。

四、交流、直流电流的测量

将电流转换成电压较容易,只要使电流流入分流器,在分流器上即可取得相应的电压降,并且经改变分流电阻值即可变换电流测量量限,交流电流测量同交流电压测量原理相似,只要增加整流器和平均值—有效值变换器即可实现。

五、显示位数

数字万用表的显示位数有 $3\frac{1}{2}$ 位、$3\frac{2}{3}$ 位、$3\frac{3}{4}$ 位、$4\frac{1}{2}$ 位、$5\frac{1}{2}$ 位、$6\frac{1}{2}$ 位、$7\frac{1}{2}$ 位、$8\frac{1}{2}$ 位共 8 种。它确定了数字万用表的最大显示量程,是数字万用表非常重要的一种参数。

数字万用表的显示位数都是由 1 个整数和 1 个分数组合而成的。其中,分数中的分子表示该数字万用表最高位所能显示的数字;分母则是最大极限量程时最高的数字;分数前面的整数则表示最高位后的数位。

例如 $3\frac{1}{2}$ 位,其中整数 3 表示数字万用表最高位后有 3 个整数位,$\frac{1}{2}$ 中的分子 1 表示该数字万用表最高位只能显示从 0~1 的数字,故最大显示值为 1 999 或 −1 999;分母 2 表示该数字万用表的最大极限量程数值为 2 000。

通常,普及型的手持式数字万用表大多为 $3\frac{1}{2}$ 位、$3\frac{2}{3}$ 位、$3\frac{3}{4}$ 位、$4\frac{1}{2}$ 位、$5\frac{1}{2}$ 位及以上的台式数字万用表。

六、数字式万用表的使用

现以 DT-830 型为例,介绍数字式万用表的使用方法。

1. 主要性能指标

(1)显示:LCD(液晶 FE 型)最大显示为 1 999 或 −1 999,有自动调零和自动极性调整功能。

(2)测量类型:DCV、ACV、DCA、ACA、Ω、h_{FE}、二极管及连续检验。

(3)输入超限:显示1或—1。

(4)测量范围和输入阻抗:

①直流电压(DCV),0.1 mV～1 000 V,分五挡。最大允许输入在200 mV、2 V和20 V挡时为1 000 V直流电压或交流电压峰值,在200 V和1 000 V挡时直流电压或交流峰值电压不能大于1 100 V,输入阻抗10 MΩ。

②交流电压(ACV),0.1 mV～750 V,分五挡。最大允许输入电压为交流有效值750 V或直流750 V。输入阻抗为10 MΩ,电容小于100 pF。

③直流电流(DCA),0.1 μA～10 A,分五挡。200 mA以下各挡允许最大电压负荷为250 mV,10 A挡时允许最大电压负荷为700 mV。

④交流电流(ACA),0.1 μA～10 A,分五挡。允许频率为45～500 Hz,各挡最大负荷电压同上。

⑤电阻0.1 Ω～20 MΩ,分六挡。最大允许输入250 V直流电压或交流电压(有效值)。

⑥二极管检验,测试电流1 mA±0.5 mA,提供开路电压2.8 V。

⑦h_{FE}检验范围,0～1 000,提供U_{ce}=2.8 V,I_b=10 μA,有PNP、NPN两挡。

⑧通过蜂鸣器进行连续检验,分辨率0.1 Ω,测试电阻小于20 Ω±10 Ω,最大开路电压1.55 V,最大测试电流1 mA。

2. 面板布置

图3-30为DT-830型数字式万用表面板图。

(1)选择开关,具有选择测量方式和量限的功能。测量方式共有8种选择,分别为DCV、ACV、DCA、ACA、Ω、h_{FE}、二极管检验、连续检验。

(2)输入插孔有4个,用什么插孔测量需根据所选测量类型、量限而定。

①黑色测笔始终插入COM插孔。

②测DCV、ACV、Ω、二极管和连续检验蜂鸣器时,红色测笔插入V—Ω插孔。

③测量DCA、ACA量限在200 mA及以下时,红色测笔插入mA孔。

④测量DCA、ACA量程需选择10 A挡时,红色测笔应插入10 A挡。

(3)h_{FE}插孔,用于连接晶体管管脚。基极、集电极分别插入B和C孔,发射极接到E插孔之一。

(4)电源开关,置ON位置时,工作电源接通。

(5)显示,LCD屏显示$3\frac{1}{2}$数、小数点、一号及低电压提醒等符号。

3. 测量方式

(1)测量直流电压

①量限开关选择所需DCV挡位。不知大致范

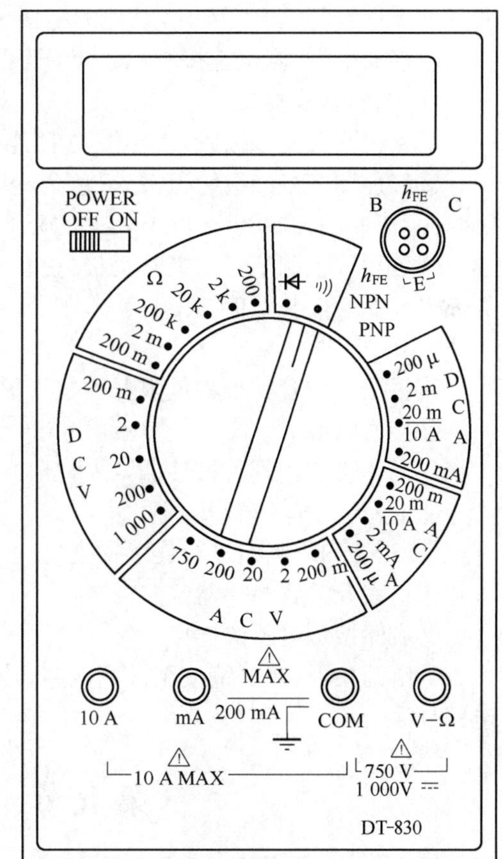

图3-30 DT-830型数字式万用表面板

围时选择最高挡位。

②黑色测笔插入 COM 插孔,红色测笔插入 V—Ω 插孔。

③电源开关扳至 ON。

④测试笔接至测试点,读数即见。位数少时可调小量限。

(2)测量交流电压

选择开关扳至所需 ACV 挡位,其他步骤同上。

(3)测量直流电流

①量限开关扳至所需 DCV 位置,不知大致范围时放在最高量限。

②黑色测笔插入 COM 插孔。

③红色测笔在 200 mA 以下各挡时放 mA 插孔,10 A 挡时应放 10 A 插孔。

④打开电源开关。

⑤测笔接至测量点,即可见读数。

(4)测量交流电流

将选择开关置于所需 ACA 位置,其余测试步骤同 DCA 测量。

(5)电阻测量

①量限开关置于要求的 Ω 挡位置。

②黑色测笔接 COM 孔,红色测笔接 V—Ω 孔。

③接通电源,测试笔接至测试点,即可见读数。若位数少可适当调小挡位。

(6)二极管检验

①量程开关置二极管,表棒按 Ω 挡连接。

②红色测笔接二极管正极,黑色测笔接负极,测其正向特性。这时液晶显示二极管正向压降,显示值一般为 500～800 mV。若显示 000 说明短路了,显示 1 说明开路。

③若用红色测笔接二极管负极,黑色测笔接正极,可测二极管反向特性。好的显示 1,损坏的显示 000 或其他值。

(7)h_{FE}测量

①根据三极管类型将量限开关置于 PNP 位或 NPN 位。

②接通电源。

③晶体管按其管脚极性插入 h_{FE}插口。

④液晶显示晶体管 h_{FE}值。

(8)用表内蜂鸣器进行连续检查

①量程开关置蜂鸣器位。

②表棒按测电阻法连接。

③电源接通,测试笔接至被测电路,若被测电路电阻在 20 Ω 以下,表内蜂鸣器发声,表示电路导通。

第五节　失真度测量仪

一、失真度的概念

放大器放大后的输出信号波形同其输入波形并不完全相同,这种放大后波形发生变化的现象称为失真，其原因有：一是放大器对不同频率成分的放大倍数不同而产生的频率失真；二是由于放大器中电子元件的非线性使之包含了新的频率成分而产生的非线性失真或谐波失真。

非线性失真的实质是产生了原来没有的新的频率成分，即当输入为正弦信号时，输出将成为非正弦信号，是由基波和新产生的二次谐波、三次谐波等一系列高次谐波的合成信号。所以，非线性失真程度常用非线性谐波失真系数(简称失真度)来衡量。失真度为

$$K_{\mathrm{f}}=\frac{\sqrt{U_2^2+U_3^2+\cdots+U_n^2}}{U_1}=\frac{\sqrt{\sum_{n=2}^{\infty}U_n^2}}{U_1}$$

式中　　U_1——基波的有效值；

U_2、U_3…U_n——分别为新产生的二次、三次…n 次等谐波电压有效值。

非线性失真系数常用百分比表示，也可用来评价正弦波的优劣。

衡量元件的非线性失真通常采用两种方法：一是测量被测对象的振幅特性曲线；二是在被测对象的输入端加上纯正弦电压，分析输出端产生的非正弦波形。但四端网络振幅特性曲线并不能决定其非线性畸变程度，也不可能根据振幅特性曲线来判断非线性畸变的量值，而用傅里叶级数对输出波形进行分析，能较详细地研究各种四端网络的非线性失真。除了在特殊情况下需对各次谐波进行分析外，一般只需了解非线性畸变的特性。

二、失真度的测量方法和原理

1. 非线性失真系数的测量方法

非线性失真系数的测量方法有选频法、滤波法两种。

(1)选频法。将被测信号中的基波分量和各次谐波分量的有效值分别测出，然后按照非线性失真系数定义公式计算。用这种方式测量，要求仪器有较高的整机灵敏度，选频带要窄，整机残余噪声要低，同时调谐机构要精细，否则将使测得的各次分量值带有误差。选频放大器、频谱分析仪就可用此方式进行测量，但操作、计算较困难。

(2)滤波法。将被测信号中基波分量滤除，测出其总谐波分量的有效值，然后与被测信号总有效值相比，即仪器实测失真度为

$$K=\frac{\sqrt{U_2^2+U_3^2+\cdots+U_m^2}}{\sqrt{U_1^2+U_2^2+\cdots+U_m^2}}$$

虽然 K 并非线性失真系数 K_{f}，但它们间的关系为

$$K_{\mathrm{f}}=\frac{\sqrt{K}}{\sqrt{1-K^2}}$$

在一般情况下，由于 $K\ll1$，所以 $K_{\mathrm{f}}=K$，无须加以修正。

采用这种方式的优点是，仪器电路结构简单、可靠、操作方便，并且在失真度小于30%时，K 值与 K_{f} 非常接近，无须修正。目前，谐波失真度测试仪大多采用这种方式。

2. 失真度测量原理

(1)基波滤除网络——文氏电桥

对于一个确定的文氏电桥电路，如图3-31所示，只有一个频率是满足平衡条件的，这就是

电桥平衡时,使的频率 f_x 为

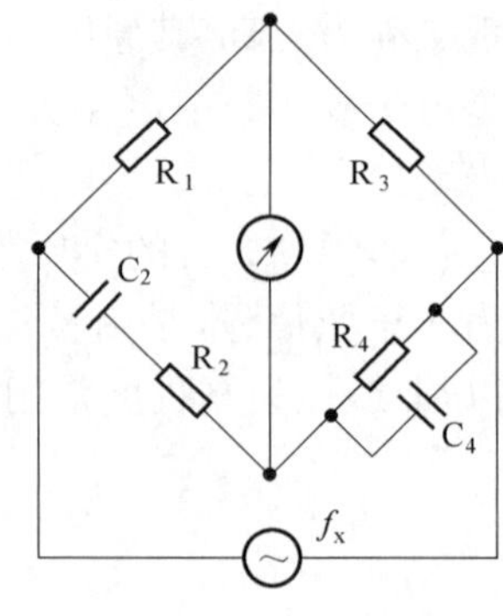

图 3-31　文氏电桥电路

$$R_1 \cdot \frac{1}{\frac{1}{R_4}+\mathrm{j}\omega_x C_4}=R_3 \cdot \left(R_2+\frac{1}{\mathrm{j}\omega_x C_2}\right)$$

式中　ω_x——平衡时的被测角频率,为 $2\pi f_x$。

简化可得

$$\begin{cases}\dfrac{R_1}{R_3}=\dfrac{R_2}{R_4}+\dfrac{C_4}{C_2}\\[2mm] \omega_x R_2 R_4-\dfrac{1}{\omega_x C_2 R_4}=0\end{cases}$$

由此,电桥平衡时可得

$$f_x=\frac{\omega_x}{2\pi}=\frac{1}{2\pi\sqrt{R_2R_4C_2C_4}}$$

若 $R_2=R_4=R, C_2=C_4=C$,可进一步简化为

$$\begin{cases}f_x=\dfrac{1}{2\pi RC}\\[2mm] \dfrac{R_1}{R_3}=2\end{cases}$$

若将 R_2、R_4 作为频段选择,则 C_2、C_4 就可用来选取每频段中连续可调的频率。

(2)实际桥路组成

失真度测量仪桥路组成如图 3-32 所示。

当被测信号经放大后进入文氏电桥 AC 端,电桥平衡时,滤去基波,其他谐波部分由 BD 输出再经放大后送至电压表电路。

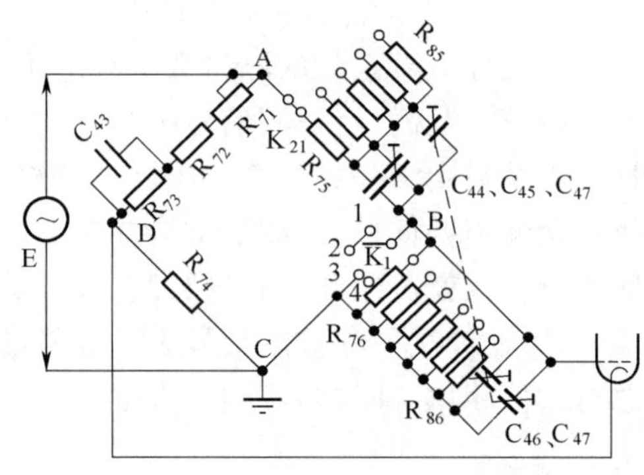

图 3-32　失真度测量仪桥路组成

(3)放大系统

放大系统采用了两级负反馈前置放大器和高性能的谐波放大器。这样,一方面减少了放大失真,另一方面又使其滤波曲线变得更尖锐,可滤除 99%以上的基波,而对二次以上谐波的抑制不大于 10%。

3. 相位失真及谐波成分的分析

(1)相位差

若要测量四端网络的相位失真,必须测定两个向量之间的相位差,本仪器采用示波器法,其原理是,当一质点同时参与两个不同方向的振动时,质点的位移是这两个振动位移的向量和。示波管中的电子束在 X、Y 两个相互垂直的极板上各加上电波振荡时,若振荡的参数方程为

$$\begin{cases}X=A_1\cos(\omega t+\varphi_1)\\ Y=A_2\cos(\omega t+\varphi_2)\end{cases}$$

将 t 消去，就得到轨迹的直角坐标方程——椭圆方程，即

$$\frac{X^2}{A_1^2}+\frac{Y^2}{A_2^2}-2\frac{XY}{A_1A_2}\cos(\varphi_2-\varphi_1)=\sin^2(\varphi_2-\varphi_1)$$

设 $X=0$ 时，$Y^2=Y_1^2=A_2^2\sin^2(\varphi_2-\varphi_1)$，有

$$\sin(\varphi_2-\varphi_1)=\pm\frac{Y_1}{A_2}$$

$Y=0$ 时，$X^2=X_1^2=A_1^2\sin^2(\varphi_2-\varphi_1)$

$$\sin(\varphi_2-\varphi_1)=\pm\frac{X_1}{A_1}$$

因此，若能测量出 A_1、X_1 或 A_2、Y_1，即可求出相位差，如图 3-33 所示。

(2)谐波

若两个振动的周期呈简单的整数比关系，可得到稳定的合成运动轨迹。

在垂直偏转电压作用下，光点在一个周期内上升和下降各一次，因此，光点在一个周期内将和水平轴线任意一根水平线相交两次。同样，在水平偏转电压的作用下，光点沿水平轴移动时，也会和垂直轴线任一根垂直线相交。如果引水平直线和垂直直线与图形相交，则这两条直线与图形交点数之比，就是两个振荡频率之比。据此可近似地分析被测信号中谐波的主要成分。

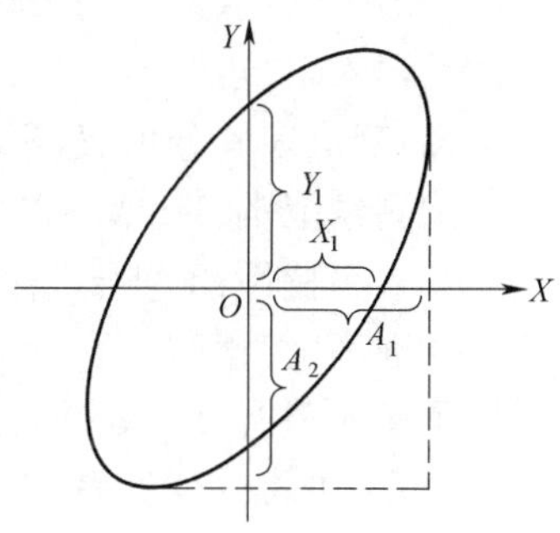

图 3-33 相位差测量

三、失真度测量框图

图 3-34 为两种失真度测量原理框图。图 3-34(a)是靠二次电压测量得到的失真度系数，其测量步骤是，先将开关 S 置 1，让各次谐波信号进入电子电压表，并调节输入信号调节器使之达到一定读数；然后将开关置 2，输入不变，调节基波抑制电路直至电子电压表读数最小(意味着基波被抑制)，再适当调小量限读出该值，根据两次的电压值即可得到 K。一般规定第一次调节电压应到多少(例如最大量限的满度)，这样就可把电压表的表盘直接刻度为失真度。

图 3-34(b)是靠衰减得到两者的比，从而得到 K 值，其测量步骤是，先将开关 S 置 1，使被测信号基波被抑制，调节指示电压表灵敏度，使电表指针达到适宜的示数，然后保持灵敏度调节不动，将开关 S 置 2，将包括基波在内的各谐波分量经定度可变衰减器全部加到指示电压表，并调节衰减器使指示电压表指示同上次示数。这时的衰减倍数实际就为两有效值之比。通常将衰减器盘直接按失真系数的百分数刻度。

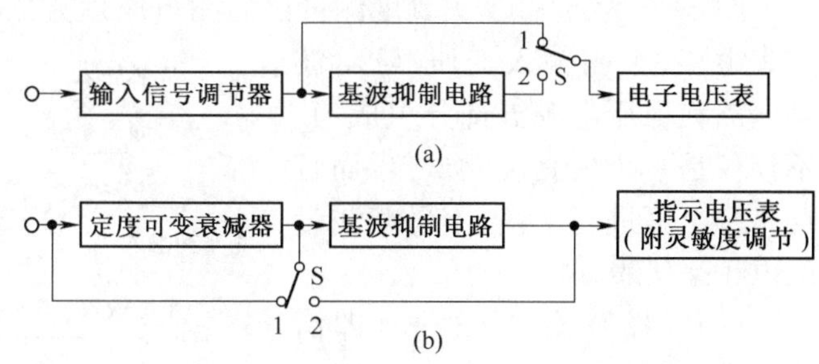

图 3-34 两种失真度测量原理框图

四、SZ-3 型失真度测量仪

SZ-3 型失真度测量仪是一种通用仪器,用它可以测量低频放大设备的频率失真、非线性谐波失真、检查相位特征等,还可用作平衡和不平衡式音频电压表。

1. 主要技术特性

(1)失真度测量(不平衡输入)

①基波频率允许范围:20 Hz~20 kHz,连续可变。

②测量范围:0.1%~100%(满刻度),最小可测至 0.03%。

③频率特性:20 Hz~60 kHz,±0.2 dB;60~200 kHz;±1.5 dB。

④准确度:满刻度的±5%或失真度±0.01%取最大值。

⑤输入阻抗:60 mV~1 V,R=47 kΩ,C<100 pF;1~250 V,R=100 kΩ,C<100 pF。

(2)毫伏表—分贝表(不平衡输入)

①测量范围:1 mV~300 V。

②频率特性:20 Hz~100 kHz,±0.3 dB;100~200 kHz,±0.5 dB。

③准确度:±3%。

④输入阻抗:R=500 kΩ,C<100 pF。

(3)毫伏表—分贝表(平衡输入)

①频率特性:40 Hz~10 kHz,±0.1 dB;10~20 kHz,±0.2 dB。

②测量范围:1 mV~300 V,-60~+50 dB。

③准确度:±0.3 dB。

④输入阻抗:约 10 kΩ。

⑤对称度:优于 1%。

一般电子测量均属不平衡测量,即被测信号经一测量端输入,另一测量端为接地端,需与被测电路的接地端相接,但当测量某些网络的电平时被测网络两端对地平衡,这时就需用具有平衡输入端的电平表进行测量。

2. 工作原理

图 3-35 为 SZ-3 型失真度测量仪的测量原理方框图。它由电桥电路(文氏电桥)、电子电压表电路、平衡输入变压器、示波管电路和稳压电源五部分组成,其不仅仅是一个失真度测试仪,而且还是一个可进行平衡、不平衡测量的电子毫伏表、电平表。

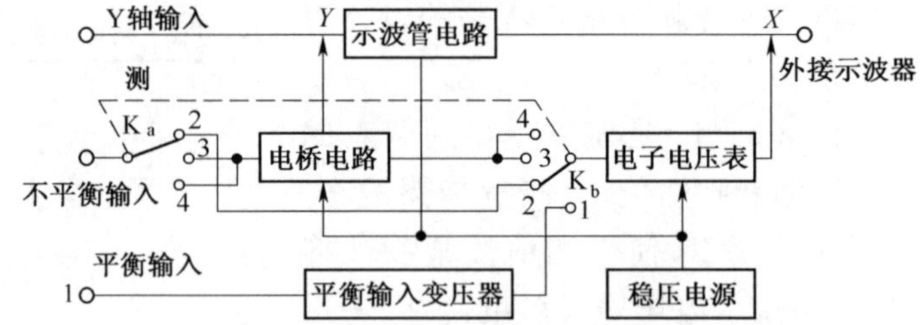

图 3-35 SZ-3 型失真度测量仪的测量原理框图

(1)选择开关置 1 位置(即面板上分贝挡)时,平衡输入变压器参与工作,这时被测信号经平衡变压器接至电子电压表成为一台平衡式电压表,可用来测量平衡电路输出的音频信号电压。被测信号由平衡输入接线柱输入,经平衡变压器直接加到电子电压表电路,使之做出相应指示。

(2)选择开关置 2 位置(即面板上电压挡)时,其成为不平衡电子电压表,这时被测信号经不平衡输入端输入直接加至电压表电路，使电压表做出相应指示。

(3)选择开关置3位置(即校准挡)时，仪表处于失真度测量前的校准状态。此时电桥电路不起滤波作用(由于电桥电路中文氏电桥的并联臂被短路)。被测信号经不平衡输入端输入电桥电路，全部信号加到电子电压表，从而指示出信号的总有效值。调节校准控制电位器可使总有效值指示为一定值，使电子电压表在100%(1 V)挡时，指示在满度位置。

(4)选择开关置4位置(即失真度挡)时，仪器进行谐波有效值测量。这时文氏电桥开始正常工作，调节桥路阻抗使电压表指示值最小，这个指示值即为谐波分量的总有效值(信号中基波成分最多，调节文氏电桥在基波频率平衡时，电压指示对角线电压达最小值)，即失真度值。例如指示值为0.1，则与校准值1 V之比为10%，所以失真度为10%。

显然其失真度测量采用的是前述第一种测量方法，并且从原理方框图可见，该仪器还带有示波测量，其垂直偏转信号来自电桥电路的第一级放大器(置失真度挡时，这里取出的信号包含基波信号)或来自Y轴输入(桥路不工作时)。水平偏转信号由电子电压表电路降压得到(置失真度挡时，这里取出的是谐波信号)。所以进行失真度测量时还可根据李沙育图形近似地分析出信号中谐波信号的成分。

3. 使用方法

(1)面板布置

SZ-3型失真度测量仪面板如图3-36所示。

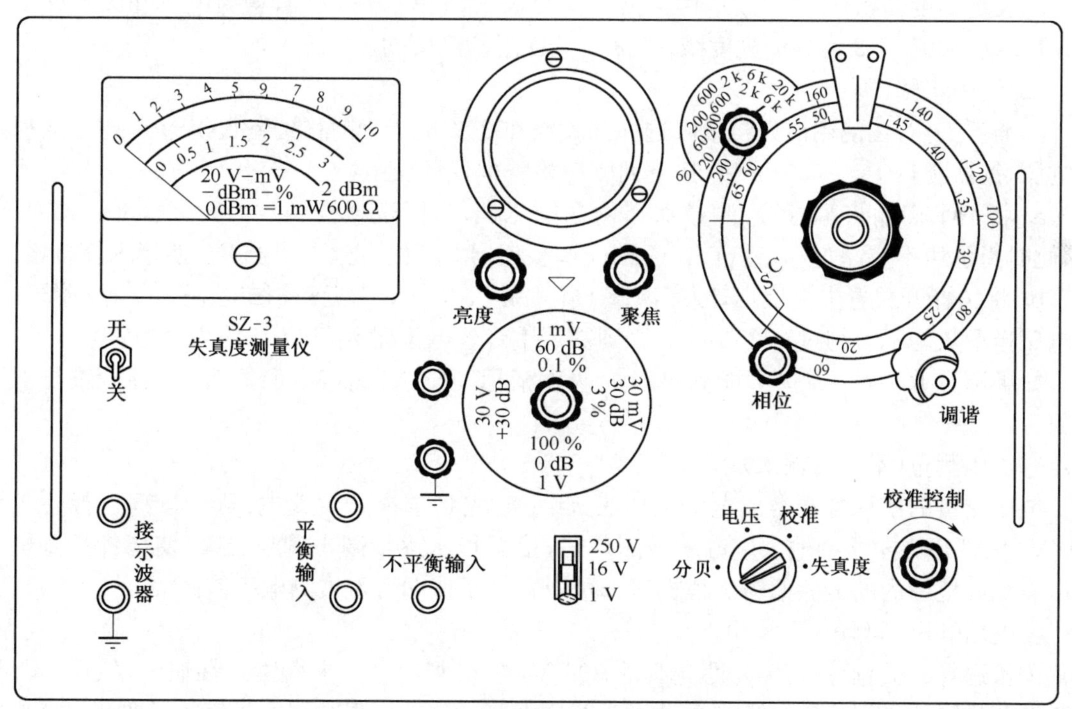

图3-36　SZ-3型失真度测量仪面板图

①测量选择开关，有分贝、电压、校准、失真度四挡。测量时按需要做相应选择。

②不平衡输入插孔，进行失真度测量和不平衡电压、电平测量时信号由此输入。

③平衡输入接线柱，进行平衡电压、电平测量时信号由此输入。

④扳键开关,有 1 V、16 V、250 V 三挡。测量失真度时,根据被测信号电压大小选择相应挡级。

⑤校准控制旋钮,选择开关置校准位时,调节该旋钮使电压表在 100%(1 V)挡时指示达满偏。

⑥量程选择臂,有 12 挡,电压(及电平)附加数和失真度刻度分别为 300 V(+50 dB);100 V(+40 dB);30 V(+30 dB);3 V(+10 dB);1 V(0 dB)、100%;300 mV(−10 dB)、30%;100 mV(−20 dB)、10%;30 mV(−30 dB)、3%;10 mV(−40 dB)、1%;3 mV(−50 dB)、0.3%;1 mV(−60 dB)、0.1%。

⑦调谐度盘和相位旋钮,选择开关置失真度位置时,通过它们反复调节文氏电桥桥臂阻抗,使电桥平衡于基频,从而滤除基波分量。

⑧频段选择开关,分六挡,分别为 20~60 Hz、60~200 Hz、200~600 Hz、600 Hz~2 kHz、2~6 kHz、6~20 kHz。测失真度时根据被测信号基波频率选择相应频段,即测量谐波有效值并非全部,而是靠近基波的各次谐波总有效值。

⑨亮度和聚焦调节旋钮,调节荧光屏上光点或图形的亮度和聚焦,以获得清晰的图像。

⑩Y 轴输入接线柱,用该测量仪检查相位失真时,被检查的放大设备输入信号由 Y 轴输入接线柱输入(要求其有效值不超过 280 mV)。

⑪接示波器接线柱,外接示波器时用来监视被测信号波形及总谐波信号波形。

⑫表盘刻度,表盘上有三条刻度线,第一条 0~10;第二条 0~3,均为电压和失真度刻度线;第三条−20~+2 为分贝刻度线,是按 600 Ω 阻抗刻度的。

(2)使用步骤

①准备工作,在使用前先将量限选择开关放在 300 V 挡,测量选择开关置电压挡,然后接通电源,仪器预热 15~30 min 后,按下列顺序检查本仪器噪声:

a. 将不平衡输入端短接,测量选择仍在电压挡,量限选择开关放"1 mV,60 dB,0.1%"挡,此时指示值不应超过 0.02 mV。否则应调整仪器背后的灯丝电位器 R_1,使指示值合格。

b. 将选择开关置失真度挡,频度盘置于第一频段 50 Hz 附近和第二频段 100 Hz 附近,此时电压指示数均不得超过 0.25 mV。否则需调整灯丝电位器 R_2 和 R_3,使之合格。

如果调节 R_1、R_2、R_3 仍不能满足以上两项指标,则应将交流电源插头反插后,重复上述步骤。

②电压测量(不平衡输入)

电压测量的使用方式类似电子电压表,测量时先将选择开关置电压挡,量程选择开关置 300 V 挡,然后在不平衡输入端输入被测信号,根据指示逐步调小量限挡级,使指针达到电子电压表允许范围内的最大偏转。根据所选量限及指示值即可得被测电压值。

③电压和电平测量(平衡输入)

测量选择开关置分贝挡,量程选择放 300 V 挡,被测信号由平衡输入端输入,然后按上述方法调节量限使指针达最大偏转,根据所选量限及指示值即可得被测电压值。若要测电平则需在平衡输入端并接 600 Ω 电阻,这时电平值为分贝指示值与所选量限附加分贝值之代数和。

④失真度测量(不平衡输入)

a. 被测信号由不平衡输入端输入,然后根据不平衡电压测量法测出电压值。

b. 根据测出电压值将扳键开关扳至相应位置,然后测量选择开关置校准位,频段选择开关放在被测信号频率的相应频段，量程选择开关放在 100%挡，并调整校准控制旋钮，使电压表指示满度。

c. 将测量选择开关改置失真度挡，反复调节调谐及相位旋钮，使电压指示达最小，同时相应调小电压表量限，提高电子电压表灵敏度，像测电压那样让其达到最大偏转，以得到准确的读数。

d. 根据量程选择及指示读出失真度值，例如量程在 1%挡，在 0～1 刻度线上读数为 0.8，则失真度为 0.8%。又如量程在 3%挡，从 0～3 刻度线上读数为 2.8，则失真度为 2.8%。

e. 测试完毕后，将量程选择放回 100%挡，测量选择开关放回校准位置，电子电压表指示应仍为满度，否则应按上述步骤重新测量。

f. 在失真度测量的同时调好辉度和聚焦旋钮，可观测包含基波的被测信号和被测信号谐波信号的合成李沙育图形，通过它可分析出主要谐波成分。

⑤相位测量

利用该测量仪可测量放大器的相位失真，方法是选择放大器频带中频段某频率信号作为放大的输入信号，并将其经 Y 轴输入端加至测量仪 Y 偏转板(电压有效值应小于 280 mV)，测量仪测量方式选择开关置电压位置，放大器输入信号经不平衡输入端接入本测量仪，调节辉度、聚焦使图像清晰，即可得放大器输入、输出信号的合成李沙育图形。若显示图形为 45°斜线，则说明放大器对该频率信号无相位失真。改变输入信号频率，当放大器对该频率信号有相位失真时，则显示图像出现椭圆、正圆等。根据图形，可近似分析出放大器的相位失真度。

第六节　信号发生器

测量用信号发生器，是为电子测量提供符合一定技术要求的电信号的设备，它是电子测量中最基本、使用最广泛的电子测量仪器之一。在电子测量领域中可以说几乎所有的电参量测量都需要或可以借助于信号发生器进行。

一、信号发生器概述

1. 信号发生器的分类

信号发生器应用广泛、种类繁多，可分为通用和专用两大类。通用信号发生器包括正弦信号发生器、脉冲信号发生器、函数信号发生器、噪声信号发生器。专用信号发生器是为某种特殊的测量目的而研制和生产的，如电视信号发生器、编码脉冲发生器、频谱信号发生器等。

最常用的信号发生器是正弦信号发生器，它的分类方法很多。

(1)按频段划分

①超低频信号发生器：频率在 0.000 1～1 000 Hz 范围内。

②低频信号发生器：频率在 1 Hz～20 kHz 或 1 MHz 范围内。其中，用得最多的是音频信号发生器，其频率范围是 20 Hz～20 kHz。

③视频信号发生器：频率在 20 Hz～10 MHz 范围内。

④高频信号发生器：频率在 200 kHz～30 MHz 范围内，即大致相当于长、中、短波段的范围。

⑤甚高频信号发生器：频率在 30～300 MHz 范围内，即相当于米波波段。

⑥超高频信号发生器:频率在 3～30 GHz 范围内,相当于厘米波波段等。工作在厘米波及更短波长的信号发生器常称为微波信号发生器。

应该指出的是,上述的频段划分并非是完全严格的。一方面,目前许多信号发生器都能工作在极宽的频率范围内,例如从数十 kHz 到 1 GHz 或更高频率的信号发生器大量出现。国外将这种宽频段信号发生器称为射频信号发生器。另一方面,频段有不同的划分方法。例如,我国就很少有甚高频信号发生器的称呼,而将工作在 200 kHz～300 MHz 频段内的信号发生器统称为高频信号发生器。再则,对于一个具体的产品,它可能工作在某一频段的全部,也可能只工作在某频段部分频率上,也可能占据多个频段。

(2)按调制类型划分

按调制类型可分为调幅信号发生器、调频信号发生器、调相信号发生器、脉冲调制信号发生器及组合调制信号发生器等。超低频和低频信号发生器一般是无调制的;高频信号发生器一般是调幅的;甚高频信号发生器是调幅和调频的;超高频信号发生器则采用脉冲调制。

(3)按频率调节方式划分

按输出频率是自动还是手动调节可分为普通信号发生器、扫频信号发生器和程控信号发生器。后两种在自动和半自动测试中获得广泛的应用。

(4)按产生频率的方法划分

按产生频率的方法可分为谐振法和合成法两种。一般的信号发生器都采用谐振法,即用具有频率选择性的回路来产生正弦振荡,但也可以通过频率的加、减、乘、除,从一个或几个基准频率得到一系列所需的频率,这种产生频率的方法称为合成法。基于频率合成原理制成的信号发生器,可以获得很高的频率稳定度和精确度,因此发展很迅速。目前,在自动控制系统中,需要由计算机的指令来设置波形发生器的振荡频率,这种由软件实现的信号发生器称为可编程波形发生器。由于其特殊的功能和作用,应用领域越来越广泛。

2. 低频信号发生器

低频信号发生器可以产生频率和幅度可调的正弦波,有些低频信号发生器也可产生波形、频率、幅度、脉宽可调的所需波形。还能产生频率、幅度和脉宽均可调的矩形波。

低频信号发生器可用于测量放大电路的灵敏度、频率响应、频率补偿、音调控制,也可用于低频设备的维修,它是十分有用的测量仪器。在音频设备的生产、调试和维修等场合得到了广泛的应用。

3. 高频信号发生器

高频信号发生器主要是用来产生高频信号(包括调制信号)的仪器,或者供给高频标准信号,以便测试各种电子设备和电路的性能。它能提供在频率和幅度上都经过校准了的从 1 V 到几分之一微伏的信号电压,并能提供等幅波或调制波(调幅或调频),广泛应用于研制、调试和检修各种无线电收音机、通信机、电视接收机及测量电场强度等场合。这类信号发生器通常也称为标准信号发生器。

4. 函数信号发生器和任意波形发生器

函数信号发生器是一种能够产生正弦波、方波、三角波、锯齿波及脉冲波等多波形的信号源。有的函数信号发生器还具有调制的功能,可以产生调幅、调频、调相及脉宽调制等信号。函数信号发生器可以用于科研生产、测试、仪器维修和实验室,所以它是一种多功能的通用信号源。

任意波形发生器是一种特殊的信号源，具有各种信号源波形生成能力，适合各种仿真实验的需要。

5. 数字式频率合成信号发生器

频率合成是指从一个高稳定的参考频率，经过各种技术处理，生成一系列稳定的频率输出。现在应用最广的是锁相环(PLL)频率合成技术，它是通过变化 PLL 中的分频比 N 来实现输出频率的跳频，但无法避免缩短环路锁定时间与提高频率分辨率的矛盾，因此很难同时满足高速和高精确度的要求。直接数字式频率合成(DDS)是近年发展起来的一种新的频率合成技术，它将先进的数据处理理论与方法引入频率合成领域，是继直接频率合成(DS)和间接频率合成(IS)之后的第三代频率合成技术。DDS 的优点是：相对带宽很宽，频率转换时间极短(ns 级)，频率分辨率很高(可达 μHz)，全数字化结构，便于集成，输出相位连续，频率、相位和幅度均可实现程控，因此能够与计算机紧密结合在一起充分发挥软件的作用。在实际应用中采用单片机对 DDS 芯片进行控制，实现合成频率的输出，因此在很短的时间内 DDS 得到了飞速的发展和广泛的应用，DDS 技术具有其他频率合成方法无法比拟的优势，是一种很有发展前途的技术。

二、低频信号发生器

1. 低频信号发生器的工作原理

低频信号发生器一般组成方框图如图 3-37 所示。

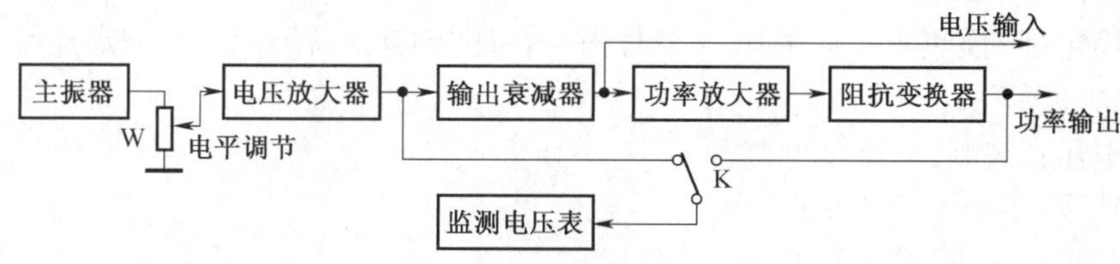

图 3-37　低频信号发生器一般组成方框图

低频信号发生器由主振器、连续衰减器(电位器)、电压放大器、输出衰减器、功率放大器、阻抗变换器(输出变压器)和监测电压表组成。它有两路输出，一路是主振荡器产生经电压放大后即经衰减器输出，这路输出称为电压输出，特点是波形失真较小，但负载能力弱。另一路则再经功率放大器放大后，由阻抗变换器输出，由于具有较大的功率故称为功率输出。它的特点是能提供功率较大的正弦信号，且能与负载阻抗匹配获得最大功率输出，但其波形失真较大。信号发生器的核心是其主振器，而低频信号发生器的主振器通常采用差频电路或 RC 电路。

(1)用差频电路产生低频正弦信号

用差频电路产生低频正弦信号的方式如图 3-38 所示。它包括固定高频振荡器、可变高频振荡器、混频器和低通滤波器四部分。假设固定高频振荡器的振荡频率为 f_0，可变高频振荡器的振荡频率为 f_{min} ~ f_{max}，则混频后输出的差频信号频率 F 的变化范围为

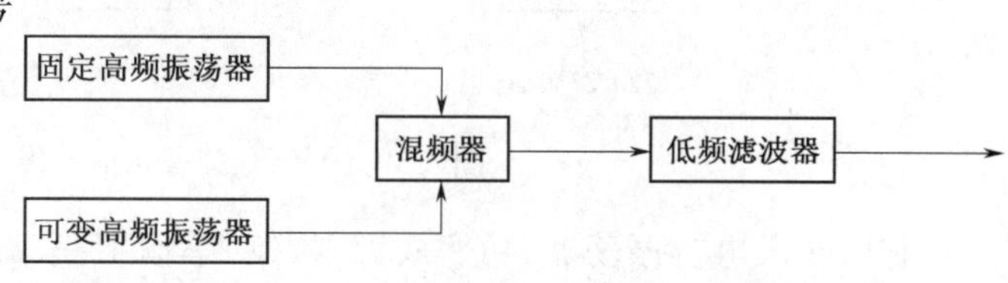

图 3-38　差频电路产生低频正弦信号

$$F_{max}=f_0-f_{min}$$
$$F_{min}=f_0-f_{max}$$

适当选择 f_0、f_{max}、f_{min},就可得到一定范围的低频信号输出。用差频法产生低频正弦信号的最大优点是,频率覆盖范围宽,无须转换频段就可产生整个音频频段的频率信号,而且并不要求可变高频振荡器具有很大的频率覆盖范围。

差频法产生低频正弦信号的缺点是,频率稳定度差,不易产生很低的差频输出,波形失真较大和频率刻度不精细等。

(2)用 RC 振荡器产生低频信号

信号发生器的主振器多数采用 RC 振荡器,尤以文氏电桥最多。

采用文氏电桥振荡器的优点是,频率变化调节方便,输出信号波形良好,幅度稳定,非线性失真小。

2. XFS-8 型音频信号发生器

XFS-8 型音频信号发生器是一种低频信号发生器,在铁路信号部门应用很广,因为它具有故障较少、工作稳定性好、工作频率范围宽等优点。

(1)主要技术特性

①频率范围:6 Hz～100 kHz,分 8 个频段,每频段的覆盖范围为 5 倍频程,分别为 6～30 Hz,20～100 Hz,60～300 Hz,200～1 000 Hz,0.6～3 kHz,2～10 kHz,6～30 kHz 和 20～100 kHz。各频段频率连续可调。

②频率准确度:±(1%F+0.5) Hz(F 为工作频率的标称值)。

③频率稳定度:预热 1 h 后的第一小时内应优于±(0.2%F+0.2) Hz,连续工作 6 h 之内,应优于±0.3%F。

④输出电压:0～10 V 连续可调。

⑤输出功率:不小于 200 mW。

⑥输出阻抗:有 150 Ω、600 Ω 和 5 kΩ。

⑦非线性失真:电压输出小于 0.3%,功率输出小于 0.5%。

⑧输出形式:不平衡输出、平衡输出。

(2)工作原理

图 3-39 为 XFS-8 型音频信号发生器结构框图。

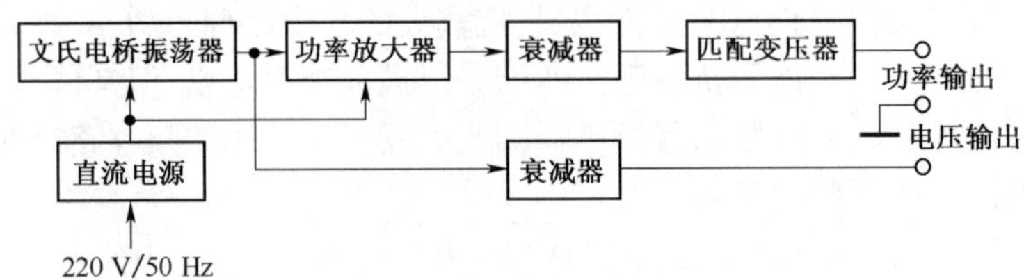

图 3-39　XFS-8 型音频信号发生器方框图

它由文氏电桥振荡器、功率放大器、(功率输出)衰减器、匹配变压器、(电压输出)衰减器、直流电源等部分组成,为低频信号发生器的典型结构。

(3)使用方法

①面板介绍

图 3-40 为 XFS-8 型音频信号发生器的面板。K_1 为频段选择开关,改变 K_1 位置即转换一

组串联电阻、电容器和并联电阻、电容器。C_1 为双联电容调节旋钮，通过它实现频率连续调节。W 是电平调节电位器，通过它实现输出电压连续调节。K_3 在电压输出时改变电压输出衰减器的比值，功率输出时改变功率输出衰减器的衰减比，通过它实现输出电压范围选择。K_2 在功率输出时转换信号发生器的输出阻抗，有三挡分别为 150 Ω、600 Ω 和 5 kΩ。此外还有类似收音机的频率指示、输出(电压、功率)接线柱、电源开关等。

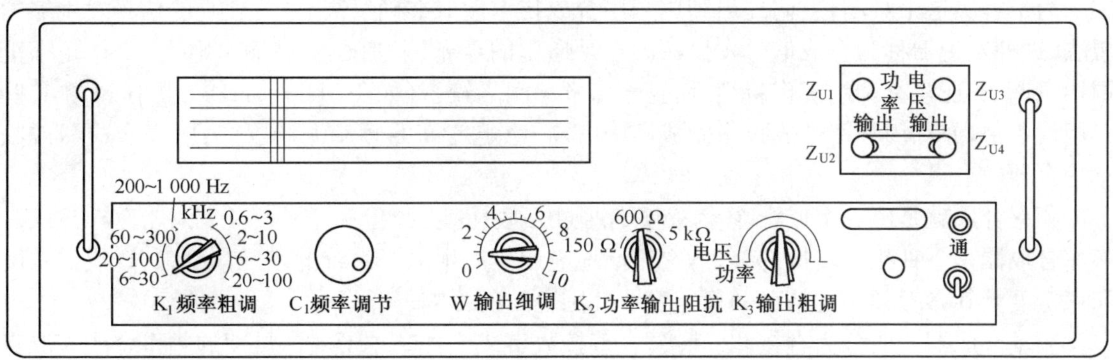

图 3-40　XFS-8 型音频信号发生器面板图

②使用步骤

a. 用前准备

(a)开机预热 15 min，若需精确测量则预热 1 h。

(b)根据需要选择功率输出或电压输出，连线时应注意“地”必须同地相接。若被测电路中有像 MOS 电路那样的高阻低耐压元件时，应特别注意仪器必须可靠接地。

b. 频率调节

按测量需要将 K_1 扳到所需的频段上，一、三、五、七频段按刻度盘水平线以上的红色刻度读数，二、四、六、八频段按水平线以下黑色刻度线读数。转动频率调节旋钮，当游标移动到所需频率刻度时，游标指示值就为输出频率。

c. 输出电压调节

(a)电压输出。被测负载接在电压输出端上，负载阻抗应大于 500 kΩ。输出电压幅度由输出粗调 K_3 和输出细调 W 控制，最大输出电压值可达 10 V，输出粗调 K_3 仅控制输出的最大范围，精确指示值需在输出端并接高阻抗交流电压表，再经仔细调节 W 才能得到。

(b)功率输出。被测负载接在功率输出端钮上，输出阻抗可经 K_2 选择。使用 150 Ω 或 600 Ω 平衡输出时，应断开 Z_{U2} 和 Z_{U4} 输出端子间连接片。输出幅值仍由 W 和 K_3 控制，但 K_3 的衰减指示只有在被测电路的阻抗和仪器的输出阻抗相匹配时才是正确的。当被测电路的阻抗比仪器的输出阻抗高得多时，允许将几个相类似的负载并联在输出接线柱上使用(即可多带几个被测电路)。

三、函数信号/任意波形发生器

新型的函数信号发生器和任意波形发生器目前多采用直接数字式频率合成技术，采用单片机进行控制，并且具有远程控制的功能。

1. 频率合成信号发生器

频率合成信号发生器的频率合成部分可看成信号发生器的主振级。

(1)频率合成

一个信号源的输出频率的准确度,在很大程度上是建立在主振器的输出频率稳定度的基础上。普通的信号发生器的主振级均由可调谐的 LC 振荡器或 RC 振荡器组成,这种信号发生器的频率准确度与稳定度都不够高,频率覆盖范围亦不够宽。因此,对于要求正弦信号频率十分精确的场合,一般的正弦信号发生器是远不能适应要求的。

为了解决这个难题,人们提出利用频率合成技术做成准确度高、稳定性高的信号发生器的想法,这种发生器称为合成信号发生器。它是通用的电子测量仪器,其输出电平、工作频率范围均可调节,还具有调制工作特性,而且输出频率间隔较密(如 10 Hz、1 Hz 或更小)。在某些专用设备中,亦利用频率合成技术做成准确度高、稳定度高的频率源,被称为频率合成器或频率综合器。

频率合成就是由一个或几个参考频率通过一些转换,产生一个或多个频率信号的过程。频率合成器是一种频率转换的装置,它广泛地应用于产生电子系统的基准频率,其合成的精度和稳定度受其参考频率的精度和稳定度及外围电路的影响。

频率合成器一般分为直接式、间接式、直接数字式三种基本形式。早期的频率合成采取直接式的方式,是由一个或多个晶体振荡器经分频、倍频、混频、滤波得到所需频率。直接模拟合成频率捷变速度较快、相位噪声低,所以目前仍在应用。直接模拟式频率合成器的主要缺点是体积庞大,后来随着声表面波技术的发展,直接模拟式频率合成器体积会变小,因此还具有一定的发展前景。

20 世纪 60 年代,相位反馈理论和模拟锁相技术的应用产生了间接合成理论,由此引发了频率合成理论的第一次飞跃。间接式频率合成方式就是一个或多个基准频率源,通过谐波发生器、混频、分频等变换,产生大量的谐波或组合频率,再利用锁相环将频率锁相在某一谐波或一组合频率上。锁相环相当于一个窄带跟踪滤波器,可以很好地选择所需频率信号,抑制杂散信号,避免使用大量滤波器,有利于集成。间接合成具有控制方便、体积较小、性价比较好等优点,广泛地应用于同步跟踪、信号提取、解调等雷达与通信系统中。采用双环或多环和数字技术相结合,可以克服单环间接式频率合成器的频率转换时间慢的缺点,应用较广泛。

直接数字式频率合成(DDS)具有频率捷变速度超高,相对带宽很宽,频率分辨率很高,输出相位连续,可编程和全数字化,便于单片集成,并且可以输出正交信号等优点,这些优越性使直接频率合成技术在短短的二三十年间得到了飞速发展。若干年前 DDS 输出频率仅仅几 MHz,而后已有几十 GHz 输出频率的 DDS 芯片出现。DDS 具有宽带正交输出能力和频率可扩展的特点,使 DDS 输出带宽的限制正逐步被克服,杂散信号也越来越得到很好的抑制。同时,DDS 与其他频率合成方法的结合,可以使频率源的性能大大改善,DDS 和 DSP(数字信号处理)同计算机的结合正在成为智能化的发展趋势。DDS 技术将成为未来频率合成技术发展的主流方向,它高度的集成性对于简化电子系统的设计方案、降低硬件的复杂程度、提高系统的整机性能意义重大。

(2)频率合成器的基本结构

频率合成的方法基本上可以分为两大类:一是直接合成法;二是间接合成法。

①直接合成法

直接合成法是将基准振荡器(一般是晶体管振荡器)产生的标准、频率信号,通过一系列的倍频器(乘法)、分频器(除法),以及混频器(加、减法)和滤波器等进行代数运算,合成一系统所需要的信号频率输出。

直接合成法的优点是频率转换时间短,并能产生任意小的频率增量。但它也存在一些不可克服的缺点,用这种方法合成的频率范围将受到限制。更重要的是由于大量的倍频、混频等电路,就要有不少滤波电路,使合成器的设备十分复杂,而且输出端的谐波、噪声及寄生频率难以抑制。

DDS 的基本结构主要有相位累加器、ROM 波形查询表、DAC 数模转换器,其基本框图如图 3-41 所示。

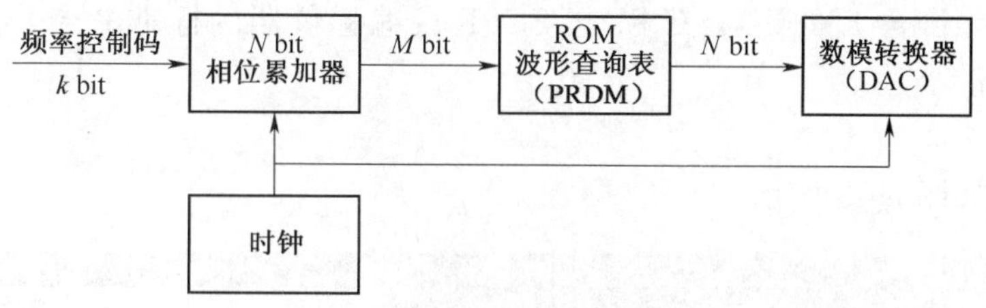

图 3-41　DDS 的基本结构框图

相位累加器用来实现线性数字信号的逐级累加,信号范围从 0 到累加器的满偏值。

ROM 波形查询表(PROM)是将相位信息转换为幅度的存储器。完成这一转换就是根据累加器输出的相位值,来对预先存储在 ROM 中的波形函数的幅度量化值进行查表。

数模转换器(DAC)也是 DDS 中比较关键的部件。经过查表后,输入到 DAC 的信号是离散的脉冲流,经过 DAC 的转换后实现所需频率的波形。

②间接合成法

间接合成法亦称锁相合成法,它是通过锁相环来完成频率的加、减、乘、除运算的。锁相环可分为模拟锁相环和数字锁相环,它们是由相位比较器、环路滤波器、压控振荡器三个基本部分组成的,其电路结构如图 3-42 所示。

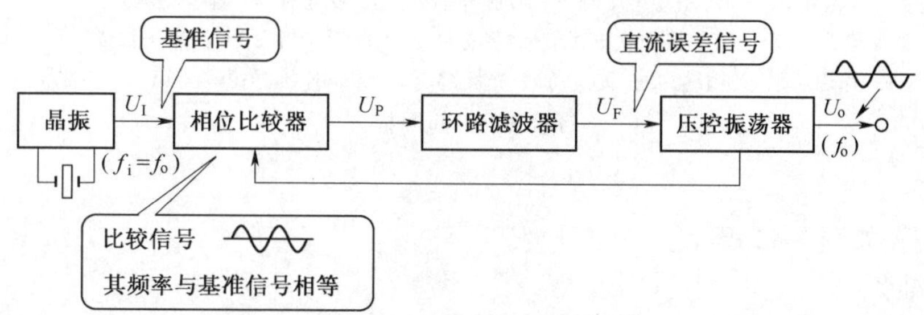

图 3-42　锁相环电路结构方框图

相位比较器亦称为鉴相器,用来比较鉴别两个输入信号的相位关系,其输出电压比例于两信号的相位差,称相位误差电压。

环路滤波器实际上是一个低通滤波器,用来滤除相位比较器输出电压中的高频成分和噪声,以稳定环路工作和改善环路性能。

压控振荡器的振荡频率可用电压控制,一般都利用变容二极管(变容管)作为回路电容。这样,改变变容管的反向偏压,其 PN 结电容将改变,从而使振荡频率随反向偏压的改变而变化。

2. 33220A 函数/任意波形发生器

33220A 是高性能的 20 MHz 复合函数发生器,其具有内置任意波形和脉冲功能。

(1)特性

函数发生器同时具备工作台特性和系统特性。

便利的工作台特性包括:10 个标准波形;内置的 14 位 50 MSa/s 任意波形;可调边沿时间的精确脉冲波形;LCD 显示器提供的数字和图形视图;易用的旋钮和数字小键盘;仪器状态存储器,用户可自定义名称;带有防滑支脚的便携式耐用机箱。

灵活的系统特性包括:四个可下载的 64K 点任意波形存储器;GPIB、USB 和 LAN 远程接口为标准配置;符合 LXI Class C 标准;SCPI(可编程仪器的标准命令)兼容。

(2)面板布置

①前面板

前面板布置如图 3-43 所示。

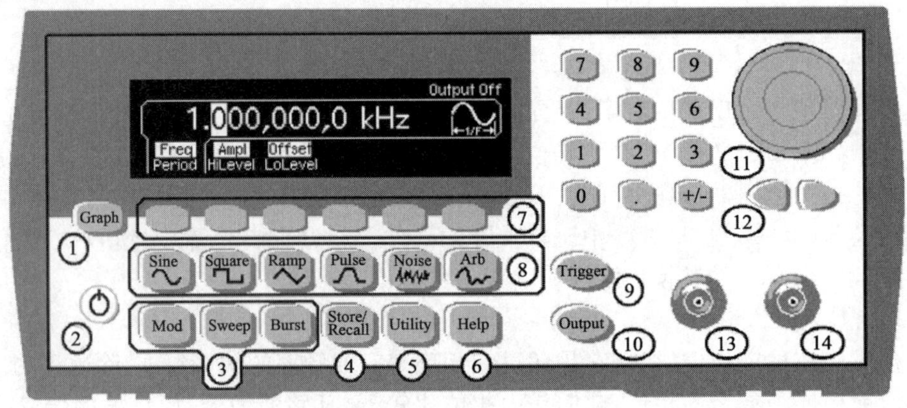

①—图形模式/本地键;②—开关;③—调制/扫描/脉冲串键;④—状态存储器菜单键;⑤—实用程序菜单键;⑥—帮助菜单键;⑦—菜单操作软键;⑧—波形选择键;⑨—手动触发键(仅用于扫描和脉冲串);⑩—输出启用/禁用键;⑪—旋钮;⑫—光标键;⑬—Sync 连接器;⑭—Output 连接器。

图 3-43　前面板

②后面板

后面板布置如图 3-44 所示。

(3)使用准备

①打开仪器

接上电源线并打开函数发生器。仪器将花费几分钟时间执行加电自检。在接通电源时,禁用 Output 连接器。要启用 Output 连接器,按 Output 键。

②设置输出频率

在接通电源时,函数发生器输出一个频率为 1 kHz、振幅为 100 mV(峰—峰值)的正弦波(以 50 Ω 端接)。

需要更改频率时按 Freq 软键,使用数字小键盘输入所需的频率值,再按对应的软键选择所需的单位。

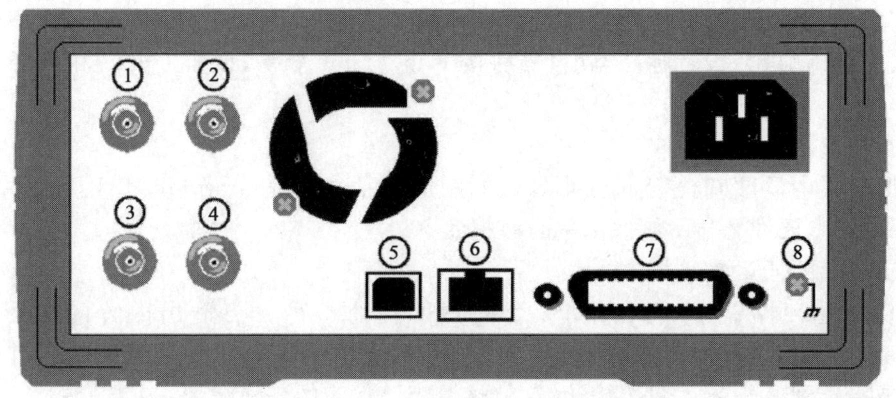

①—外部 10 MHz 参考输入端子(仅限于选件 001)；②—内部 10 MHz 参考输出端子(仅限于选件 001)；
③—外部调制输入端子；④—输入：外部触发/FSK/脉冲串门，输出：触发输出；
⑤—USB 接口连接器；⑥—LAN 接口连接器；⑦—GPIB 接口连接器；⑧—机箱接地

图 3-44　后面板

③设置输出振幅

在接通电源时，函数发生器输出振幅为 100 mV(峰—峰值)的正弦波(以 50 Ω 端接)。

需要更改振幅时按 Ampl(振幅)软键，使用数字小键盘输入所需的振幅值，再按对应于所需单位的软键选择所需的单位。也可以使用旋钮和光标键输入所需的值。

④设置 DC 偏移电压

在接通电源时，函数发生器输出 DC 偏移为 0 V 的正弦波(以 50 Ω 端接)。需要更改偏移时按 Offset 软键，使用数字小键盘输入所需的偏移值，再按对应于所需单位的软键选择所需的单位。也可以使用旋钮和光标键输入所需的值。

⑤设置高电平和低电平值

如前述，可以通过设置振幅和 DC 偏移值来指定一个信号。另一种设置信号限值的方法是指定其高电平(最大值)和低电平(最小值)值。这通常对于数字应用是很方便的。

按 Ampl(振幅)软键以选择 Ampl，再次按该软键切换至 HiLevel(高电平)，使用数字小键盘或旋钮选择高电平值(如果使用键盘，则需要选择单位 V 以输入该值。)按LoLevel(低电平)软键并使用数字小键盘或旋钮输入数值。

⑥选择直流电压

可以从 Utility(实用程序)菜单选择 DC Volts(直流电压)功能，然后设置一个恒定的 DC 电压作为 Offset(偏移)值。

⑦设置方波的占空比

在接通电源时，方波的占空比是 50%。对于输出频率不高于 10 MHz 的方波，可以在 20%～80%的范围内调节其占空比。

需要更改占空比时，先选择方波函数，按 Square 键，然后将所需的输出频率设置为不高于 10 MHz的任意值；再按 Duty Cycle 软键，使用数字小键盘或旋钮，选择所需的占空比的值。此时，函数发生器立即调整占空比，并以指定的值输出方波(如果启用输出)。

⑧配置脉冲波形

可以对函数发生器进行配置，以输出脉冲宽度和边沿时间可变的脉冲波形。配置脉冲波形时,先按 Pulse 键,选择脉冲函数并以默认参数输出脉冲波形;再按 Period 软键,设置脉冲周期;接着按 Width 软键,设置脉冲宽度;最后按 Edge Time 软键,设置上升沿和下降沿的边沿时间。

⑨查看波形图形

在图形模式中,可以查看当前波形参数的图形表示。先按 Graph 键,启用图形模式;在选择特定的参数时,要注意显示屏底部的软键标签。

⑩输出存储的任意波形

在非易失性存储器中一共存储 5 个内置的任意波形。要输出内置的波形时,先按 Select Wform 软键,再按 Built In 软键从 5 个内置波形中进行选择,然后按 Exp Fall 软键。选定的波形被指定到 Arb 键。只要按该键,就将输出已选定的任意波形。

(4)前面板菜单操作

①选择输出终端

对于前面板 Output 连接器,33220A 具有一个 50 Ω 的固定串联输出阻抗。如果实际负载阻抗与指定的值不同,则显示的振幅和偏移电平将是不正确的。所提供的负载阻抗设置只是为了方便将显示电压与期望负载相匹配。

②输出已调制波形

已调制波形由载波和调制波形组成。在 AM(调幅)中,载波的振幅是随调制波形的振幅而变化的。

a. 选择载波的函数、频率和振幅

按 Sine 键,然后按 Freq、Ampl 和 Offset 软键来配置载波波形。

b. 选择 AM

按 Mod 键,然后使用 Type 软键选择 AM。在显示屏的左上角显示状态消息 AM by Sine。

c. 设置调制深度

按 AM Depth 软键,然后使用数字小键盘或旋钮和光标键予以设置。

d. 设置调制频率

按 AM Freq 软键,然后使用数字小键盘或旋钮和光标键予以设置。

e. 选择调制波形的形状

按 Shape 软键,选择调制波形的形状。此时,函数发生器以指定的调制参数输出 AM 波形(如果启用输出)。

f. 查看波形

按 Graph 键,查看波形参数。要关闭图形模式,再次按 Graph 键。

③输出 FSK 波形

使用 FSK 调制,可以配置函数发生器,在两个预置值间移动其输出频率。该输出以何种频率在两个频率(称为“载波频率”和“跳跃频率”)间移动,是由内部速率发生器或后面板 Trig In 连接器上的信号电平所决定的。

a. 选择载波的函数、频率和振幅

按 Sine 键,然后按 Freq、Ampl 和 Offset 软键来配置载波波形。

b. 选择 FSK

按 Mod 键,然后使用 Type 软键选择 FSK。注意在显示屏的左上角显示状态消息 FSK。

c. 设置跳跃频率

按 Hop Freq 软键，然后使用数字小键盘或旋钮和光标键予以设置。

d. 设置 FSK 移动频率

按 FSK Rate 软键，然后使用数字小键盘或旋钮和光标键予以设置。此时，函数发生器输出一个 FSK 波形（如果启用输出）。

e. 查看波形

按 Graph 键，查看波形参数。要关闭图形模式，再次按 Graph 键。

④输出 PWM 波形

33220A 可提供脉冲宽度调制（PWM），PWM 是受脉冲波形支持的唯一调制类型。在 PWM 中，载波波形的脉冲宽度或占空比根据调制波形而变化。可以指定脉冲宽度和宽度偏差或脉冲占空比和占空比偏差，偏差受调制波形控制。

a. 选择载波波形参数

按 Pulse 键，然后按 Freq、Ampl、Offset、Width 和 Edge Time 软键以配置载波波形。

b. 选择 PWM

按 Mod 键（PWM 为脉冲的唯一调制类型）。显示屏的左上角显示一条状态消息 PWM by Sine（正弦波 PWM）。

c. 设置宽度偏差

按 Width Dev 软键，并使用数字小键盘或旋钮和光标键予以设置。

d. 设置调制频率

按 PWM Freq 软键，并使用数字小键盘或旋钮和光标键予以设置。

e. 选择调制波形形状

按 Shape 软键，选择调制波形的形状。此时，函数发生器用指定的调制参数输出（如果启用输出）一个 PWM 波形。

f. 查看波形

按 Graph 键，查看波形参数。要关闭图形模式，再次按 Graph 键。

⑤输出频率扫描

在频率扫描模式中，函数发生器以指定的扫描速率从起始频率到停止频率步进。能以线性或对数间隔由高频向低频扫描，或者由低频向高频扫描。

a. 选择扫描的函数和振幅

对于扫描，可以选择正弦波、方波、锯齿波或任意波形（不适用于脉冲、噪声和 DC）。

b. 选择扫描模式

按 Sweep 键，然后验证当前是否已选定线性扫描模式。在显示屏的左上角显示状态消息 Linear Sweep。

c. 设置起始频率

按 Start 软键，然后使用数字小键盘或旋钮和光标键予以设置。

d. 设置停止频率

按 Stop 软键，然后使用数字小键盘或旋钮和光标键予以设置。此时，函数发生器输出一个连续扫描（如果启用输出）。

如果需要,可以使用中心频率和频率跨距来设置扫描的频率边界。这些参数与起始频率和停止频率相类似,可提供更大的灵活性。

e. 查看波形

按 Graph 键,查看波形参数。要关闭图形模式,再次按 Graph 键。

⑥输出脉冲串波形

可以按某一速率输出脉冲串,该速率是由内部速率发生器或后面板 Trig In 连接器上的信号电平所决定的。

a. 选择脉冲串的函数和振幅

对于脉冲串波形,可以选择正弦波、方波、锯齿波、脉冲或任意波形(噪声只适用于门控脉冲串模式,不能使用 DC)。

b. 选择脉冲串模式

按 Burst 键,然后验证当前是否选定了 N Cycle(内部触发)模式。在显示屏的左上角显示状态消息 N Cycle Burst。

c. 设置脉冲串计数

按#Cycles 软键,然后使用数字小键盘或旋钮予以设置。

d. 设置脉冲串周期

按 Burst Period 软键,然后使用数字小键盘或旋钮和光标键将设置周期设置。脉冲串周期设置从一个脉冲串开始到下一个脉冲串开始的时间(注意显示图标)。此时,函数发生器输出一个连续的循环脉冲串(如果启用输出)。

e. 查看波形

按 Graph 键,查看波形参数。要关闭图形模式,再次按 Graph 键。

⑦触发扫描或脉冲串

可以使用手动触发或内部触发,从前面板中对扫描和脉冲串产生触发。

每次按前面板中的 Trigger 键,手动触发都会启动一个扫描或输出一个脉冲串。继续按该键,将再次触发函数发生器。

⑧存储仪器状态

可以在四个非易失性存储位置中的任一个位置上存储仪器状态。第五个存储位置自动保存该仪器的断电配置。在恢复电源时,该仪器可以自动返回断电前的状态。

a. 选择所需的存储位置

选择 Store State 软键。

b. 为选定的位置指定自定义名称

如果需要,可以给这四个位置的每一个位置都指定一个自定义名称。

c. 存储仪器状态

按 Store State 软键。该仪器存储选定的函数、频率、振幅、DC 偏移、占空比、对称性,以及使用的任何其他调制参数。该仪器并不存储在任意波形函数中创建的易失性波形。

⑨配置远程接口

33220A 支持使用以下三种接口进行远程接口通信:GPIB、USB 和 LAN(符合 LXI Class

C标准）。三种接口在加电时都处于活动状态。

a. GPIB配置

只需要选择一个GPIB地址。先按Utility键，再按I/O软键，选择I/O菜单。然后使用旋钮和光标键或数字小键盘在0～30范围内选择一个GPIB地址（出厂默认值为10）。

GPIB地址在加电时显示在前面板显示屏上。

按DONE软键，退出该菜单。

b. USB配置

USB接口不需要前面板配置参数。只需使用适宜的USB电缆将33220A连接到PC即可，接口将自动进行配置。按I/O菜单中的ShowUSB Id软键以查看USB接口标识字符串。USB 1.1和USB 2.0都被支持。

c. LAN配置

可能需要设置几个参数以使用LAN接口来建立网络通信。首先，要建立一个IP地址。在建立与LAN接口的通信过程中，可能需要网络管理员的帮助。

(a)选择I/O菜单

按Utility键，然后按I/O软键。

(b)选择LAN菜单

按LAN软键。选择Modify Settings可以更改LAN设置，选择Current Config可以查看当前的LAN设置（包括MAC地址）。

(c)建立IP Setup

要在网络中使用33220A，必须首先建立一个IP设置，包括IP地址，可能还会有一个子网掩码和网关地址。按IP Setup软键。默认情况下，DHCP和Auto IP都设置为On。

在DHCP On的情况下，在将33220A与网络进行连接时，IP地址将由DHCP（动态主机配置协议）自动设置，前提是DHCP服务器已被发现，且该服务器能这样做。如果需要，DHCP还会自动处理子网掩码和网关地址。这通常是为仪器建立LAN通信的最简单的方法。

Auto IP设置为On时，如果DHCP无法分配IP地址，则Auto IP在超时后将尝试分配IP地址。

如果无法通过DHCP或Auto IP建立通信，则需要手动设置IP地址，以及子网掩码和网关地址（如果这二者也在使用中）。

(d)配置DNS Setup（可选）

DNS（域名服务）是一项将域名转换为IP地址的因特网服务。请询问您的网络管理员是否使用DNS，如果使用，请询问所使用的主机名、域名及DNS服务器地址。启动Modify Settings菜单。

按DNS Setup软键以显示Host Name字段。

(e)退出菜单

按Done键，依次退出每个菜单，或按Utility键直接退出Utility菜单。

可以通过远程接口对33220A函数信号/任意波形发生器进行编程，也可以在一个命令中选择函数、频率、振幅和偏移等。

第七节　电子仪表的选用

对于电子仪表的选用，一般情况下主要根据测量所要求的量限、灵敏度、最大输出幅度、测量精度、稳定性及供电方式、体积、重量等方面予以综合考虑，有时还要考虑多用性和性能价格比。

一、量　　限

量限是仪表的一项基本指标，也是一项重要指标。选择量限时，不能认为所需测量的值在仪表量限范围内就行，因为仪表的量度在两端点附近误差较大；也不能认为量限越宽越好，因为量限越宽对仪表的要求就越高，电路及结构也就越复杂，制造困难，使用不便，价格昂贵，很不合算。正确的选择应是选用那些所测参数落在量度中间范围的仪表。

例如，需要 20～200 kHz 的信号，应选用频率范围在 1 Hz～1 MHz 的 XD_1、XD_2 型信号发生器；若选用 XFG-7A 型，其频率范围在 100 kHz～36 MHz，太高；而选用 XFD-7A 型，其频率范围在 200 Hz～200 kHz，偏低，只能勉强使用。仪表量限边缘值的量值通常称为仪表的边缘量限，往往不能保证失真度或精确度，应尽量避免使用。

又如，欲观测 1 MHz 的信号波形，可选用频率上限为 5 MHz 的示波器，如 SBE-20A、SBE-21、ST-16 型示波器等，而不能选用频率范围在 0～1 MHz 的 SBR-1 型或 SBD-1 型示波器，也不要选用频率上限达 15 MHz 或 30 MHz 的 SR-8、SBE-7 及 SR-20 型等示波器。因为示波器给定的带宽量限是指增益下限 3 dB 时所对应的频宽，所以用在边缘量限时测量误差必然较大，且易造成失真。而带宽过高又太浪费，有时使用起来还不方便。

二、灵敏度或最大输入、输出幅值

最高灵敏度或最大输入、输出幅值指仪表所能供观察或测量的极限值。示波器的最高灵敏度指能观察或测量的信号最小幅值，电压表(毫伏表)的最高灵敏度指所需的最小输入幅值。信号发生器能输出的最大幅度(或功率)，示波器、电压表(毫伏表)所允许的最大输入电压等称为最大输入、输出幅值。它们是仪表工作范围的标志，凡测量低于最高灵敏度和高于最大输入、输出幅值者均不能使用该仪表。

例如，SBE-20A 型示波器的最高灵敏度为 100 mV/cm，SR-20 型示波器的最高灵敏度为 50 mV/cm，当需观察的信号只有 10～30 mV 时，不宜采用这两种示波器，因为它们 1 mV 的信号波形只有 0.2 mm 的幅度，达不到扫描线的宽度，根本无法测出。而应选用 SBR-1 型示波器，其最高灵敏度达 200 μV/cm、1 mV 的信号波形可得到 5 cm 的幅度，便于观测。

又如，利用轨道传输信号时，发送的音频信号需较大功率，必须使用功率信号发生器，如 XD_1、XD_7、XFD-7A 型等，而不能使用只有电压输出的 XD_2 型信号发生器。

再如，SD-17 型示波器最大输入电压为 400 V，就不能用来观测 400 V 以上的信号，否则将损坏示波器。PP-6 型频率计数器的灵敏度为 300 mV，若信号低于 300 mV 时，就测不准，甚至频率计数器不启动，根本无法测量。

三、精 确 度

精确度(准确度)是仪表的一项重要指标。对任何仪表来说,精确度越高,仪表越好,但是精确度高的仪表电路必然复杂,容易损坏且价格昂贵。因而,所用仪器的精确度超过了实际要求的精确度等级是没有必要的,有时反而造成不好的后果。应根据所测数据的精确度要求选用相应等级精确度的仪表。

例如,在用频率计测量 LC 振荡器的工作频率时,如频率在 1 kHz 左右,则调整时应使显示读数为 0 001 000 Hz。如采用高精度的多位数字频率计,虽然可以显示 1 000.000 Hz,但因 LC 的振荡器的稳定度一般在 10^{-3}～10^{-2}之间,频率计的显示的第四位就不稳定,第五、六、七位更不稳定,影响了测量。

又如,测量干电池是否用完,电压降到什么程度,一般用万用表测量一下就行了,而用数字电压表虽然能显示到小数点后好几位,但这毫无用处。

四、稳 定 度

当测量过程时间较长时,就必须考虑仪表的稳定度,即考虑仪表性能随时间漂移的问题。

例如,示波器垂直放大器的漂移会导致波形漂出屏幕,波形不稳定或测量误差增大,严重影响仪表的使用。信号发生器的漂移会使输出不稳定,造成电路失谐,幅度变化,影响测量的准确性。频率计发生漂移也将严重影响测量的准确性。

五、电　　源

使用条件不同,对仪表的供电电源有着不同的要求。在室内,可选用交流 220 V/50 Hz 电源的仪表。但在无交流电源地区,在车载上及现场工作,就必须带有直流供电(干电池或蓄电池)的仪表,否则就要用逆变器,带来不少麻烦。

六、体积和重量

一般情况下,在室内或试验车上固定使用的仪表,对其体积、重量没有特殊要求,但在使用场合地方较小或同时使用多种仪表时,仪器的体积就值得考虑。在现场工作,仪表需要来回携带使用时,除考虑体积外,尚应考虑重量。

例如,在沿线小站使用时,仪表要上、下车,还要抬着行走。这时,使用直流供电的携带式仪表就显得特别优越。当然,它也有缺点,如量限小、精度差。但总的来说,随着电子元器件的集成化、微型化,携带式仪表会越来越广泛地被使用。

七、多 用 性

有些仪表可以测量多种参数,如万用表、万用电桥等,能用来测量几个不同的参量,做到一表多用。优点是方便,一台仪表能管几台用,但这类仪表往往较贵,而且几个参数不能同时测出。所以这就要由性能价格比来确定。一般情况下,此类仪表的精度比测量单一参数的仪表要差一些,但总的价格比较起来还是便宜的,所以多用性也是当前仪表的发展方向之一。

八、可 靠 性

仪表的可靠性指仪表保持其应有技术指标的能力,常用正常工作直至出现故障的时间来衡量,即用平均故障间隔时间(MTBF)来表示,一般应在 2 000 h 以上,有的可达 10 000 h。应根据需要选用。

复习思考题

1. 用于电子电路测量的电压表应具有哪些特点?
2. 简述晶体管毫伏表的工作原理和使用方法。
3. 示波器的主要特点是什么?分为哪几类?
4. 简述示波器的波形显示原理。
5. 简述普通示波器的结构、特征和使用方法。
6. 简述通用双踪示波器的结构、特征和使用方法。
7. 数字示波器有哪些特点?
8. 数字式测量仪表有何优点?
9. 电子计数器如何分类?
10. 简述计数法测量频率和周期的原理。
11. 简述 PN3165 型数字频率计的使用方法。
12. 简述数字式多用表的测量原理。
13. 举例说明数字式多用表显示位数的意义。
14. 如何使用数字式多用表?
15. 什么是失真度?简述失真度测量仪的测量原理。
16. 简述 SZ-3 型失真度测量仪的工作原理和使用方法。平衡输入端和不平衡输入端有何区别?
17. 信号发生器有哪些用途?如何分类?
18. 简述低频信号发生器的工作原理和使用方法。
19. 函数信号发生器有哪些特点?
20. 选用电子仪表要考虑哪些因素?

第四章 信号设备电气特性测量

主要信号设备指的是：色灯信号机、转辙机、轨道电路、电源屏、电缆等信号基础设备。这些设备的电气特性测试内容和项目在《普速铁路信号维护规则　业务管理》中都有所规定。做好这些设备的电气特性测量工作，对于提高信号设备的运用质量和维修质量，具有非常重要的意义。

第一节　色灯信号机的测量

在测量色灯信号机前，先调整电源屏信号机点灯电源输出电压，应为(220±10) V。

一、点灯变压器Ⅰ、Ⅱ次侧电压测量

用万用表交流电压挡分别在点灯变压器(或点灯单元)Ⅰ次线圈及Ⅱ次线圈的引出端子上进行测量，测得读数分别为点灯变压器的输入电压和输出电压。

二、主、副灯丝点灯端电压测量

用万用表交流电压挡测量点灯情况下的灯泡主灯丝端电压。测量必须在信号灯泡点灯状态下进行，应与本站值班员联系，依次开放各种信号显示，测得各灯泡的主灯丝点灯端电压。

人工中断主灯丝回路改点副灯丝，依次测得各灯泡的副灯丝点灯端电压。

色灯信号机灯泡端电压应为额定值的85%～95%(调车信号为75%～95%；容许信号为65%～85%)。端电压高于额定值的95%，将缩短灯泡使用寿命；低于额定值的85%，将影响信号显示距离。在测量其他灯泡端电压时，应注意不可向红灯(或蓝灯)的信号变压器Ⅰ次或Ⅱ次侧接电源，因各点灯回路的电气特性有差异。

三、灯丝继电器电流测量

在更换灯泡时用万用表交流电流挡串入点灯回路测得灯丝继电器电流，或用钳形电流表将卡钳钳住点灯回路线测得。

四、LEU发光盘端电压测量

用万用表交流电压挡在发光盘上测量点亮电压。

第二节　转辙机的测量

测量转辙机的电气特性,有助于了解其工作状态,提高其运用质量。

一、ZD系列电动转辙机的测量

1. 动作电压、工作电流、摩擦电流的测量

测量动作电压、工作电流、摩擦电流如图4-1所示。断开转辙机的遮断接点05-06,串入万用表直流电流挡。在道岔转换过程中,万用表直流电压挡、直流电流挡所测稳定读数为动作电压和工作电流值,万用表直流电流挡指针摆动最大的读数为启动电流。

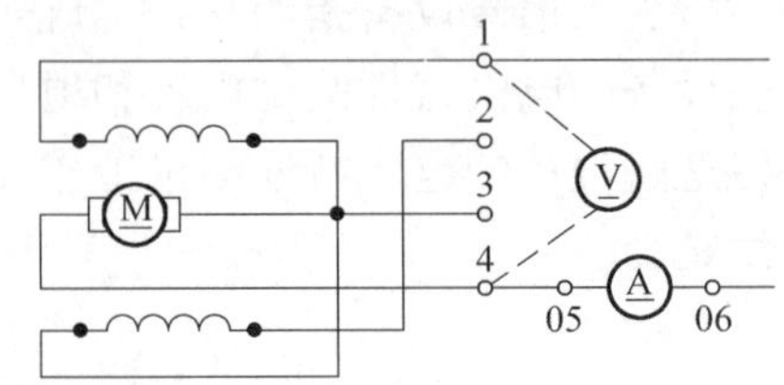

图4-1　测量动作电压、工作电流、摩擦电流

ZD6系列电动转辙机工作电流应小于或等于2.0 A;ZD7-A型电动转辙机小于或等于6 A;ZD7-C型电动转辙机小于或等于11 A。工作电流的大小说明道岔在转换过程是否稳定,有无异常。若工作电流大,应检查阻力变化原因。

当道岔尖轨与基本轨间插入4 mm铁板、摩擦联结器空转时,所测得的电流值为摩擦电流。ZD6-D型电动转辙机单机使用时,摩擦电流应为2.3～2.9 A;ZD6-E、ZD6-J型双机配套使用时单机摩擦电流应为2.0～2.5 A 。在工作电流正常的情况下,摩擦电流的大小说明摩擦联结器调整是否适当。

2. 动作时间的测量

由接通电动机动作电源到电动转辙机转换完毕的时间为道岔动作时间,测量电动转辙机动作时间如图4-2所示。407型电秒表电源端和"±"端接通电源开始计时,C端接通时,线圈被短路,停止计时,读数即为所测量的时间。

电动机动作电源经X2或X1送电后,电动机开始转动,电秒表开始工作,电动转辙机由定位转到反位或由反位转到定位,反位接点或定位接点接通,电秒表停止工作。电秒表所记录的时间即为道岔动作时间。

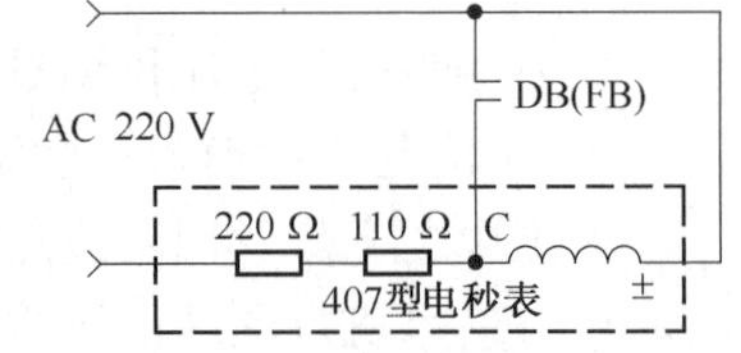

图4-2　测量电动转辙机动作时间

ZD6-D型电动转辙机动作时间应小于或等于5.5 s;ZD6-E型电动转辙机应小于或等于9 s;ZD6-J型电动转辙机应小于或等于9 s;ZD7-A型、ZD7-C型电动转辙机应小于或等于0.8 s。

3. 道岔表示继电器交/直流电压的测量

用万用表交流电压挡测量道岔表示变压器线圈端子上的交流电压;用直流电压挡测量道岔表示继电器线圈端子上的直流电压。

如果采用CT260型直流四/六线制转辙机测试仪可测量动作电压、动作电流、动作时间。

二、S700K型、ZD(J)9系列电动转辙机的测量

1. 动作电压的测量

用万用表交流电压挡在分线柜相应端子或室外道岔电缆盒端子上测量。在道岔转换过程中,万用表交流电压挡所测稳定读数为动作电压。

2. 工作电流、摩擦电流的测量

在道岔转换过程中，用钳形电流表将卡钳钳在转辙机相应的三根启动线(定操为 X1、X2、X5；反操为 X1、X3、X4)上测得。

当道岔尖轨与基本轨(可动心轨与翼轨)间插入试验工具，摩擦联结器空转时，用钳形电流表测得电流值为摩擦电流。

3. 道岔表示继电器交/直流电压的测量

同 ZD 系列电动转辙机道岔表示继电器交/直流电压的测量。

4. 动作时间的测量

同 ZD 系列电动转辙机动作时间的测量。

三、ZY(J)7 型电液转辙机的测量

动作电压、工作电流、摩擦电流、道岔表示继电器交/直流电压、动作时间测量同 S700K 型电动转辙机的测量。另有工作压力和溢流压力的测量。将油压表接在电液转辙机油压测试孔上，在道岔转换过程中，测得电液转辙机的工作压力。当道岔尖轨与基本轨(可动心轨与翼轨)间插入试验工具，测得电液转辙机的溢流压力。

四、电空转辙机的测量

1. 测量电空阀动作电压

电磁阀动作电压和电流指电磁阀衔铁完全吸起时的电压值和电流值，测量接线如图 4-3 所示，用万用表直流电压挡并联在电磁阀端子上，测量动作电压，吸起电压应小于或等于 16 V。

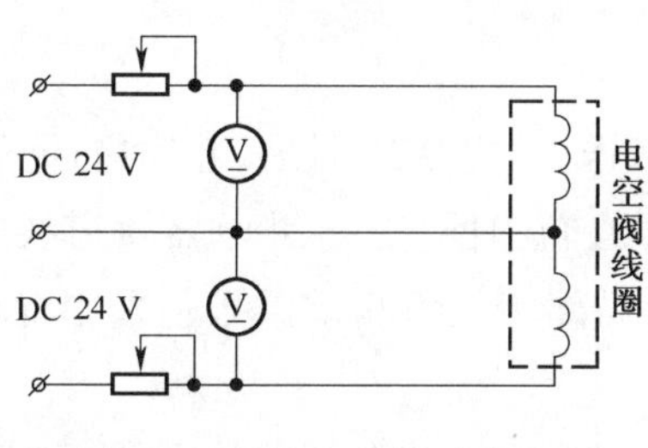

图 4-3 测量电空阀动作电压

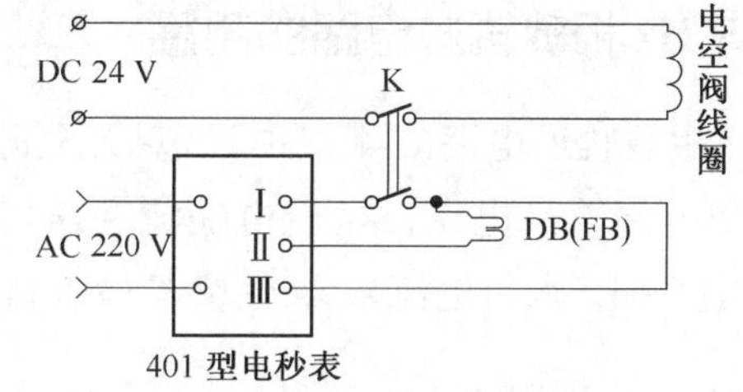

图 4-4 测量不带电路动作时间

2. 测量动作时间

(1)不带电路的动作时间的测量

测量不带电路动作时间如图 4-4 所示。401 型电秒表测量前应接通额定电源，先使之空转数秒，同时将其工作选择开关定于连续性位置，然后按回零按钮，使指针复零，即可开始工作。利用它的Ⅰ、Ⅱ、Ⅲ三个端子，可组成各种时间测量电路。Ⅰ、Ⅲ端子接通时计时，断开时不计时。在Ⅰ、Ⅲ端子接通时，Ⅰ、Ⅱ端子断开开始计时，Ⅰ、Ⅱ端子接通停止计时。

测量时，合上开关 K，电空转辙机进风开始转换。当电空转辙机转换完毕，其表示接点 DB 或 FB 接触，这时电秒表所记录的时间即为转换时间，应小于或等于 0.6 s。

(2)带电路动作时间的测量

带电路动作时间的测量如图 4-5 所示。可利用道岔手柄 SB 和定位表示继电器 DBJ 或反位表示继电器 FBJ 接点构成该测量线路。扳动操纵手柄 SB，使继电器、电空转辙机动作。电

空转辙机转换完毕,DBJ 或 FBJ 有电吸起,这时电秒表记录的时间即为电空转辙机的转换时间。

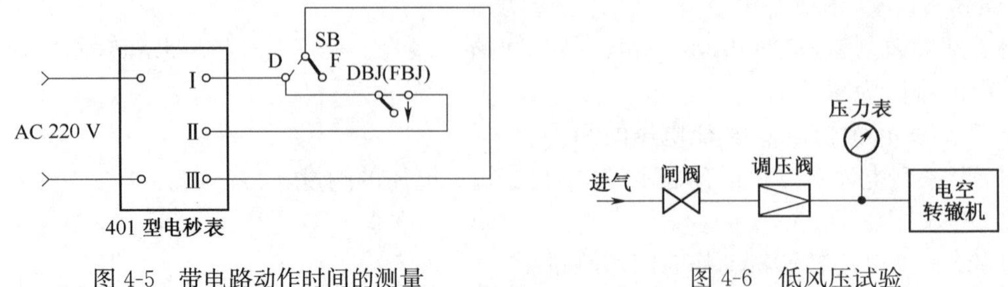

图 4-5　带电路动作时间的测量

图 4-6　低风压试验

3. 测量绝缘电阻

用 500 V 兆欧表测量电空阀线圈的端子与机壳间的绝缘电阻,应大于或等于 5 MΩ 。

4. 低风压试验

低风压试验如图 4-6 所示。测试时打开阀门,用调压阀调节进气压力,观测电空转辙机带动道岔转换到定位或反位时的最小风压值。

第三节　轨道电路的测量

对轨道电路进行电气特性测量,对于及早发现隐患、提高轨道电路性能具有重要作用。轨道电路种类繁多,主要测量其各部位的电压、电流,以及轨道电路的一次参数。

一、25 Hz 相敏轨道电路的测量

25 Hz 相敏轨道电路的测量项目包括:电源电压;送、受电变压器Ⅰ、Ⅱ次电压;限流器电压降;送、受电端轨面电压;送、受电扼流变压器信号圈、轨道圈电压;继电器轨道线圈端子电压;分路残压测量(入口电流);极性交叉检查、轨道与局部相位角测试。必须采用专用仪表进行测量。

调整状态时,轨道继电器轨道线圈(电子接收器轨道接收端)上的有效电压不小于 15 V,并且不得大于调整表规定的最大值。

用 0.06 Ω 标准分路电阻线在轨道电路送、受电端轨面上分路时,轨道继电器(含一送多受的其中一个分支的轨道继电器)端电压不应大于 7.4 V,其前接点应断开。用 0.06 Ω 标准分路电阻线在轨道电路送、受电端轨面上分路时,电子接收器(含一送多受的其中一个分支的电子接收器)的轨道接收端电压不应大于 10 V,输出端电压为 0 V,其执行继电器可靠落下。

1. 专用仪表

为适应电气化铁路发展的需要,确保 25 Hz 相敏轨道电路稳定可靠的工作,应采用适用于 25 Hz 相敏轨道电路在线动态测试的专用仪表,完善 25 Hz 相敏轨道电路的测试装备。

(1)选频电压表

选频电压表仅用于对 25 Hz 相敏轨道电路信号电压的测量,如 25XP-1 型选频电压表。

该仪表采用高阻 FET 、集成电路元件构成有源带通滤波器，可对 25 Hz 相敏轨道电路信号电压进行准确测量，而对非测量对象的 50 Hz 及移频信号电压进行衰减(40 dB)。该仪表采用真有效值测量电路，对 25 Hz 相敏轨道电路信号电压在传输过程中的非正弦波失真信号也可进行有效值测量。使用方法与普通数字电压表相同。该仪表测量范围为 1～500 V，测量精度为 0.1 V，滤波器通带宽度为 1 Hz(－3 dB)。

(2)相位表

相位表仅用于 25 Hz 相敏轨道电路相位差的测量，如 25XW-1 型相位表。该仪表由集成电路元件构成，相位差值由液晶数字显示器直接显示。该仪表为便携式设计，最大输入电压为 300 V，测量范围为 0°～180°，测量精度为 0.1°。

使用注意事项：该仪表两路输入为共地电路，在两路并接于同一路电源测相位时，注意使用相同颜色(极性)表笔并接，避免造成电路短路。

(3)轨道电路相位/极性交叉检查仪

轨道电路相位/极性交叉检查仪适用于 25 Hz 相敏轨道电路相位角的检查、邻接区段极性交叉的检查，如 CT268A 型轨道电路相位/极性交叉检查仪。采用 LCD 显示，仪表正面中部设有电源开关 K_1（ON/OFF)、功能选择开关 K_2（交叉/相位)、轨道电路制式开关 K_3（25 Hz/50 Hz)。现场测试时，根据需要进行相应选择。仪表正面下部设有两对 4 个输入口，分别配有两对输入线，用于极性交叉检查和相位检查。

(4)相敏轨道电路测试盘

C1267A 型 25 Hz 相敏轨道电路相位/电压监测仪安装在 CT267-C 型 25 Hz 相敏轨道电路测试盘上，直接显示 25 Hz 相敏轨道电路交流电压、相位、直流电压等参数，测量一次性完成，替代既有站轨道电路测试盘上面安装的电压表。

(5)ME2000P 轨道电路故障分析系统

ME2000P 轨道电路故障分析系统是分析轨道电路各种信号的专用系统，由设备主机和系统软件两部分组成，设备主机完成数据的采集，系统软件完成数据的记录、分析和显示。两者之间通过 USB 有线或 Wi-Fi 无线网络通信。系统不间断地高速检测轨道信号，轨道信号的任何干扰和不正常情况都被全部记录下来，极大地方便了对故障的排查，并可实现极性交叉、电容、电阻等的测量。

(6)CT268A3 电压相位测试仪

CT268A3 电压相位测试可以同屏测量 25 Hz、50 Hz 电压、相位角，进行极性交叉检查。

2. 测量方法

(1)电源电压测量

用选频电压表测量 25 Hz 电源屏输出的轨道电压、局部电压。轨道电压应为(220±6.6) V；局部电压应为(110±3.3) V。

(2)送、受电变压器Ⅰ、Ⅱ次电压测量

在调整状态，用选频电压表在送、受电变压器Ⅰ、Ⅱ次端子上测得。

(3)限流器电压降测量

在调整状态，用选频电压表在限流器两端测得限流器电压降。

(4)送、受电端轨面电压

在调整状态，用选频电压表在送、受电端轨面上测得相应电压。

(5)送、受电扼流变压器信号圈、轨道圈电压

在调整状态,用选频电压表在送、受电扼流变压器信号圈、轨道圈端子上测得相应电压。

(6)分路残压测量

用 0.06 Ω 标准分流线分别在轨道电路两端分流,轨道继电器应可靠落下,测量此时轨道继电器端子上的交流电压,即为分路残压 。可用相敏轨道电路测试盘进行测量。

(7)频率、相位测量

频率、相位可用频率计、相位表测量,也可用 ME2000P 轨道电路故障分析系统测量。此时,CH_1、CH_2 通道采集相敏信号,单击相敏图标,插孔信号一路设置 CH_1,另一路设置 CH_2,数据播放时,屏幕显示相敏信号的频率、相位和电压。

(8)极性交叉检查

①用电压法进行极性交叉检查。

有扼流变压器的钢轨绝缘处的各点电压表示如图 4-7 所示。图中,实线箭头表示 50 Hz 牵引电流;虚线箭头表示 25 Hz 信号电流。图示为相位交叉情况,假定两边的 25 Hz 电压按图所示方向无相位差。

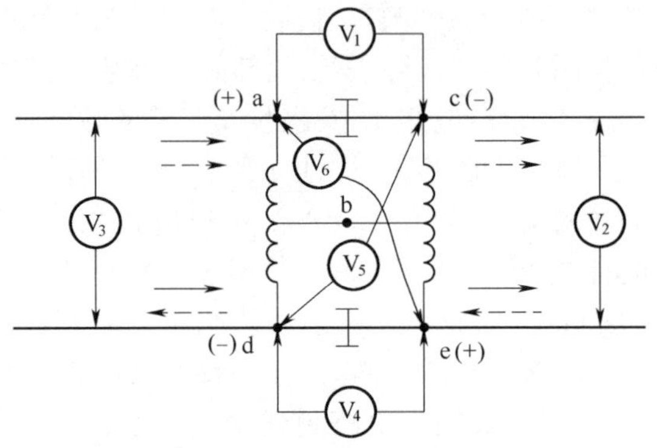

图 4-7　极性交叉检查

有两种可供选用的检查方法,现以带扼流变压器为例:

方法一:$U_1>U_5$ 或 $U_1>U_6$ 或 $U_4>U_5$ 或 $U_4>U_6$ 成立时,有相位交叉。

方法二:$2U_1>U_2$ 或 $2U_1>U_3$ 或 $2U_4>U_2$ 或 $2U_4>U_3$ 成立时,有相位交叉。

对于无扼流变压器的钢轨绝缘处相位交叉的检查测试方法与有扼流变压器时完全相同。因此时所测各处电压基本上就是信号电压,没有或可忽略 50 Hz 牵引电流造成的电压。但需指出的是,采用上面两种方法的基础是考虑到实际上轨条对地绝缘不可能是无限大,从而两相邻轨道电路各点对地的电位能构成它们之间的电位差(U_1-U_6)。

②用相位法进行极性交叉检查。

在绝缘节左右两边轨面电压差较大的情况下,直接利用相位表来测试极性交叉。将相位表选至 25 Hz 电压相位差挡,按照图 4-8 所示,四根测试线同时测试绝缘节两端 25 Hz 轨道电路电压,当仪表显示相位差为 180°左右时,极性交叉,否则不交叉。

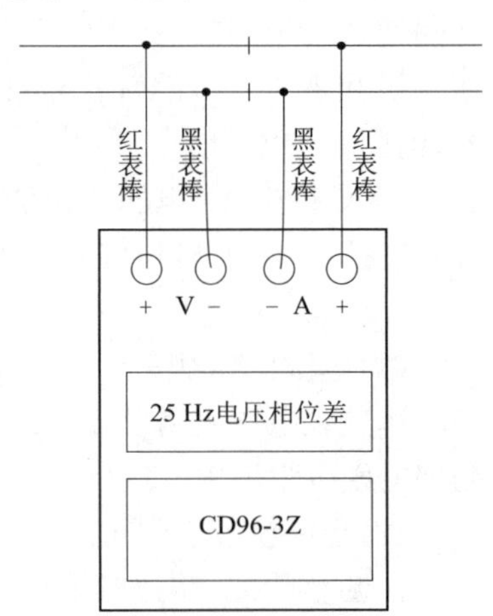

图 4-8　用相位表进行极性交叉检查

③用轨道电路相位/极性交叉检查仪直接进行检查。

④用 ME2000P 轨道电路故障分析系统测试相敏信号的极性交叉。

⑤用 CT268A3 电压相位测试仪检查极性交叉。

(9)轨道与局部相位角测试

用相位表的两路输入分别接轨道线圈和局部线圈,直接显示相位角,或用相敏轨道电路测试盘进行测量。

二、JWXC-2.3 型轨道电路的测量

JWXC-2.3 型轨道电路为驼峰峰下轨道电路所用，其电源电压，送电端变压器Ⅰ、Ⅱ次电压，限流器电压降，送、受电端轨面电压，轨道继电器交、直流工作电流或电压，分路残流或残压的测量方法同上述。

轨道电路在调整状态下，轨道继电器工作电流不小于 207 mA 。用 0.1 Ω 标准分路电阻线在轨面上分路时，轨道继电器残流应不大于 56 mA 。

轨道继电器落下时间指分路时该继电器的落下时间，轨道继电器落下时间测量如图 4-9 所示。将双刀开关同时接到电秒表和 0.5 Ω 分路电阻上，电秒表开始工作；当 DGJ 落下后，电秒表停止工作，电秒表所记录的时间就是 DGJ 落下时间。

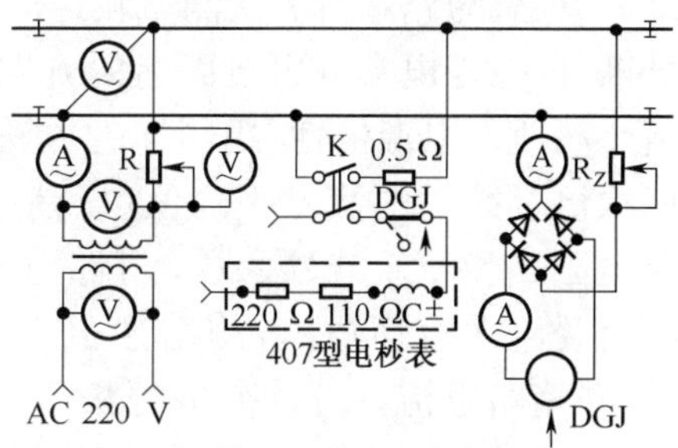

图 4-9 轨道继电器落下时间测量

三、ZPW-2000 移频轨道电路测量

ZPW-2000 移频轨道电路的测量项目包括：室内部分有接收器、发送器电源电压测量；发送器功出电压、移出电压测量；载频测量；接收器轨入、轨出电压测量；轨道继电器端电压测量；电缆模拟网络测试；衰耗滤波器测试等；室外部分有发送端、接收端匹配变压器端电压测量；发送端、接收端轨面电压测量；发送端、接收端调谐单元端电压测量；入口电流测量；发送端、接收端分路电压测量；补偿电容测试；调谐单元、空芯线圈、匹配变压器阻抗测试等。

轨道电路在调整状态时，轨出 1 电压不应小于 240 mV，轨出 2 电压不应小于 100 mV，小轨道接收条件(XGJ、XGJH)电压不小于 20 V，轨道继电器可靠吸起。

轨道电路分路状态在最不利条件下，主轨道任意一点采用 0.15 Ω 标准分路线分路时，轨出 1 分路电压不应大于 140 mV，轨道继电器可靠落下；在调谐区内分路时轨道电路存在死区段。

轨道电路应能实现全程断轨检查。主轨道断轨时，轨出 1 电压不大于 140 mV，轨道继电器可靠落下；小轨道断轨时，轨出 2 电压不大于 63 mV，轨道继电器可靠落下。

轨道电路分路状态在最不利条件下，在轨道电路任意一处轨面用 0.15 Ω 标准分路线分路，短路电流 1 700 Hz、2 000 Hz、2 300 Hz 不小于 0.5 A，2 600 Hz 不小于 0.45 A。

需采用移频参数在线测试仪进行测量。

1. CD96-3Z 型移频参数在线测试表

作为 ZPW-2000A 型无绝缘移频自动闭塞设备维修测试专用仪表，在不拆除任何使用设备配线条件下，CD96-3Z 型移频参数在线测试表实现对室内外各项设备电气参数的在线测试，包括：塞钉接触阻抗测量；补偿电容值测量；调谐单元零阻抗、极阻抗测量；空芯线圈阻抗测量；匹配变压器电缆侧/轨道侧输入阻抗、输出阻抗测量；引接线阻抗测量；室内接收器输入阻抗测量；绝缘轨距杆漏泄电流测量；0.6 Ω 、0.15 Ω 等类型的分路线阻值校准等。

2. 用 ME2000P 轨道电路故障分析系统测试移频轨道电路

此时，CH_1 通道采集移频信号，单击移频图标，打开功能测量，再单击电压/局部插孔，将信号输入设置为 CH_1，数据播放时，屏幕显示移频信号的上下边频、中心载频、低频、电压，以及混叠 25 Hz、50 Hz 的频率和电压。

四、轨道电路一次参数测量

轨道电路的一次参数测量包括钢轨阻抗、阻抗角、道砟电阻的测量等。

1. 开路、短路相位表法(以 JZXC-480 轨道电路为例)

开路、短路相位表法测量轨道电路的一次参数如图 4-10 所示。将受电端的设备在引接线处断开,在送电端测出轨面上的开路电压 U_{1K} 和开路电流 I_{1K};改变电源极性,用同样的方法测得 U_{2K} 和 I_{2K},取两次测量结果的算术平均值(以消除迷流的影响)。开路电压 $U_K=(U_{1K}+U_{2K})/2$,开路电流 $I_K=(I_{1K}+I_{2K})/2$。再将受电端轨面短路,测出送电端轨面上的短路电压 U_{1d} 和短路电流 I_{1d};改变电源极性,用同样的方法测得 U_{2d} 和 I_{2d},取两次测量结果的算术平均值。短路电压 $U_d=(U_{1d}+U_{2d})/2$,短路电流 $I_d=(I_{1d}+I_{2d})/2$。开路电阻 $R_K=U_K/I_K$,短路电阻 $R_d=U_d/I_d$。将它们代入,可求出钢轨电阻和道砟电阻为

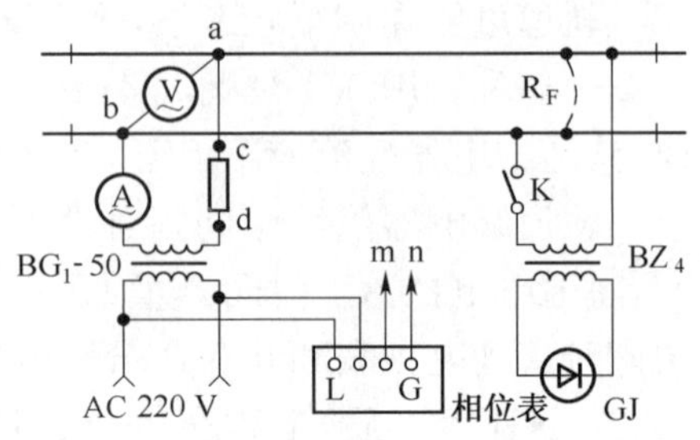

图 4-10　开路、短路相位表法测量轨道电路的一次参数

$$r_G=\sqrt{R_K \cdot R_d}\,(\Omega/\text{km})$$

$$r_{DZ}=\sqrt{R_K \cdot R_d}/\gamma\,(\Omega/\text{km})$$

$$\gamma=\text{arcth}\,\sqrt{R_d/R_K}/L\,(1/\text{km})$$

式中　γ——轨道电路的传播常数;

L——轨道电路的长度,km。

还要用相位表测出开路、短路阻抗幅角。将相位表的两引线 m、n 接在轨面 a、b 两点,分别测出开路、短路时的电压幅角 φ_{U_K}、φ_{U_d};再把 m、n 接线接在电阻两侧的 c、d 两点,测出开路、短路时的电流幅角 φ_{I_K}、φ_{I_d},即可计算开路、短路阻抗幅角 φ_K、φ_d:

$$\varphi_K=\varphi_{U_K}-\varphi_{I_K}$$

$$\varphi_d=\varphi_{U_d}-\varphi_{I_d}$$

据此可算出开路、短路阻抗的模及幅角为

$$|Z_K|=\left|\frac{U_K}{I_K}\right| \qquad |Z_d|=\left|\frac{U_d}{I_d}\right|$$

$$T=\sqrt{Z_d/Z_K} \qquad \varphi_T=\frac{\varphi_d-\varphi_K}{2}$$

将算得的数值代入下列公式,可算出钢轨阻抗和道砟电阻的模和幅角为

$$\tan(2\beta L)=\frac{2T\cos\varphi_T}{1+T^2} \qquad \tan(2\alpha L)=\frac{2T\sin\varphi_T}{1-T^2}$$

$$|\gamma|=\sqrt{\alpha^2+\beta^2} \qquad \varphi_\gamma=\arctan\frac{\alpha}{\beta}$$

$$Z_G=\gamma\sqrt{Z_d \cdot Z_K} \qquad \varphi_G=\frac{\varphi_d+\varphi_K}{2}+\varphi_\gamma$$

$$r_{DZ}=\frac{\sqrt{Z_d \cdot Z_K}}{\gamma} \qquad \varphi_{DZ}=\frac{\varphi_d+\varphi_K}{2}-\varphi_\gamma$$

式中 γ、φ_γ——传播常数及幅角；

Z_G、φ_G——钢轨阻抗的模及幅角，Ω/km；

r_{DZ}、φ_{DZ}——道砟电阻及幅角，Ω/km。

注意事项：

①测试前应检查轨端绝缘和轨距杆绝缘是否良好。

②应进行迷流检查。迷流由电力设备接地电流或相邻轨道电路电源经大地串入，对测量准确性影响很大。迷流检查如图 4-11 所示，检查方法是，将送、受电端断开，测量轨面上是否有电压。若有电压，可用短路线短路轨面约 30 s 后，再测轨面电压。如仍有电压，则轨道电路有迷流干扰或者采用电流表法检查，在送电端断开，受电端串入低量限电流表，看是否有电流存在。

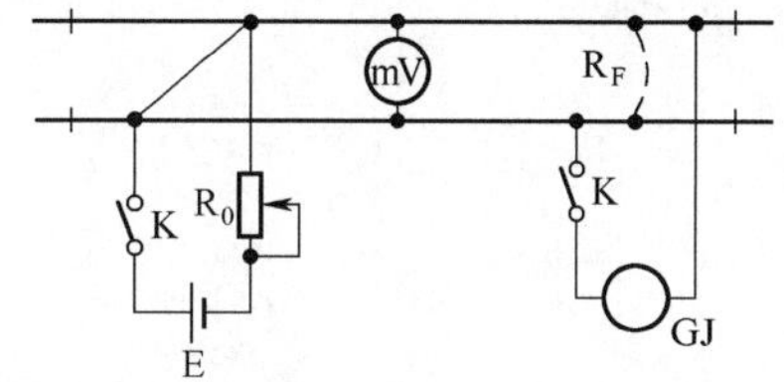

图 4-11 迷流检查

③测量时要同时读出送、受电端电压、电流数值。

④送、受电端的两块电流表准确度应尽可能相同，否则将影响钢轨阻抗角的测量。

⑤短路测量时应将轨面打光，用钢轨夹子把短路线(0.06 Ω)顶住轨面，以减小接触电阻。

⑥在测量过程中不得有列车通过。

2. 开路、短路—短路相位表法(以 JZXC-480 轨道电路为例)

当轨道电路道砟电阻较低或轨道电路较长时，用开路、短路相位表法测得的开路阻抗和短路阻抗的模几乎相等，有时开路阻抗小于短路阻抗，这时 $T=\sqrt{Z_d/Z_K}\geqslant 1$，$\tan(2\alpha L)=\dfrac{2T\sin\varphi_T}{1-T^2}$，“$1-T^2$”接近于零或负值，就无法判断 α 在第几象限，也就无法算出轨道电路的一次参数。为此，可在距送电端 300～600 m 处，做第二次短路测量，分别测出 U_{2d}、I_{2d}、φ_{2Ud}、φ_{2Id}，并代入下式，即

$$\dot{Z}_{2d}=\frac{U_{2d}}{I_{2d}}\angle\varphi_{2Ud}-\varphi_{2Id}=Z_{2d}\angle\varphi_{2d}$$

特性阻抗与轨道电路长度无关，即

$$\dot{Z}_C=\sqrt{Z_{1d}\cdot Z_K}\angle(\varphi_{1d}+\varphi_K)/2\text{，即 }\operatorname{th}(\gamma L_2)=\dot{Z}_{1d}/\dot{Z}_c\text{。}$$

由此可通过下列公式计算一次参数：

$$Z_{2d}=\frac{U_{2d}}{I_{2d}}\qquad \varphi_{2d}=\varphi_{2Ud}-\varphi_{2Id}$$

$$T=Z_{2d}/\sqrt{Z_{1d}\cdot Z_K}\qquad \varphi_T=\frac{2\varphi_{2d}-\varphi_{1d}-\varphi_K}{2}$$

$$\tan(2\beta L_2)=\frac{2T\cos\varphi_T}{1+T^2}\qquad \tan(2\alpha L_2)=\frac{2T\sin\varphi_T}{1-T^2}$$

$$|\gamma|=\sqrt{\alpha^2+\beta^2}\qquad \varphi_\gamma=\arctan\frac{\alpha}{\beta}$$

$$Z_G=\gamma\sqrt{Z_{1d}\cdot Z_K}\qquad \varphi_G=\frac{\varphi_{1d}+\varphi_K+2\varphi_\gamma}{2}$$

$$r_{DZ}=\sqrt{Z_{1d}\cdot Z_K}/\gamma\qquad \varphi_{DZ}=\frac{\varphi_{1d}+\varphi_K-2\varphi_\gamma}{2}$$

式中　Z_{1d}、φ_{1d}——第一次短路阻抗的模及幅角；

Z_{2d}、φ_{2d}——第二次短路阻抗的模及幅角；

L_2——第二次短路点距送电端的距离。

3. 短路—短路相位表法(以 JZXC-480 轨道电路为例)

在低道砟电阻或长轨道电路的情况下,为测得正确结果,可采用短路—短路相位表法,短路—短路相位表法如图 4-12 所示。在距送电端 300 m 处用短路线短路,测出送电端轨面电压 U_{1d}和幅角 φ_{1Ud},送电端短路电流 I_{1d}和幅角 φ_{2Ud},而后计算一次参数为

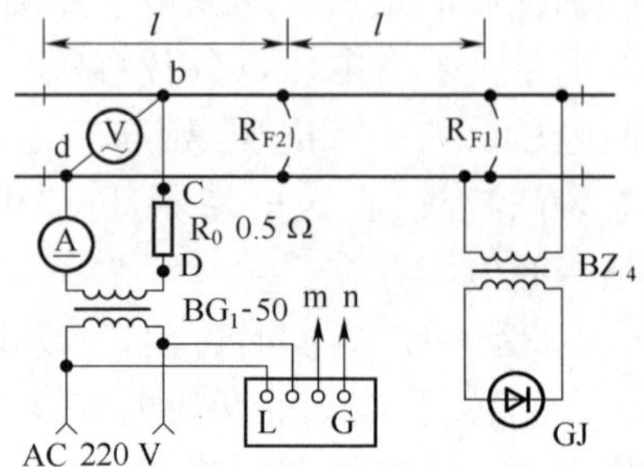

图 4-12　短路—短路相位表法

$$Z_{1d}=\frac{U_{1d}}{I_{1d}}\qquad \varphi_{1d}=\varphi_{1Ud}-\varphi_{1Id}$$

$$Z_{2d}=\frac{U_{2d}}{I_{2d}}\qquad \varphi_{2d}=\varphi_{2Ud}-\varphi_{2Id}$$

$$Te^{j\varphi\gamma}=\sqrt{\frac{2Z_{1d}-Z_{2d}}{Z_{2d}}}$$

$$\tan(2\beta L)=\frac{2T\cos\varphi_T}{1+T^2}\qquad \tan(2\alpha L)=\frac{2T\sin\varphi_T}{1-T^2}$$

$$\gamma=\sqrt{\beta^2+\alpha^2}\qquad \varphi_\gamma=\arctan\frac{\alpha}{\beta}$$

$$|\mathrm{ZC}|=\frac{Z_{1d}}{\mathrm{T}}\qquad \varphi_c=\varphi_{1d}-\varphi_T$$

$$\dot{Z}_G=\dot{Z}_c\cdot\dot{\gamma}Z_c\cdot\gamma e^j(\varphi_c+\varphi_r)$$

$$\dot{\gamma}_{DZ}=\dot{Z}_c/\dot{\gamma}=\frac{Z_c}{\gamma}e^j(\varphi_c+\varphi_r)$$

4. 开路、短路受电端测电压或电流法(以 JZXC-480 轨道电路为例)

开路、短路受电端测电压或电流法如图 4-13 所示。开路测试时,在受电端测一次电压值 Uz,计算一次参数为

$$\mathrm{ch}(2\beta L)=\frac{U_K^2}{U_Z^2}\left(1+\frac{Z_d}{Z_K}\right)\qquad Z_d=U_d/I_d$$

$$\cos(2\alpha L)=\frac{U_K^2}{U_Z^2}\left(1-\frac{Z_d}{Z_K}\right)\qquad Z_K=\frac{U_K}{I_K}$$

$$\gamma=\sqrt{\alpha^2+\beta^2}\qquad \varphi_\gamma=\arctan\frac{\alpha}{\beta}$$

$$Z_G=\gamma\sqrt{Z_d\cdot Z_C}\qquad r_{DZ}=\frac{\sqrt{Z_d\cdot Z_K}}{\gamma}$$

短路测试时,受电端测出短路电流 I_d,可计算出 β 及 α 为

$$\mathrm{ch}(2\beta L)=\frac{I_d^2}{I_Z^2}\left(1+\frac{Z_d}{Z_K}\right)\qquad \mathrm{ch}(2\beta L)=\frac{I_d^2}{I_Z^2}\left(1-\frac{Z_d}{Z_K}\right)$$

将 β、α 代入求 Z_G、r_{DZ}的公式,即可以求出一次参数。

5. 移频轨道电路一次参数测量

移频轨道电路一次参数测量如图 4-14 所示。将受电端开路,测量发送端轨面开路电压

U_{SK}和接收端轨面开路电压U_{ZK}，可算出电压衰耗系数K_u为

$$\dot{K}_u=\frac{\dot{U}_{SK}}{\dot{U}_{ZK}}=\mathrm{ch}(\dot{\gamma}L)$$

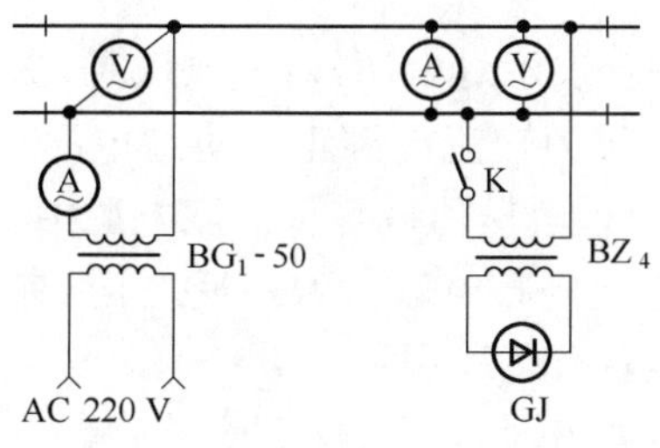

图 4-13　开路、短路受电端测电压或电流法

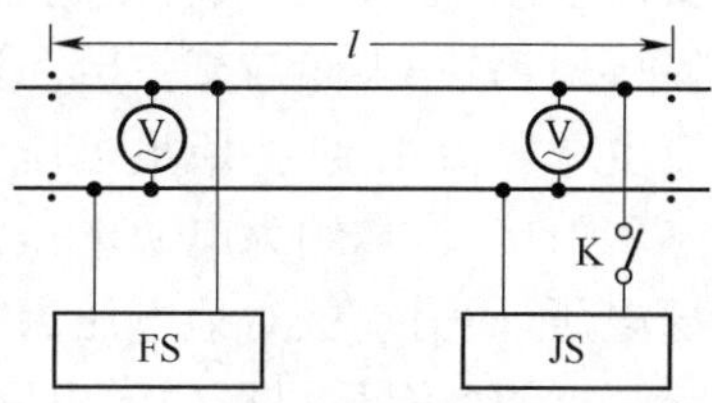

图 4-14　移频轨道电路一次参数测量

因K_u是$|\gamma L|$的函数，可得：

$$|\gamma L|=\left|\sqrt{\frac{Z_G}{r_{DZ}}}\right|\cdot L$$

式中　Z_G——钢轨阻抗；

r_{DZ}——道砟电阻；

γ——传播常数；

L——轨道电路长度。

道砟电阻为

$$|\gamma L|=\left|\sqrt{\frac{Z_G}{r_{DZ}}}\right|\cdot L$$

由算出的K_u值和不同信号的电源频率，通过$K_u=f(\gamma L)$曲线可查出相应的$|\gamma L|$值，从而求出道砟电阻。

6. 利用专用测量装置测量轨道电路的一次参数

可用 ME0802 型轨道参数测量装置测量道砟电阻、钢轨电阻、钢轨电感。该仪器具有测量方式简单、测量结果精确的特点，其基本原理是通过对检测的轨道施加一定的扫描信号，然后检测轨道对扫描信号的回应，通过软件计算获取轨道参数。

第四节　电源屏的测量

一、交流输入电压、电流及各路电源输出电压、电流的测量

对于非智能电源屏，可通过各电源屏屏面上所设的电压表、电流表进行测量。对于智能电源屏，可通过监控单元进行测量。

二、自动调压精度的测量

对于非智能电源屏，手动升压（或降压）使电压偏离额定值，然后将控制开关扳至自动位置，调压屏自动降压（或升压）。降压（或升压）完毕时所指示的输出电压即为自动调压精度。

三、电源对地电压、电流测量

电源接地情况主要由对地绝缘电阻表征,电源对地电压、电流的大小能作为判断电源接地情况的参考。信号电源接地故障是影响信号设备正常使用和危及行车安全的一大隐患。

1. 交流电源对地电压、电流的测量

测量交流电源(信号点灯、轨道电路、道岔表示、控制台表示灯电源)对地电压时,交流电压表的一表棒接地,另一表棒与交流电源正极相接,所测电压为交流电源正极对地电压值;另一表棒与交流电源负极相接时,所测电压为交流电源负极对地电压值。各种交流电源中,若两电源线对地电压值接近,均约为电源电压的半值,通常由电缆分布电容所致。反之,若有一极对地接近电源电压,而另一极对地电压为零时,则对地为零者有接地现象。

测量交流电源(信号点灯、轨道电路、道岔表示)对地电流时,如图 4-15 所示接线。先将与交流电流表一表棒串联的 550 Ω 电位器调到最大值并接地,交流电流表另一表棒串联 0.5 A 熔断器后与交流正电源相接,所测电流为交流负电源接地电流参考值。如所测电流大于100 mA,说明交流负电源接地严重,不得再将所串电阻值调小,以防电源短路。此时应查找接地故障点,并排除之。如所测电流小于 100 mA,可将电阻值调小直至零,以测出直接接地电流值。

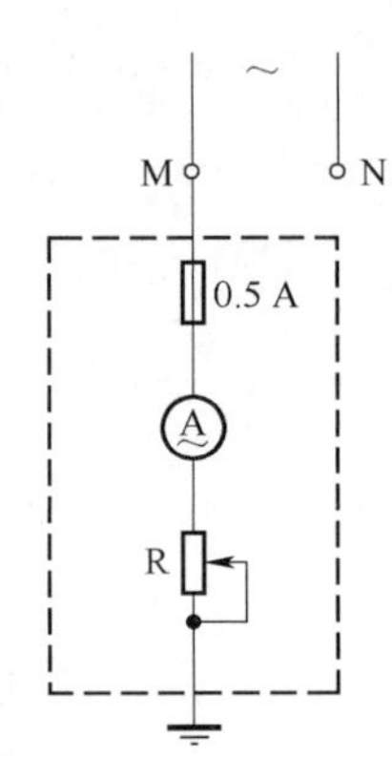

图 4-15 交流电源接地电流的测量

若交流电流表另一表棒串联 0.5 A 熔断器后接至交流负电源,则所测电流为交流正电源接地电流。

测量控制台表示灯电源对地电流时,将图 4-15 中的 550 Ω 电位器换成 60 Ω 的,测量方法同上述。

2. 直流电源对地电压、电流的测量

直流电源(电动转辙机电源、继电器电源)对地电压的测量除改用图 4-16直流电源流电压表及所接电源端子外,与上述测量交流电源对地电压接线相同。当直流电压表负表棒接地,正表棒与直流正电源相接时,所测为正电源对地电压。正表棒接地,负表棒与直流负电源相接时,所测为负电源对地电压。开始接通时,电压较高,随后逐渐下降,是经分布电容充电的结果。若一极对地电压为零,另一极接近电源电压时表示有接地现象,电压为零的一极接地。

测量直流电源对地电流时,接线如图 4-16 所示。测量电动转辙机电源时,其串联的可调电阻为 550 Ω,测量继电器电源时为 60 Ω 。正表棒串 0.5 A熔断器与正电源相接,负表棒接地,所测为负电源对地电流;负表棒串 0.5 A 熔断器与负电源相接,正表棒接地,所测为正电源对电流。

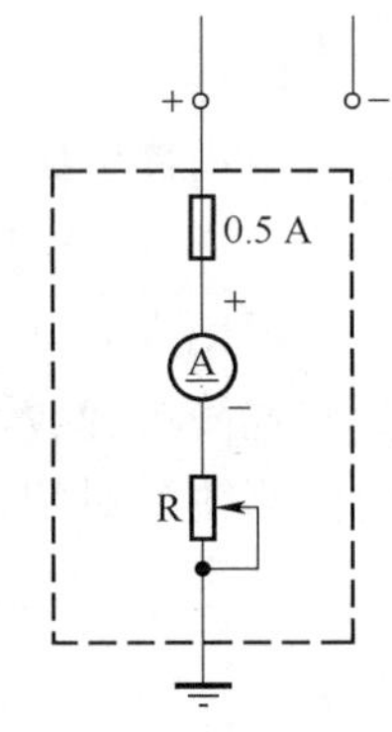

图 4-16 直流电源接地电流的测量

四、温升检查

用点温计测量交流接触器、变压器、整流器等元部件的温升。

当环境温度在 40 ℃、输出功率为额定值时,在长期运行中,变压器温升不得超过 65 ℃,整流器件外壳不超过 70 ℃ 。

五、闪光频率

对于非智能电源屏，闪光频率可用慢扫描示波器测量其有无输出周期，然后算出频率；或用目测法测得，人工按压秒表计时，并在 1 min 内计读闪光次数。闪光频率应为 90～120 次/min，并且有明显的暗亮比。

六、轨道与局部电源相位角测试

用相位表的两路输入分别接轨道电源和局部电源，直接显示相位角。

第五节　电缆的测量

电缆的测量包括电缆芯线间绝缘电阻、芯线对地绝缘电阻和全程绝缘测量，以及备用芯线线间、环阻的测量。

一、电缆芯线间绝缘电阻测量

分段测量电缆芯线间绝缘时，将电缆芯线两端从端子上断开，用 500 V 兆欧表的一极接电缆芯线，另一极接其他电缆芯线，摇动兆欧表手柄，表上读数即为电缆芯线间的绝缘电阻值，将其换算到每千米的绝缘电阻值，应不小于 3 000 MΩ 。

每千米绝缘电阻值是换算为 1 km 长电缆的实际电阻值，其换算公式为

$$R=0.001L\cdot R_{m}$$

式中　R——换算到 1 km 长电缆的实际电阻值，MΩ；

L——电缆实际长度，m；

R_{m}——兆欧表测量值，MΩ。

二、电缆芯线对地绝缘测量

分段测量电缆对地绝缘时，将电缆芯线两端从端子上断开，用 500 V 兆欧表的一极接电缆芯线，另一极接地，摇动兆欧表手柄，表上读数即为电缆芯线对地的绝缘电阻值。将其换算到每千米的绝缘电阻值，普通信号电缆应不小于 500 MΩ，综合扭绞电缆应不小于 3 000 MΩ 。

三、全程电缆测量

全程电缆芯线（包括所连接的设备，但电子设备除外）与大地间的绝缘测量接线如图 4-17 所示。将 500 V 兆欧表的一极接地，另一极接分线柜端子，摇动兆欧表手柄，兆欧表的读数即为该端子上所连接的电缆芯线的绝缘电阻值。

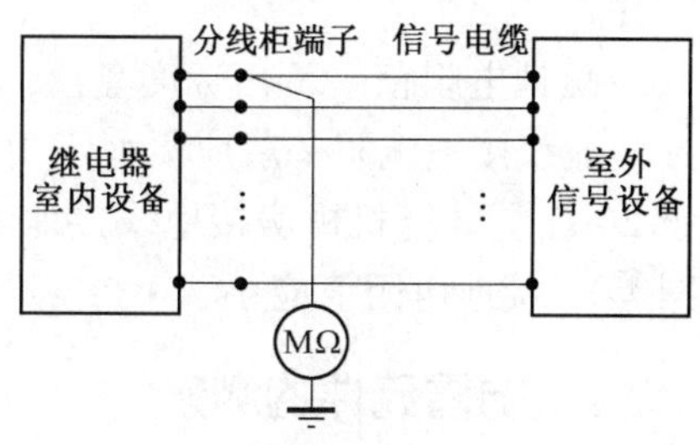

图 4-17　全程电缆芯线对地绝缘测量

测量全程电缆芯线对备用芯线间的绝缘时，用 500 V 兆欧表的一极接在分线盘某电缆的端子上，另一极接在备用芯线上，摇动兆欧表手柄，兆欧表读数即为全程电缆芯线对备用芯线间的绝缘电阻值。

对信号机、轨道电路送电端电缆进行全程测量，图 4-17全程电缆芯线对地绝缘的测量时，要注意共用的电源条件。测量时，要将所测芯线与共用电源联系的其他芯线分开，如果不将共用条件甩开，则所测值为全站电缆的绝缘电阻。断开共用电源条件有两种方法：通过继电器接点条件将所测芯线和有共用电源端子的其他芯线分开；断开断路器，将所测电缆与有共有电源条件的其他芯线分开。

轨道电路受电端和道岔电路电缆绝缘电阻测量可采取带电全程测量的方法，但必须加强联系，对已开放信号的有关进路上的道岔和轨道电路受电端应等列车驶过后再测量。全程电缆绝缘测量亦可用电缆绝缘测试盘进行测量，该测试盘平时不与电缆回路发生联系，仅在测试时与被测对象接通，测试时不影响电缆回路的使用。但因电缆连接变压器、接线端子等，所以测试盘所测定该电缆回路的综合绝缘电阻，不能作为电缆芯线的绝缘电阻值，仅作为维修设备的参考。用 500 V 兆欧表测量全程信号电缆芯线(包括所连接的设备，但电子设备除外)与大地间的绝缘电阻值：区间、小站不得小于 1 MΩ；大站由各铁路局集团公司自定。

四、备用芯线线间、环阻的测量

备用芯线线间的绝缘电阻测量同电缆芯线间的绝缘电阻测量。

对于备用芯线的环阻，将远端的两标备用芯线连接，在近端用欧姆表或万用表欧姆挡测量该电阻。

第六节　地线及防雷元件的测量

一、地线接地电阻的测量

测量接地电阻，可用各类接地电阻测量仪进行，现以 ZC-8 型为例予以说明。接地电阻的测量如图 4-18 所示。测量接地电阻时，将仪表水平放置，将仪表的 C_2、P_2 端子短接，并与被测地线相接，P_1、C_1 端子分别接于两根辅助接地棒 P′、C′上，两只辅助接触地棒及地线分别相距 20 m，并在一条直线上。测量时，将 X 倍旋钮扳至最大一挡，再扳动电键进行测量。当被测值小于此挡的满标度值时，应换至另一挡再进行测量，以便得到精确的数据。这时可测得接地电阻值，即

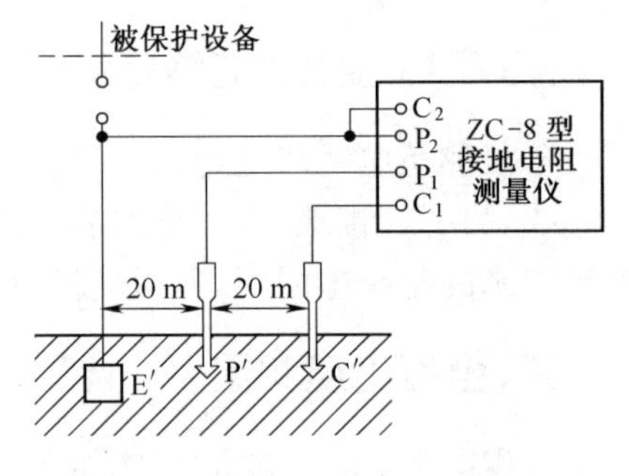

图 4-18　接地电阻的测量

接地电阻值 = X 倍标度盘值 × 测量标度盘值

地线接地电阻一般应不大于 10 Ω，防护地线、安全地线、屏蔽地线在砂土和土夹石处应小于 20 Ω 。计算机机房接地线接地电阻不大于 4 Ω，综合接地装置(合用接地体、贯通地线、地网等)、接地电阻值应小于 1 Ω 。

二、防雷元件的测量

1. 金属陶瓷放电管的测量

对各种金属陶瓷放电管，测量项目是直流点火电压。可用高压电源防雷元件直流测试器

或用 500 V 兆欧表代替高压直流电源，当被测放电管接上直流电源后，逐步升高电压。在该放电管放电瞬间，电压表指针返回时读出的电压值，即为放电管的放电电压。

2. 压敏电阻的测量

对压敏电阻测量其标称电压。采用恒流源法进行测量，测量电路如图 4-19 所示。当调整测量电路的电流稳定在 1 mA 时，压敏电阻两端的电压即为压敏电阻的标称电压。压敏电阻亦可用压敏电阻测试仪或 JT-1 型晶体管特性图示仪进行测量。

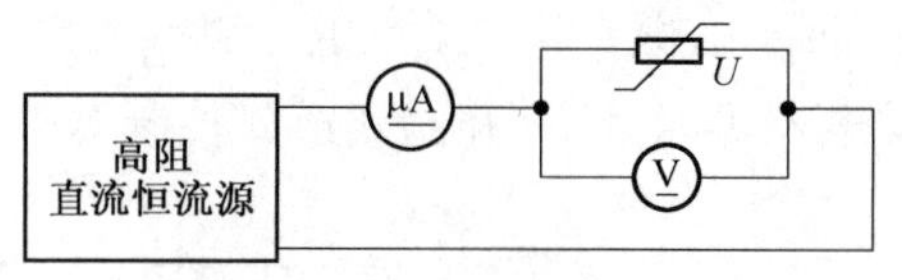

图 4-19 压敏电阻的测量

3. 用信号防雷元件测试仪进行测量

用 FC-2G 型防雷元件测试仪进行测量，适用于压敏电阻，瞬态电压抑制二极管，金属陶瓷二、三极放电管等防雷元件的参数测量。

第七节 道口信号的测量

一、各部电压测量

1. 测量道口控制器电压

用万用表交流电压挡在分线柜上或组合柜零层端子上测得道口控制器交流输入电压。

用万用表直流电压挡在控制器的电源测试孔（CK_1、CK_2）测得道口控制器工作电压。

2. 测量轨道继电器电压

轨道继电器电压、用万用表直流电压挡在控制器的输出测试孔（CK_3、CK_4）测得。

3. 测量室内音响器电压

用万用表的直流电压挡在室内道口音响器的电源测试孔（CK_5、CK_6）测得室内音响器电源电压。

用万用表的电压挡在室内道口音响器的电源测试孔（CK_7、CK_8）测得室内音响器电源电压。

4. 测量室外音响器电压

用万用表的直流电压挡在室外道口音响器的电源测试孔（CK_1、CK_2）测得室外音响器电源电压。

用万用表的电压挡在室外道口音响器的电源测试孔（CK_3、CK_4）测得室外音响器输出电压。

5. 测量道口闪光器电压

用万用表的交流电压挡接在闪光器的电源端，测得闪光器的输入电源电压。

用万用表的交流电压挡接在闪光器的输出端，测得闪光器的输出电压。

6. 测量红灯、白灯端电压

在道口信号机上测得，方法同色灯信号机测量。

二、音响器断续频率及听距检查

在室外距道口信号机 30 m 处，用电秒表进行计时，应能清晰地听到断续频率为 90～120 次/min 的模拟钟声。

三、轨道作用距离测量

室外用 0.06 Ω 标准分路线，分别分路道口信号轨道区段前后 20～60 m 两端轨面；在控制器的输出测试孔(CK_3、CK_4)测试轨道继电器电压，测得的电压应满足闭路式道口控制器轨道继电器可靠落下、开路式道口控制器轨道继电器可靠吸起的条件。

第八节　TDCS、CTC 设备测量

一、交流输入电压、电流测量

在电源屏相应的表盘上读测，或人工使用万用表电压挡测试电压、使用钳形电流表测试电流，并检查各独立机柜电源指示灯正常点亮。

二、UPS 放电时间测量

对 UPS 电源持续充电 12 h 以上，电池容量＞95％后，切换带 50％～70％的模拟负载进行放电，当调度中心 UPS 放电时间≥30 min、车站 UPS 放电时间≥10 min 时，用万用表交流电压挡测试 UPS 输出电压下降不小于 10％。

三、测试芯线线间、对地绝缘测量

详见本章第五节“电缆的测量”。

第九节　驼峰信号设备测量

一、车辆减速器测量

1. 调整两内侧制动轨轨顶间的距离(内侧距)并测量

(1)要点联系，请驼峰作业员操作车辆减速器处于制动位置。

(2)用大撬棍把两内侧制动轨扳到最小距离，用卷尺测量应满足 $1\,351^{+3}_{-6}$ mm。

(3)不符合时，可在内侧制动轨与制动钳间增塞或减少铁垫片，铁垫片厚度可选 1 mm、2 mm、3 mm 等多种，用卷尺复测正常后，紧固好内侧制动轨的防松螺母。

2. 调整制动轨间的开口尺寸(开距)并测量

(1)请驼峰作业员操作车辆减速器处于制动状态。

(2)用直钢尺测量各制动钳处的开距尺寸，应满足规定的尺寸指标。

(3)不符合时，采用在外侧制动轨与制动钳间加或减铁垫片的方法来调整开距。用直钢尺复测正常后，紧固好外侧制动轨的防松螺母。

3. 车辆减速器其他以下各部位尺寸测量

(1)制动状态测量

测量入口(喇叭口)外端尺寸；内外侧制动轨上侧面至基本轨顶面距离(上部限界)；内侧制动轨顶面至基本轨侧面最大距离。

(2)缓解状态测量

测量制动轨上侧面至基本顶面的距离(上部限界);制动轨轨高;走行轨轨高。

以上可选用车辆减速器专用游标卡尺,找准相应的部位测量,可从游标卡尺上读出测量数据,也可用直钢尺测量。

4. 车辆减速器电空、电液换向阀特性测量

(1)将万用表电压挡并联在被测换向阀线圈端子两端,送电后测试工作电压。

(2)用万用表电流挡串联在被测换向阀线圈回路中,送电后测试工作电流。

(3)断电时,用兆欧表的两个表棒分别接线圈端子,测量线圈对地绝缘。

5. 车辆减速器连接杆绝缘测量

(1)请驼峰作业员操作车辆减速器处于制动状态。

(2)在两制动钳底部衬垫小木枕,使滚轮和制动钳相脱离。

(3)用万用表电阻挡测量减速器连接杆绝缘两端,应大于 50 Ω。如不良,则应处理车辆减速器连接杆绝缘。

(4)用万用表电压挡分别接车辆减速器区段轨面和车辆减速器连接杆绝缘两端,应无电压为绝缘良好。如测得有一定电压,则应分解车辆减速器连接杆,用万用表电阻挡测量绝缘电阻。

6. 车辆减速器整体道床绝缘电阻和下沉量测量

(1)要点停用车辆减速器区段轨道电路,断开轨面电压,在两基本轨间用万用表电阻挡测得。

(2)目测车辆减速器整体道床下沉状况,根据线路标准桩测得。

7. 表示接触器对地绝缘测量

断电时,用兆欧表的两个表棒分别接表示接触器制动、缓解端子和地线两端,测绝缘。

8. 车辆减速器制动、缓解时间测量

通过驼峰自动化监测系统,读取车辆减速器制动、缓解时间数据。

9. 车辆减速器制动能高测量

通过驼峰自动化控制系统,得到雷达采样速度数据和速度曲线,用以下方法计算。

(1)减速度法计算单位能高

减速度法适用于单台车辆减速器对单钩车制动时的计算。计算时,车辆减速器在全制动状态,车辆减速器上同时只有一个转向架和两个车轮受制动。计算公式为

$$h=2a_{单}/g'-h_{阻}+h_{坡}$$

式中 $a_{单}$——单台车辆减速器对单钩车制动时产生的减速度,由控制系统雷达测速数据曲线计算出,m/s^2;

g'——考虑车辆车轮转动惯量影响的重力加速度,取 $g'=9.5\ m/s^2$;

$h_{阻}$——车辆走行阻力、空气阻力等折合成单位能高,一般为 1.5‰~2.5‰;

$h_{坡}$——车辆减速器区段的坡度折合成单位能高。

(2)能量法计算单位能高

该法计算对单辆钩车溜放的数据比较准确,也适用于多辆车。计算时,车辆减速器应在全制动状态。计算公式为

$$h=[(v_{入}^2-v_{出}^2)/2g']/L-h_{阻}+h_{坡}$$

式中 h——单位制动能高;

$v_{入}$、$v_{出}$——车辆在车辆减速器入口和出口处的速度,m/s;

L——车辆减速器有效制动长度,m;该值在实测时,如果两个转向架均全制动通过车辆减速器,则有效制动长度为该设备的设计值;如果只有一个转向架全制动通过,则按一半计算。

g'、$h_{阻}$、$h_{坡}$ 含义同上。

二、测速雷达测量

1. 雷达电源电压测量

开启雷达电源开关,+6 V、−6 V 、+4～+5 V 三只电源指示灯应亮,用万用表直流电压挡测试三路电源电压,放大电源为±6 V、允许误差为±0.5 V、振荡电源为+4～+5.5 V。

2. 雷达自检信号测量

打开雷达面板上显示开关,按下面板上自检开关,此时面板显示器应显示速度值“30.7±0.5”。

3. 雷达功率和天线最大辐射方向测量

(1)将密封减振箱内的雷达方向对准车辆减速器出口道床中心,雷达测试仪放在车辆减速器出口过渡道床道心中间,高度调整到距钢轨面 1 m 左右(或距过渡道床水平面 1.1 m 左右,如图 4-20 所示),方位对准雷达天线。

(2)将雷达测试仪“检测/调制”开关拨向“检测”,“幅度/速度”开关拨向“幅度”,测试仪“幅度电位器”旋钮调至中间,此时测试仪显示天线发射功率值。根据测量数据即可由功率—数据关系曲线或查表得到较准确的发射功率绝对值。

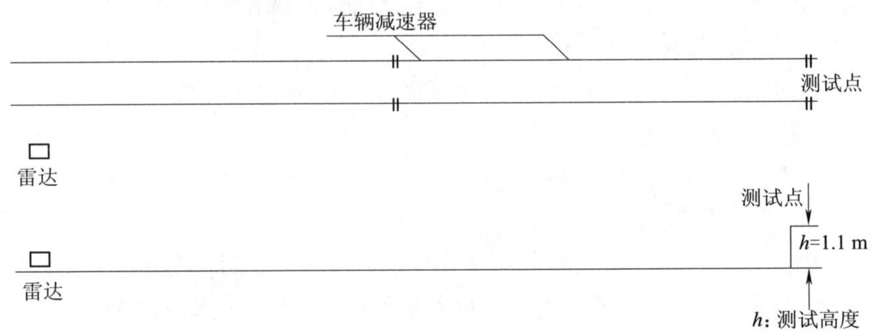

图 4-20　测速雷达测量

(3)调整雷达调整架的左右方位和俯仰螺栓,使雷达测试仪收到的雷达功率显示值为最大,此时雷达正对测试仪的方向既为雷达天线最大辐射方向。

(4)将雷达固定不变,用雷达测试仪复测道床中心左右两侧,测量高度不变,雷达功率值应大小相当,并且小于中心测得值。锁紧雷达调整架上的螺母,盖上箱盖,复查并记录功率值,一般不应有太大变化。

4. 雷达测速精度、灵敏度和有效作用距离测量

(1)将雷达测试仪移至雷达前方 10 m 处,高度和雷达一致,方位对准雷达天线最大辐射方向,并打开雷达显示开关。

(2)将雷达测试仪“检测/调制”开关拨向“调制”,“幅度/速度”开关拨向“速度”,“调制波

段”开关依次至“1”“2”“3”“4”位置，此时雷达应能显示稳定的对应速度值“3.9±0.3”“7.9±0.3”“15.8±0.5”“31.6±0.5”，可认为雷达测速的精度、灵敏度和有效作用距离(≥50 m)达到要求。若改变调制幅度，根据雷达是否能检测到调制信号，即能否显示相应速度值，可判断雷达灵敏度的高低。

5. 控制减速器动作试验

(1)联系要点，请驼峰作业员人工定速 5 km/h。

(2)按灵敏度测试要求，雷达测试仪可放置距雷达 2～5 m 的位置。将“调制”开关拨到“2”挡。

(3)用封连线封连轨道电路，此时车站工作站及机房工作站显示屏应显示“7.9±0.3”，同时该股道车辆减速器制动，车站操作台制动表示红灯亮，各显示屏显示制动表示。改变调制开关至“1”挡，显示变为“3.9±0.3”，车辆减速器缓解，车站操作台缓解表示绿灯亮，各显示屏显示缓解表示。

三、测长器测量

1. T·CW 型电脑测长器测量

(1)机柜电源输出电压测量

用万用表直流电压挡在电源输出端子上测得机柜电源输出端子。

(2)频率信号发生板基准频率测量

用示波器或带频率测试功能的数字表在频率信号发生板输出塞孔端子上测得频率信号发生板基准频率。

(3)测长误差校核(实际占车位校核)

测长股道中应设长度标志，一般 150 m 以内每 20 m 设 1 处标志；150 m 以上每 50 m 设 1 处标志；300 m 以上每 100 m 设 1 处标志。可选择 300 m 以内的溜放钩车实际占用位置，读出实际占用长度(实长)，室内观察并记录显示屏长度，实长与显示屏长度之差即为股道该点测长误差。如发现误差超标，可进行测长长度查改修正。

(4)测长全程误差测量

①要点停用被测试股道，用测长专用短路夹具从 0 m、50 m、100 m、200 m、300 m、500 m、700 m 直至尾端依次短路，夹具应保证接触良好，室内观察并记录显示屏长度，短路点与显示屏长度之差即为股道各点测长误差。

②如发现某股道误差普遍较大，可通过修正 0 m 基点值脉冲及段差脉冲以调整特征的线性来纠正误差脉冲数，反之则减少段差脉冲数。

2. TGWC 驼峰工频微机测长器测量

(1)交流稳压电源输入/输出电压测量

用万用表交流电压挡在交流稳压电源输入/输出端子上测得。

(2)测长变压器Ⅰ、Ⅱ次侧电压测试

用万用表交流电压挡在变压器Ⅰ、Ⅱ次侧端子上测得。

(3)电抗器、采样器压降测量

用万用表交流电压挡在电抗器、采样器两侧端子上测得。

(4)受电端采集电压测量

受电端采集电压指测长轨道接收端电压,随股道占用长度而变化,一般用万用表交流电压挡在分线柜相应端子上测得。

(5)测长误差校核(实际占车位校核)

同T·CW型电脑测长器,如发现误差超标,可进行测长系数修正调整。

(6)测长全程误差测量

同T·CW型电脑测长器,如发现误差超标,应进行测长系数调整。

四、测重设备测量

1. 机箱稳压电源测量

开启测重电源开关,机箱内底板+5 V、−5 V、+12 V三只稳压电源指示灯应亮。

2. 传感器激磁电源测量

用万用表直流电压挡测试测重机面板(图4-21)输出电压检测孔,激磁电源电压应为5~6 V,机箱面板电流表读数为0.35~0.4 A。室外传感器箱盒端子激磁电压应为≥2.5 V,不符要求时可调节机箱面板电流调节电位器。用数字示波器接在面板输出电压检测孔检测,激磁电源频率应为(400±10) Hz。

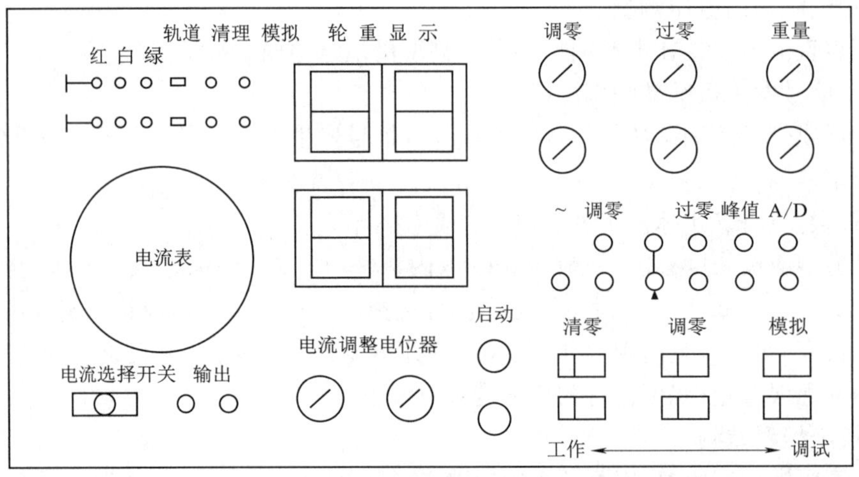

图4-21 测重机面板图

3. 零信号输出电压测量

在无车占用情况下,用数字万用表交流电压挡测试测重机面板"~"检测孔,零信号交流输出电压应≤300 mV。

4. 调零电压测试调整

(1)在无车占用情况下,将调零开关掷向右,使之处于调整状态,关闭自动调零。

(2)调节调零电位器,在调零检测孔用数字万用表直流电压挡检测,直流零信号应小于100 mV。

(3)调整完后调零开关掷向左,使之处于工作状态。

5. 过零电压测试调整

开启自动调节过零电位器,在过零检测孔用数字万用表直流电压挡检测,一般应调在0.2~1.2 V之间。

6. 测重模拟试验

(1)要点将 DG_1 或 DG 短路，测重机面板轨道灯亮，轮重显示器显示“00”，也可将机箱背面的 CZ_3 插座拔掉，即可模拟轨道占用。

(2)将清零开关掷向左边，模拟开关掷向右边，按启动键(每按一次启动钮，则送出一个模拟重量电压)，轮重显示器显示 80 左右为正常。80 t 压力基本上相当于 A/D 板送出的系统电压值为 2.5 V。

7. 重量精度测试调整

调整重量时找一些比较准的车辆进行核对，如空车应显示 20 t 左右，机车应显示 80～90 t，要以轻车为准保证不丢轴。如重量有偏差，需反复调节重量电位器，一般顺时针调节为加大重量，逆时针调节为减少重量。

8. 核对车重测试

根据车站钩车溜放计划和装载重量，观察一列车溜放时测重机及计算机显示屏的显示，核对车重是否和计划装载重量基本一致。当空车通过传感器时，应显示 20 t 左右；当重车通过传感器时，应显示 80 t 左右。驼峰计算机控制系统对测重重量分级显示如下：一级车，28 t 以下；二级车，28～45 t；三级车：45～60 t；四级车：60 t 以上。测重机应保证空车显示一级，重载显示四级。

9. 测重信号线圈电压差值测量

用人工方式踩压传感器两侧钢轨时，信号线圈在这两侧的输出电压差值应在 4～20 mV 之间变化。

五、车轮传感器测量

1. 传感器安装高度和中心距离测量

用直钢尺或钢卷尺测量传感器安装高度和中心距离。CYL 型传感器工作面距轨面的高度应为(40±2) mm，传感器的中心距离(缺口边距钢内轨侧面)应为(15±3) mm；T·LJS 型传感器工作面距轨面的高度应为(44±2) mm，距钢轨内侧面中心距离应为 35 mm。

2. CYL 型传感器线圈电阻测量

用万用表电阻挡在传感器线圈两端测试或在机械室分线柜有关端子上测量 CYL 型传感器线圈电阻。

3. 车辆占用或通过时的信号电压

在信号机械室分线柜传感器线圈输出端子上并接示波器，观测车辆占用或通过时传感器输出信号幅度及波形。

4. 计轴误差率测试

从驼峰自动控制系统溜放数据分析报告中统计计轴误差率。

复习思考题

1. 色灯信号机要进行哪些电气特性测量？如何进行？
2. 电动转辙机要进行哪些电气特性测量？如何进行？
3. 电液转辙机要进行哪些特殊测量？如何进行？

4. 电空转辙机要进行哪些电气特性测量？如何进行？
5. 如何测量轨道电路的各部分电压和分路残压？如何使用轨道电路测试盘？
6. 如何检查轨道绝缘和极性交叉？
7. 如何测量25 Hz相敏轨道电路的相位角？
8. 移频轨道电路要进行哪些测量？如何进行？
9. 轨道电路的一次参数测量有哪些方法？如何进行？
10. 如何测量电源对地电压和电流？
11. 电缆测量包括哪些项目？如何进行？
12. 如何测量接地电阻？
13. 道口信号设备要进行哪些电气特性测量？如何进行？
14. 驼峰信号设备测量要进行哪些电气特性测量？如何进行？
15. 在信号设备电气特性测试工作中要用到哪些仪表？总结它们的用法。

第五章

信号器材的测试

信号器材主要指继电器、自动闭塞设备、机车信号设备、道口信号设备等器材。对这些现场可替换的设备实行入所修，按周期对它们进行整修、补强、恢复和改善工作，保证其电气性能符合规定标准，以提高信号设备的运用质量和可靠性。信号器材的电气性能测试是入所修的重要环节。

第一节　继电器的测试

继电器测试主要包括电气特性和时间特性测试。电气特性测试主要是工作值、释放值、转极值的测试；时间特性测试主要是缓吸、缓放时间的测试。

一、继电器通用参数的测试

1. 接触电阻测试

接触电阻是指在接点间和插片与插簧间通过规定的电流时，在接触处所呈现的电阻。一般在引出端采用电压表—电流表法测试，继电器电阻测试电路如图 5-1 所示（或用双臂电桥测试，接点的闭路电流为 0.5 A）。接点不加负载，继电器施加额定值，动作两次后再开始测量，共测三次，取其数据的最大值。

接触电阻按以下公式计算：

$$R_J=(U/I)-R_i$$

式中　R_J——接触电阻值，Ω；

R_i——引接线电阻值，Ω；

I——电流值，A；

U——电压值，V。

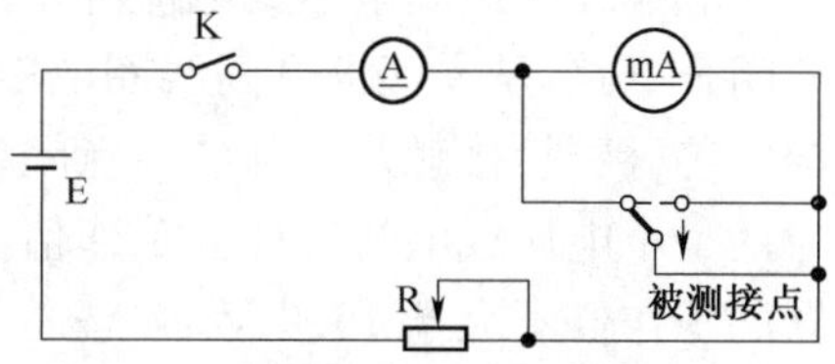

图 5-1　继电器电阻测试电路

普通接点的接触电阻，银-银氧化镉应不大于 0.05 Ω；银氧化镉-银氧化镉应不大于0.1 Ω；加强接点应不大于 0.1 Ω。

2. 线圈电阻测试

继电器线圈电阻是指环境温度为+20 ℃时线圈的直流电阻。继电器在正常的试验大气条件下应放置 2 h 后进行测试。线圈电阻在 5 Ω 以上的可用单臂电桥测量；5 Ω 及其以下的可采用双臂电桥测量。5 Ω 以上的，不得超过±10%；5 Ω 及其以下的，不得超过±5%。测量 5 Ω及其以下的线圈电阻时，应排除引接线电阻及线圈与插片连线对测量结果的影响。将测得的电阻值换算到+20 ℃时的数值，按下面公式换算：

$$R_{20}=R_t/[1+\alpha(t-20)]$$

式中　R_{20}——换算到+20 ℃时的电阻值，Ω；

R_t——环境温度为 t 时测得的电阻值,Ω;

t——测量时的环境温度,℃;

α——在 0 ℃时被测线圈导体材料的电阻温度系数(铜为 0.004 1/℃)。

二、安全型继电器测试

1. 无极继电器、无极加强接点继电器和无极缓放继电器测试

(1)电气特性测试

继电器电气特性测试程序如图 5-2 所示,测试电路如图 5-3 所示。

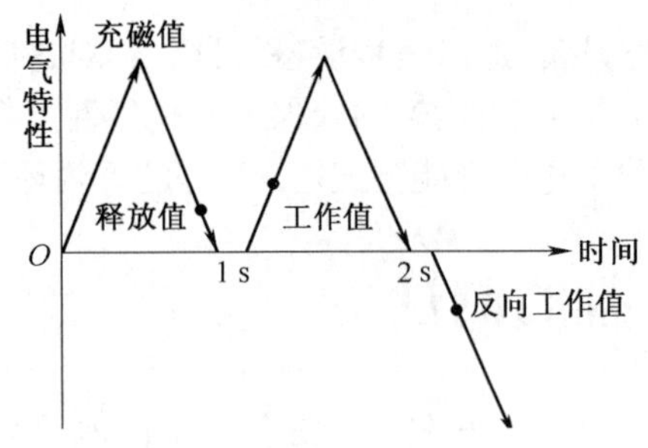

图 5-2 继电器电气特性测试程序　　图 5-3 继电器电气特性测试电路

①将线圈接入正向电压或电流,逐渐升高至充磁值(为了测试释放值或转极值,预先使磁系统磁化,向继电器通以几倍的工作值或转极值,如 JWXC-1700 型,其工作值不大于 16.8 V,充磁值为 67 V)。逐渐降低至全部前接点断开时的最大电压或电流值即为释放值。如 JWXC-1700 型继电器的释放值不小于 3.4 V。

②继续将线圈电压或电流降至零,断开电路 1 s,然后正向闭合电路,从零逐渐升高线圈电压或电流至衔铁止片(钉)与铁芯(极靴)接触及全部前接点闭合,并满足规定接点压力时的最小电压或电流值即为工作值。如 JWXC-1700 型继电器的工作值不大于 16.8 V。

③逐渐升高线圈正向电压或电流至充磁值,然后将线圈电压或电流降至零,断开电路 1 s,再将反向电压或电流接入线圈,并将其逐渐升高,至衔铁止片(钉)与铁芯(极靴)接触及全部前接点闭合,并满足规定接点压力时的最小电压或电流值即为反向工作值。如 JWXC-1700 型继电器的反向工作值不大于 18.4 V。

(2)时间特性测试

缓放时间测试电路如图 5-4(a)所示。调整输入电压至该继电器的额定工作值,然后断开电路,至前接点断开,所计时间即为缓放时间。如 JWXC-H340 型继电器的缓放时间,

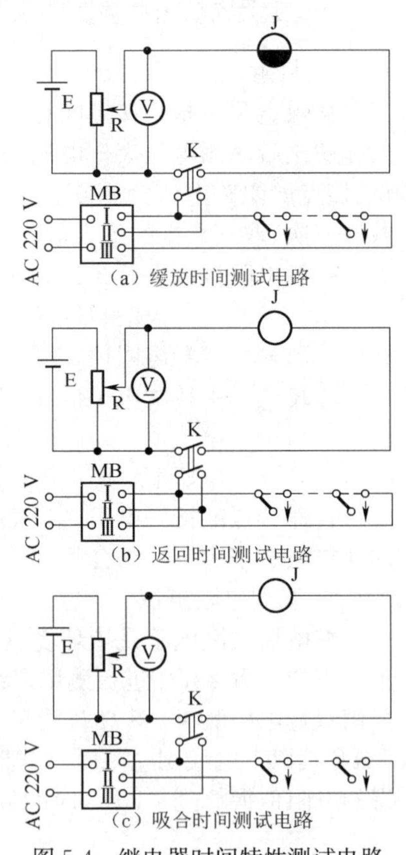

图 5-4 继电器时间特性测试电路

电源电压 18 V 时不小于 0.45 s;24 V 时不小于 0.5 s。返回时间测试电路如图 5-4(b)所示。调整输入电压至该继电器的额定工作值,然后断开电路,至全部后接点闭合,所计时间即为返回时间。吸合时间测试电路如图 5-4(c)所示。调整输入电压至该继电器的额定工作值,然后断开电路,再闭合电路,至全部前接点闭合,所计时间即为吸合时间。

(3)JWJXC-H125/0.44、JWJXC-H125/0.13 型无极加强接点缓放继电器测试

分圈使用继电器测试电路如图 5-5 所示。继电器前圈和后圈的释放值、工作值和反向工作值的测试方法同无极继电器。

逐渐升高前圈电压,至该继电器的额定电压值,然后断开电路,至前接点断开的时间即为前圈的缓放时间。这两种继电器在工作电压为 18 V 时缓放时间不小于 0.35 s;24 V时 JWJXC-H125/0.44 型时不小于 0.45 s;JWJXC-H125/0.13 型不小于 0.4 s。

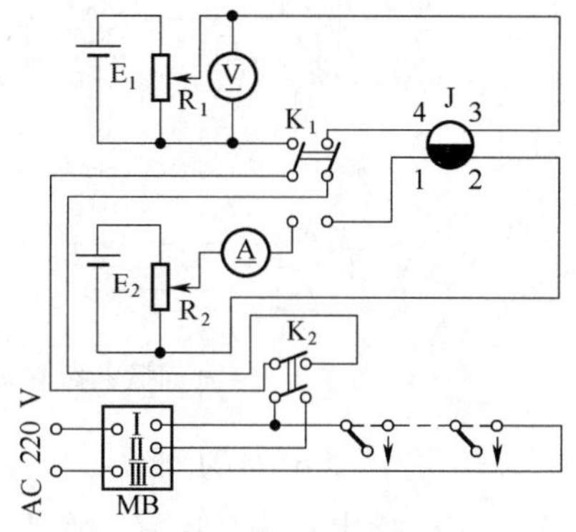

图 5-5　分圈使用继电器测试电路

将继电器后圈接入规定方向的电流,逐渐升高电流至规定值,然后逐渐降低至测试缓放时间的电流值时,断开电路至前接点断开的时间即为后圈的缓放时间。JWJXC-H125/0.44 型继电器后圈电流由 5 A 降至 1.5 A 时,缓放时间 0.3 s;JWJXC-H125/0.13 型继电器后圈电流由 4 A 降至 1.5 A 时,缓放时间不小于 0.3 s。

(4)JWXC-H310 型缓动继电器测试

①工作值、释放值、缓放时间测试

JWXC-H310 型继电器测试电路如图 5-6 所示。测试方法:闭合 K,逐渐升高电压至充磁值,然后逐渐降低至全部前接点断开时的最大电压值即为释放值。继续将电压降至零,断开电路 1 s 以上,然后再升高电压至衔铁止片与铁芯接触及全部前接点闭合,并满足规定接点压力时的最小电压值即为工作值。将线圈电压调到规定值,然后打开 K 至前接点断开的时间即为缓放时间。

②缓吸时间测试

JWXC-H310 型继电器缓吸时间测试电路如图 5-7 所示。将继电器线圈电压调至规定值,然后断开 K,在闭合 K 至全部前接点闭合的时间即为缓吸时间。

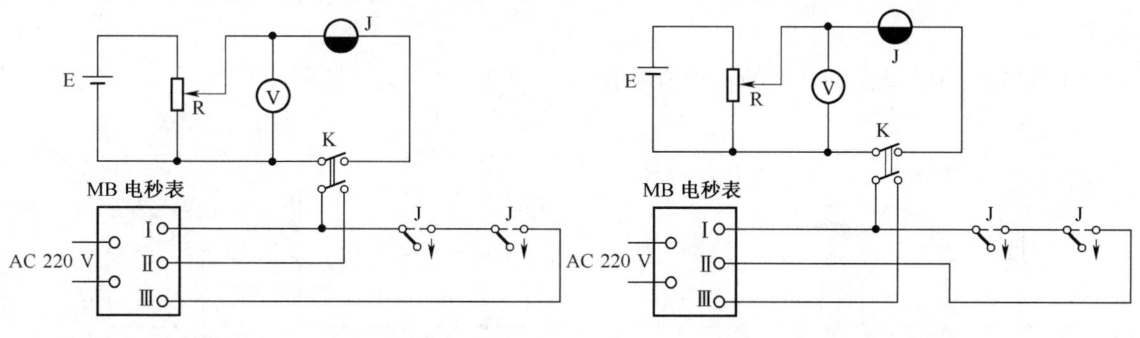

图 5-6　JWXC-H310 型继电器工作值、释放值、缓放时间的测试电路

图 5-7　JWXC-H310 型继电器缓吸时间的测试

2. 整流式继电器测试

整流式继电器测试电路如图 5-8 所示。释放值、工作值的测试方法同无极继电器。

将线圈接入该继电器的额定电流值,然后断开电路,至前接点断开的时间即为缓放时间。如 JZXC-H18 型继电器在 AC 100 mA 电流时,缓放时间不小于 0.15 s。

整流式继电器缓吸时间测试电路如图 5-9 所示。将线圈接入该继电器的额定值,然后断开电路,再闭合电路,至全部前接点闭合的时间即为缓吸时间。

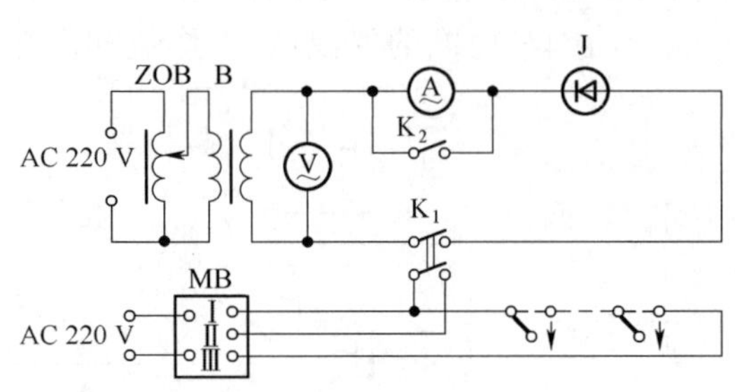

图 5-8　整流式继电器测试电路

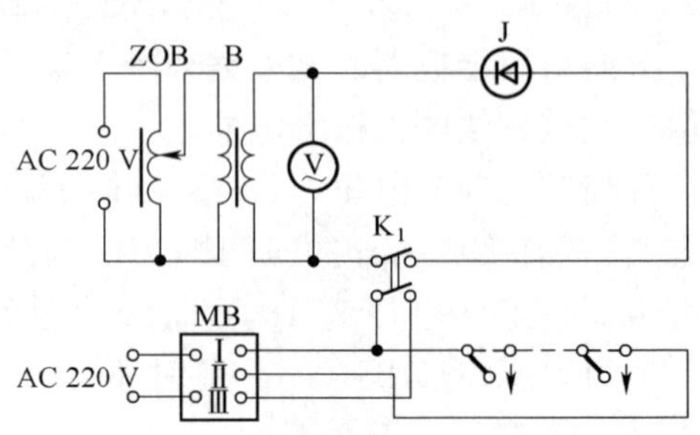

图 5-9　整流式继电器缓吸时间测试电路

3. 有极继电器的测试

有极继电器测试电路如图 5-10 所示。将线圈接入反向电压或电流,逐渐升高至充磁值,然后逐渐降低至零,断开电路 1 s,再将正向电压或电流接入线圈,并逐渐升高至衔铁转极,全部定位接点闭合,并满足规定接点压力时的最小电压或电流值即为正向转极值。

将线圈接入正向电压或电流,逐渐升高至充磁值,然后逐渐降低至零,断开电路 1 s,再将反向电压或电流接入线圈,并逐渐升高至衔铁转极,所有反位接点闭合,并满足规定接点压力时的最小电压或电流值即为反向转极值。

JYXC-660 型继电器的转极值为 10～15 V;JYXC-270 型继电器的转极值为 20～32 mA。

分圈使用的有极加强接点继电器的测试电路如图 5-11 所示。将后圈接入反向电压,逐渐升高至充磁值,然后逐渐降低至零,断开电路 1 s,再将前圈接入正向电压,并逐渐升高至衔铁转极,全部定位接点闭合,并满足规定接点压力时的最小电压值即为正向转极值。将电压继续升高到充磁值,然后逐渐降低至零,断开电路 1 s,再将后圈接入反向电压,并逐渐升高至衔铁转极及全部反位接点闭合,并满足规定接点压力时的最小电压值即为反向转极值。

JYJXC-160/260 型继电器的转极值应为 10～16 V。

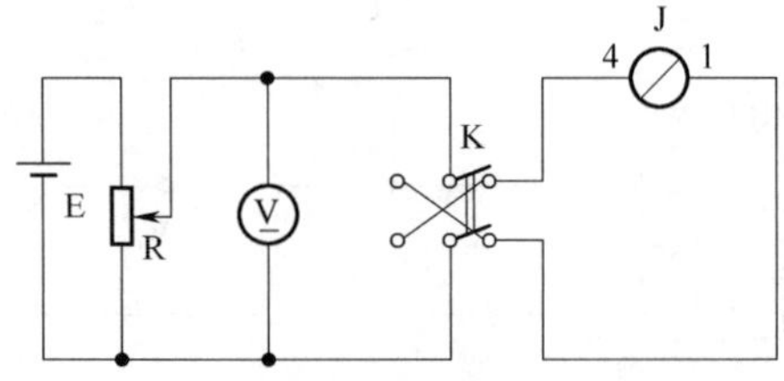

图 5-10　有极继电器的测试电路

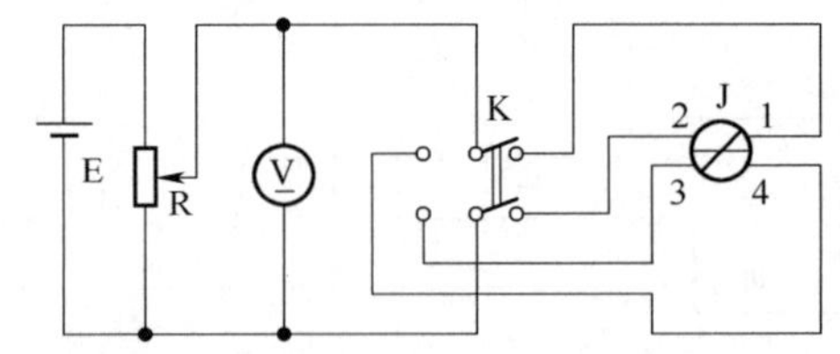

图 5-11　分圈使用极性保持继电器测试电路图

4. 偏极继电器的测试

偏极继电器测试电路如图 5-12 所示。将线圈通以正向电源,工作值、释放值的测试方法同无极继电器。JPXC-1000 型工作值不大于 16 V，释放值不小于 4 V。将线圈反向通电，逐渐升高线圈电压至 200 V，此时继电器应不动作。

三、JSBXC-850 型时间继电器测试

JSBXC -850 型时间继电器的释放值、工作值的测试方法同无极继电器。时间继电器测试电路如图 5-13 所示。将电压调整到继电器的额定值，分别连接不同缓吸时间的端子，闭合测试电路，MB 的指示值即为继电器的缓吸时间。当连续测试时，测试间隔时间应在 120 s 以上。JSBXC-850 型的缓吸时间：51-52 应为(180±27) s；51-61 应为(30±45) s；51-63 应为(13±1.95) s；51-83 应为(3±0.5) s。

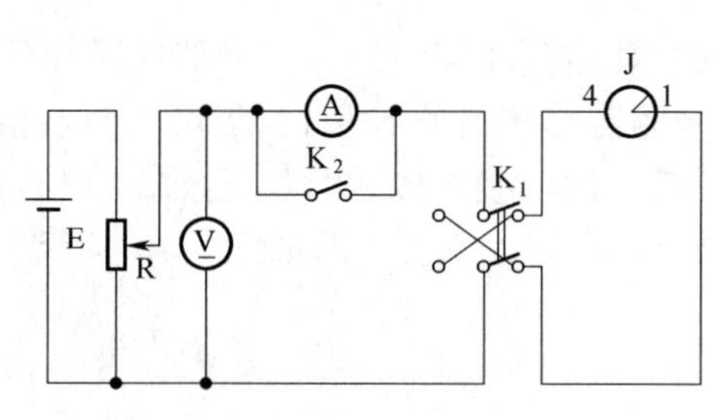

图 5-12　偏极继电器测试电路

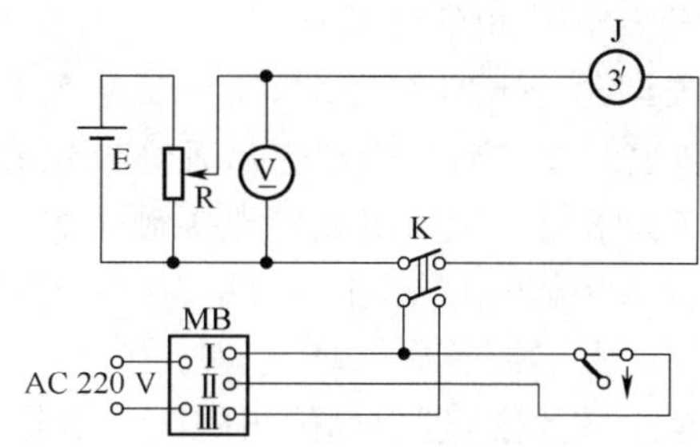

图 5-13　时间继电器测试电路

四、交流二元继电器测试

交流二元继电器的测试电路如图 5-14 所示。

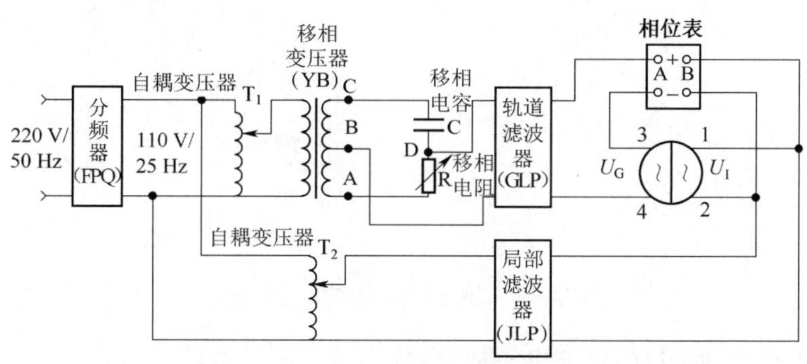

图 5-14　交流二元继电器的测试电路

1. 对测试电路的要求

(1)供给局部线圈和轨道线圈的 25 Hz 电源，其失真度应不大于 5%。因为 25 Hz 分频器的输出波形为非正弦波，并且不同的分频器可能有不同的输出波形，对于整流式或磁电式仪表因取其平均值，对不同波形响应有不同读数；电磁式仪表或电动式仪表系取有效值，虽可读出准确数值，但其内阻较小，不适用于交流二元继电器的小功率电压测量。为了测得准确的数据，在轨道线圈和局部线圈的前面分别接入滤波器，使谐波基本上不加在局部线圈和轨道线圈上。当电源失真度在 5%以下时，则基本为正弦波，不同电表均可得基本相同读数。同时CX-2型相位测试仪，在采用阻容移相器后，为使波形“过 0”干净，也要求在前面接入滤波器，因此测试电源必须对失真度有明确要求。考虑到滤波器设计方便，采用两个滤波器分别用于局部电源和轨道电源。

(2)移相变压器的容量应比负载(轨道线圈)所消耗的功率大得多,这样在移相时,就会使交流二元继电器端电压变化较小。若移相电容的容量小,则在移相时,交流二元继电器的端电压变化就较大。若电容值过大,虽交流二元继电器端电压变化小,但需兼顾变压器容量和移相电阻的额定功率。

(3)接入电路的 50 Hz 自耦变压器,因用于 25 Hz 电源时其感抗值约减小一半,在相同数值的电压下,25 Hz 较 50 Hz 电流将大大增加,所以其输入 25 Hz 电压值应为 50 Hz 额定电压值的一半。

(4)电路连接时设备间应注意同名端相连,否则相位表所测得的角度不能反映真实的理想角。

2. 理想相位角的测试

当失调角为$+\beta$或$-\beta$时,交流二元继电器的翼板能得到相同转矩。当局部线圈加额定电压U_J,轨道线圈加略高于理想角时的吸起电压,改变阻容移相器的R值,翼板可得两点相同转矩($+\beta$或$-\beta$时),以一组前接点接触两次。如测得第一次前接点接触时U_J超前$U_G(I_G)\phi_1$,第二次前接点接触时U_J超前$U_G(I_G)\phi_2$,则粗略的理想角$\phi'=(\phi_1+\phi_2)/2$,如图 5-15 所示。根据两次测得的U_G,调整后得真正理想角。

根据上述要求,理想相位角的测试步骤如下:

(1)按图 5-14 要求组成测试电路。接通分频器 50 Hz 输入电源,并确认已起振,其输出电压应在指标规定的范围内。

(2)对滤波器的输出波形应经失真度测试仪检查,其失真度应不大于 5%。

(3)调整U电压至 110 V,U_G调整到 12~16 V,并在整个过程中不再改变。

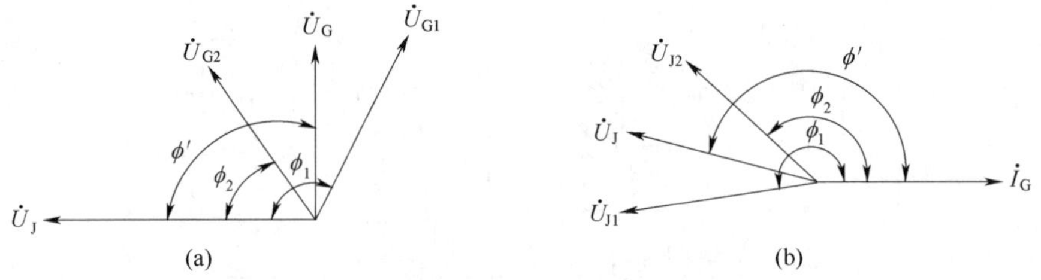

图 5-15 理想相位角的确定方法

(4)将 R 向一个方向滑动,使继电器前接点断开(可用灯泡监视)。

(5)将 R 向反方向滑动,使继电器前接点开始接触,记下此时的相位角ϕ_1和U_G电压。

(6)继续延上述方向滑动 R,使继电器再次断开前接点,并继续滑动使之断开更大。

(7)又将 R 向反方向滑动,使继电器前接点重新接触,记下此时的相位角ϕ_2和U_G电压值U_{G2},可求得继电器粗略的理想角,再根据U_{G1}和U_{G2}的数值,将增加或减少 2°~3°,即得真正理想相位角ϕ,最后调整 R,使相位计指示角度为ϕ。此时继电器得理想相位角,测试完毕,再测试其他电气特性时,R 不得再次滑动。

3. 工作值和释放值的测试

交流二元继电器的工作值和释放值的测试,均应在理想相位角和局部线圈在额定电压值(110 V)的条件下进行。工作值为上滚轮和翼板的辅助夹开始接触时的电压,释放值为全部前接点断开时的电压,其测试电路仍为图 5-14。

（1）工作值的测量

保持局部线圈电压为额定值和在理想相位角的状态，然后使轨道线圈电压由零逐渐增加，当翼板的辅助夹开始接触上滚轮时，读取此时的电压值即为工作值。

（2）释放值的测量

交流二元继电器吸起后，再继续增加轨道线圈电压至 20 V，然后逐渐降低轨道线圈电压，当交流二元继电器全部前接点断开时（可用接点表示灯监视），读取此时的电压值即为释放值。

（3）额定电流值的测量

局部线圈电压为额定值和轨道线圈电压为工作值时，断开局部线圈和轨道线圈电路，将电流表接入，则可分别测得局部线圈额定电流和轨道线圈额定电流。

4. 磁路平衡度测试

交流二元继电器磁路平衡度的测试，主要考虑由于磁路不对称，使局部线圈所产生的磁通在轨道线圈中不能完全抵消，而在轨道线圈中产生感应电动势，如图 5-16 所示。根据楞次定律，这个感应电势滞后局部线圈磁通 90°，在并联防护盒后，正好符合理想相位角的要求，故能使翼板产生转矩。

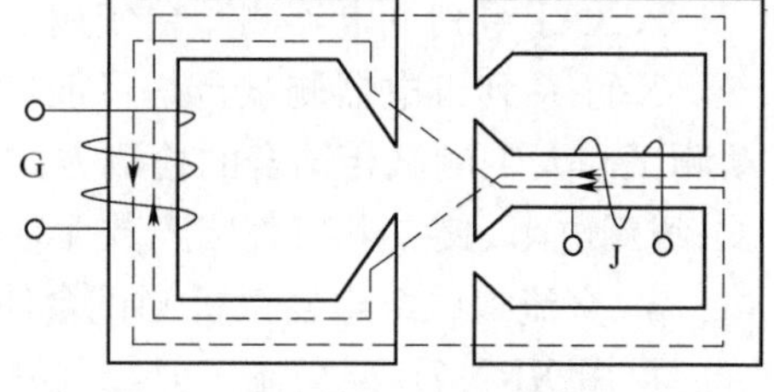

图 5-16　交流二元继电器磁路示意图

由于不同的交流二元继电器有不同的磁路不对称情况，因而局部磁通在轨道线圈中抵消后剩余磁通的方向不同，所以该感应电动势将使翼板产生向上或向下的转矩。若转矩使翼板向上，当轨道电路被列车分路时，轨道线圈的两端，除了分路后的残压外，还加上因磁路不平衡由局部电压感生的电动势，影响轨道电路可靠分路。若转矩使翼板向下，将影响轨道电路调整状态的工作，所以应对交流二元继电器的磁路平衡进行检查，以保证轨道电路安全可靠地工作。

为了便于测得轨道线圈上的电压，局部线圈由 50 Hz/220 V 供电，在轨道线圈上并联 5 μF电容器，在电容器两端的电压值应不大于 5 V。磁路平衡度测试电路如图 5-17 所示。

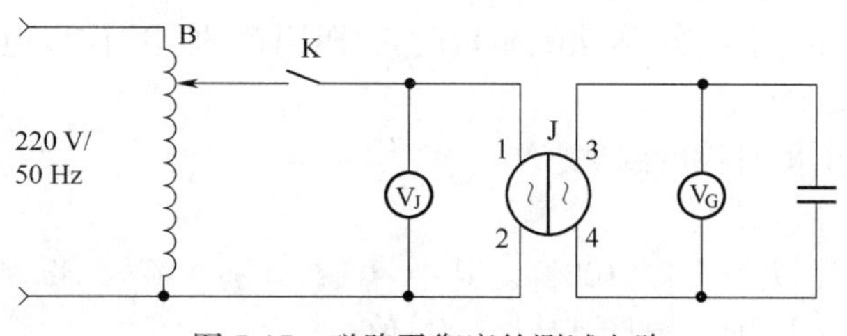

图 5-17　磁路平衡度的测试电路

五、灯丝转换继电器的测试

灯丝转换继电器的测试电路如图 5-18 所示。从零逐渐升高线圈电流，至衔铁与铁芯接触及全部前接点闭合，并满足规定接点压力时的最小电流值即为工作值。如 JZSJC 型继电器工作值不大于 1.5 A。

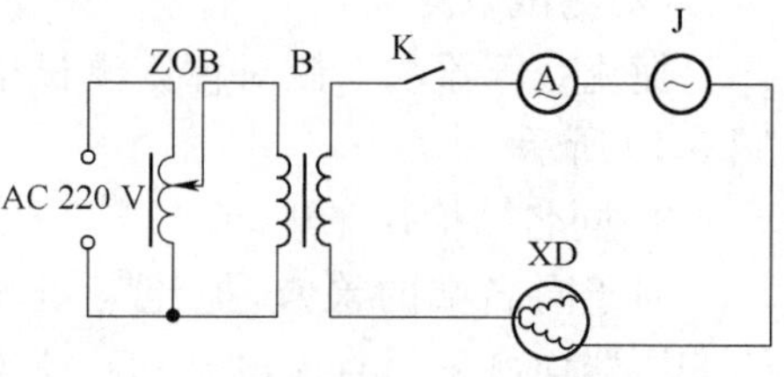

图 5-18　灯丝转换继电器的测试电路

逐渐降低线圈电流至全部前接点断开时的最大电流值即为释放值。如 JZSJC 型继电器释放值不小于 0.35 A。

六、继电器综合测试台的使用

1. 继电器综合测试台简介

目前,采用微机控制的继电器测试台,由打印机打印出各项测试数据,一次可测同型号的多台继电器,测试及打印时间仅 2 min,测试精度达优质产品要求,还能准确测量人工测试不易发现的问题。这种测量操作简单,使用方便,可大幅度提高工作效率,克服人工测试精神紧张及人为因素(疏忽、看错等)造成的检测误差,大大减轻了劳动强度,取得了良好的使用效果。

2. XAJ 系列继电器测试台使用

XAJ 系列继电器测试台是目前广泛采用的一种新型继电器测试台。它采用微机控制自动测试和人工测试相结合的检测方式,具有存储、通信等功能:全部采用高精度数字式仪表测试;线圈电阻、接点电阻直接读数无须换算;测试调试一体设计,方便测试及检修。

3. 交流二位继电器微机测试台使用

可用 XRF-7B 型交流二元二位继电器微机测试台测试交流二元继电器和微电子相敏轨道电路接收器的各项参数。

第二节　25 Hz 相敏轨道电路器材测试

一、扼流变压器测试

1. 测试要求

(1)进行各项测试前,应首先检查如下内容:

①25 Hz 输入电源的失真度≤5%。

②输入信号频率:(50±1) Hz;(25±0.5) Hz。

(2)仪表使用除特殊注明外,均采用 FLUKE-87 型数字真有效值表。

(3)取样电阻的选取。用三电压法测阻抗时,电阻阻值的选取应以电阻上的电压降近似等于被测阻抗的电压降为原则。

2. 扼流变压器牵引侧对称度测试

(1)对称度(K)

定义 $K=|I_1-I_2|/|I_1+I_2|\times100\%$。其中,$I_1$、$I_2$分别为流入 BE 牵引侧的电流值,电流传感器测出的 I_z和 I_o分别为$|I_1+I_2|$和$|I_1-I_2|$值。

(2)测试电路

扼流变压器牵引侧对称度测试电路如图 5-19 所示。

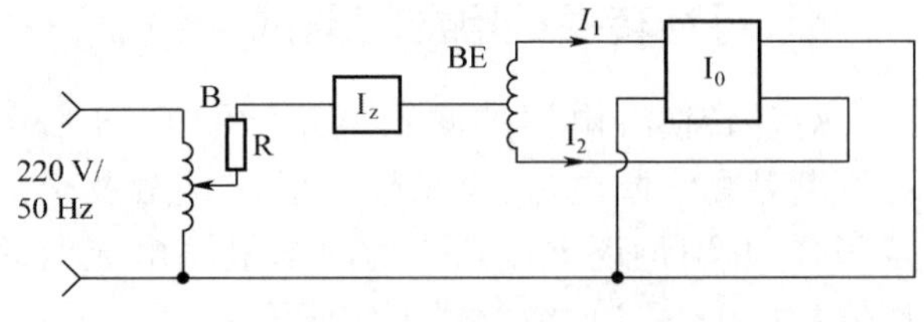

图 5-19　扼流变压器牵引侧对称度测试

3. 同名端检查

对于同名端的检查,扼流变压器和轨道变压器均可采用直流电源和直流电压表法,其检查电路如图 5-20 所示。

测试步骤如下:

(1)闭合 K 的瞬间,电压表指针向正方向偏转。

(2)K 闭合,指针稳定。

(3)断开 K 的瞬间,电压表指针向反方向偏转。

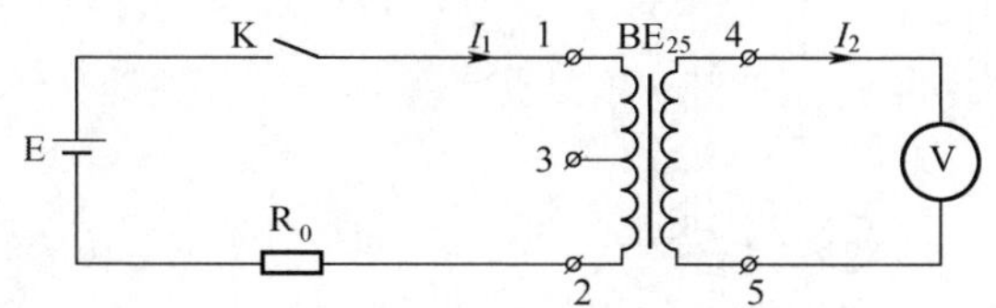

R_0—2.2 Ω;E—1.5 V(一号电池);Ⓥ—指针式万用表直流电压挡。

图 5-20　变压器同名端的检查电路图

由此,可确定出 1、4 或 2、5 分别为同名端。同名端的检查也可以采用相位测试仪法,不过测试时不像前者那样简单易行。

4. 牵引线圈阻抗值的测试

牵引线圈阻抗值的测试应在信号线圈开路的情况下进行。由于 25 Hz 分频器的输出波形为非正弦波,有较多的高次谐波。不同的分频器有不同的波形失真度,失真度不同测得的阻抗值可能不同,在分频器的制作上也无法保证失真度在某些定值范围内。为去除测试中的假象,应在基本为正弦波的条件下测试,以求得比较准确的阻抗值,故测试所用的 25 Hz 电源,应经过滤波器,保证其波形失真度不大于 5%。

(1)线圈未经 50 Hz 磁化时阻抗值的测试

未经 50 Hz 磁化时扼流变压器阻抗值的测试电路如图 5-21 所示。

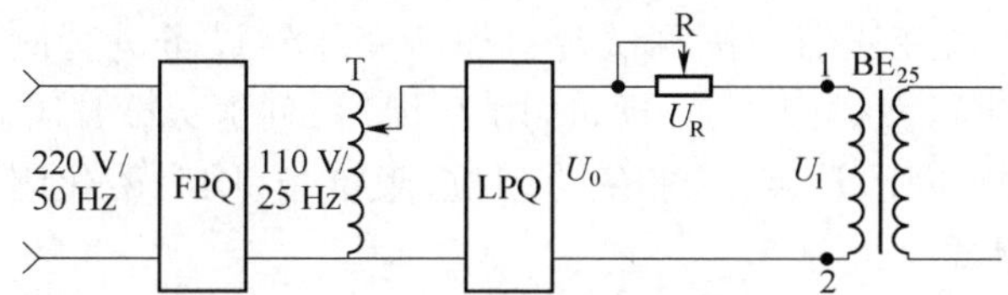

BE_{25}—被测扼流变压器;R—无感电阻器,2 Ω/10 A;LPQ—滤波器;T—调压器;FPQ—分频器,产生 25 Hz 测试电源;U_0、U_R、U_1—使用同一块表的同一挡测得的电压值。

图 5-21　未经 50 Hz 磁化时扼流变压器阻抗值的测试电路图

测试步骤如下:

①调节 T 值,使得 $U_1 \approx 0.4$ V 时,测 U_0、U_R。

②计算:

$$|Z_{测}| = (U_1/U_R) \times R$$

$$\theta_Z = \arccos[(U_0{}^2 - U_1{}^2 - U_R{}^2)/(2U_1 \cdot U_R)]$$

③重复以上步骤,多次测试,求 $Z_{测}$、θ_Z 的平均值。

④调节 T 值,使得 $U_1 \approx 2.5$ V 时,重复以上步骤。

(2)牵引线圈经 50 Hz 磁化后的阻抗值测试

经 50 Hz 磁化后扼流变压器阻抗值的测试电路如图 5-22 所示。

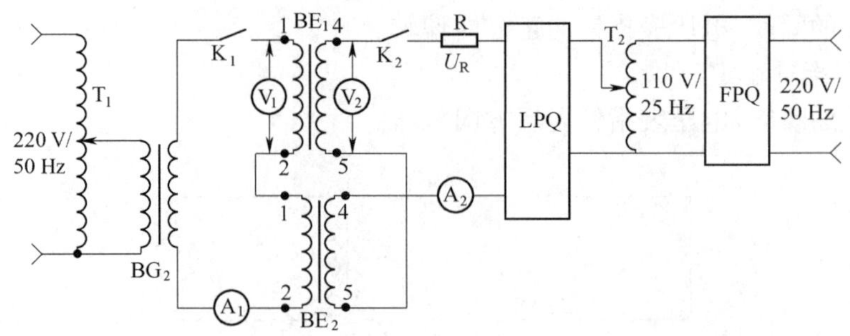

BE_1—被测扼流变压器;BE_2—基准扼流变压器;R—无感电阻器,2.2 Ω/10 A。

图 5-22 经 50 Hz 磁化时扼流变压器阻抗值的测试电路图

测试时为了达到等效于信号线圈开路的目的,除一台被测扼流变压器外,另设一台辅助扼流变压器,其信号线圈反向串联后接于 25 Hz 电源。当 50 Hz 电源接通牵引线圈后,分别在信号线圈上感应出电压,但因两线圈反串,所以信号线圈中电流为零,这样连接后等效于信号线圈开路。

测试步骤如下:

①用失真度测试仪测试滤波器输出波形失真度不大于 5%。

②打开 K_2、接通 K_1,调整 T_1 值使 V_1读数为 15 V。断开 K_1、接通 K_2,使 V_2读数为 7.5 V(因变比 $n=3$,相当于牵引线圈电压为 2.5 V),再接通 K_1,记录 A_2的电流值。

③计算同时磁化的阻抗值:将电流值 I_2、变比 $n=3$、$U_2=7.5$ V 代入公式 $Z=U_2/I_2n^2$,即得所求阻抗值。

5. 运用扼流变压器微机测试台进行测试

可用 XEB-2A 型扼流变压器微机测试台对扼流变压器设备进行测试。该测试台操作简便灵活,能对测试数据进行微机记录、管理,适用于 BE 系列扼流变压器的 50 Hz、25 Hz 电气特性测试,测试内容包括匝比、同名端、非磁化阻抗、阻抗角、同时磁化阻抗、开路电压、不平衡度、空载阻抗、适配器测试。

二、防护盒测试

1. 电感线性度测试

HF-25 型防护盒电感线性度测试电路如图 5-23 所示。

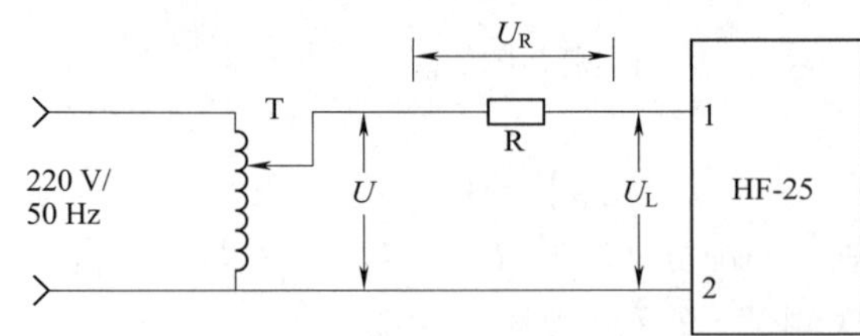

图 5-23 HF-25 型防护盒电感线性度测试电路

测试步骤如下:

①调节 T 值,使 U 为 130～180 V。

②测 U_R值。

2. 品质因数测试

HF-25 型防护盒品质因数测试电路如图 5-24 所示。

测试步骤如下：

①断开 LC 支路，用电容表测量 C 值。

②调节 T 值，使 $U=10$ V。

③测 U_R、U_L 及 U_C 值，并求得 $|U_C-U_L|$ 值，应保证 $|U_C-U_L|\leqslant 3$ V。

④计算 $R_{LC}=(U/U_R)\times 0.5$；$Q=U_L/10$。

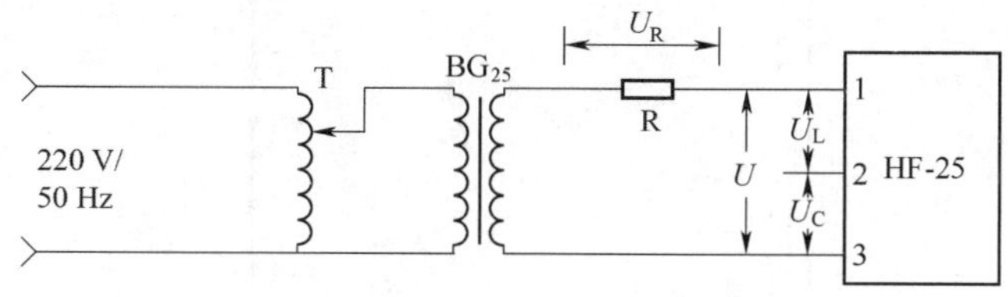

图 5-24 HF-25 型防护盒品质因数测试电路

3. 运用防护盒/滤波器微机测试台进行测试

用 XFL-2 型防护盒/滤波器微机测试台来测试防护盒、滤波器及防雷补偿器。测试台配套计算机一台、17 英寸液晶显示器一台、测试线 13 根。

第三节 高压脉冲轨道电路器材测试

采用 XGM・W-2 型高压脉冲器材综合微机测试台对高压脉冲轨道电路器材进行测试。

该测试台应用工控及电子技术，是基于嵌入式 IPC 的集中测控中心，集成了 SOFT-PLC、智能判断技术、数据库技术，采用现场总线技术 MODBUS 进行数据通信，与上位机测试系统进行交互，采用以单片机为核心的 MODBUS 模块，集状态采集、逻辑控制、数据通信为一体。PLC 及触摸屏在测试过程中动态监控及流程控制。可对高压脉冲器材设备——高压脉冲发码器、高压脉冲发码盒、高压脉冲变压器、高压脉冲隔离盒、高压脉冲隔离匹配盒、高压脉冲译码器、高压脉冲抑制器、二元差动继电器电气特性进行测试。

第四节 自动闭塞器材测试

目前，我国铁路以 ZPW-2000 系列自动闭塞为统一制式发展，多采用 ZPW-2000A 型自动闭塞。本节以 ZPW-2000A 型自动闭塞为例，介绍自动闭塞器材的测试。

一、发送器的测试

发送器的测试接线如图 5-25 所示。

(1)通过连接线端子，选择所需载频。

(2)开启直流稳压电源，经过 5 s 的延迟，发送工作表示灯亮，FBJ 励磁，表示发送器工作正常。

(3)在信号输出端 S_1、S_2 测量输出电平、载频频率及低频频率。在发送报警继电器 FBJ 两端测量继电器两侧电压。

(4)测量各引线端子与金属外壳导电部分绝缘电阻,应大于或等于 25 MΩ。

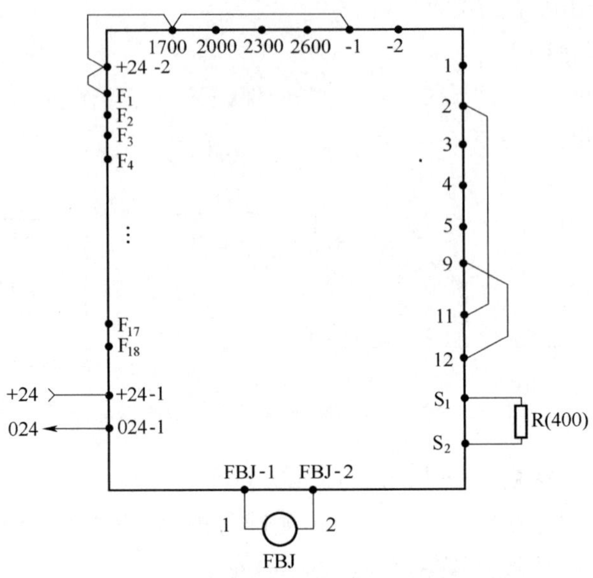

图 5-25 发送器的测试接线图

二、接收器的测试

接收器双机热备使用,测试时只需对单机分别进行测试,即可检验设备的技术性能。测试选择一个独立的信号发生器作为信号输入源,通常选用 HP8904A 型,产生移频信号。测试分为两部分:①主轨道部分测试,小轨道输入 XGJ、XGJH 给定−24 V 电源;②小轨道部分测试,直接对小轨道输出 XG、XGH 进行测试。

1. 测试接线

接收器测试接线如图 5-26 所示。对主轨道部分测试时连接图中的实线部分;对小轨道部分测试时连接图中的虚线部分。

2. 测试步骤

(1)通过接线端子,选择所需载频。主轨道载频确定后,小轨道自动形成该方向另一载频频率,但-1 型、-2 型载频选择和正、反向运行选择由 X_1(Z)、X_2(Z)、X_1(B)、X_2(B)端子送24 V 电源进行选择。

(2)开启电源开关,经过约 5 s 的延迟,接收工作表示灯亮,表示接收器工作正常。

(3)接收吸起/落下值测试。由 HP8904A 型频率合成器(或移频信号源)送出与接收器相对应的移频信号,电压幅度从 0 开始逐渐增大,直至相应继电器励磁,此时,测量的电压值为吸起值。继电器吸起后,电压幅度逐渐减小,直至相应继电器失磁,此时,测得的电压值为落下值。

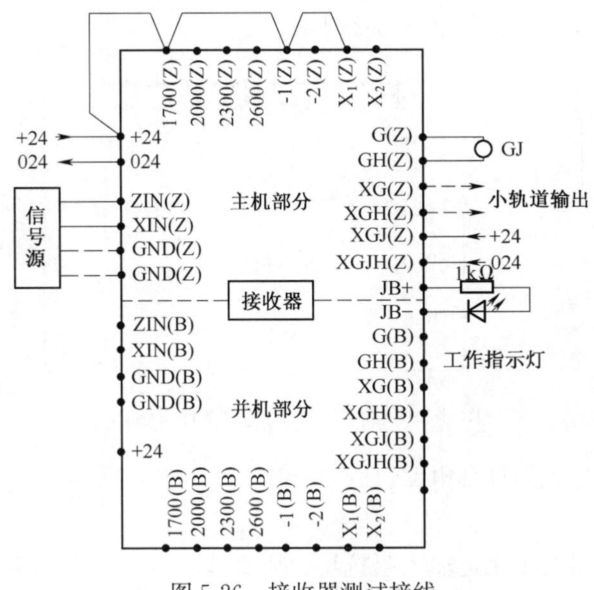

图 5-26　接收器测试接线

(4)调整信号源至接收的正常工作电压(主轨道为 240 mV,小轨道为 100 mV),然后断开信号源,用接通信号源作为电秒表的记录起始条件,用继电器前接点闭合作为结束条件,测得时间为缓吸时间。正常工作条件下,将信号源断开作为电秒表的记录起始条件,用继电器后接点闭合作为结束条件,测得时间为落下延时。

(5)测量各引线端子与金属外壳导电部分绝缘电阻。

3. 测试注意事项

(1)输入信号幅度最大值不得大于 10 V。

(2)电源极性不得反接。

三、衰耗器的测试

1. 测试接线

(1)调整变压器输入阻抗测试接线如图 5-27 所示。

(2)衰耗器小轨道输入阻抗测试接线如图 5-28 所示。

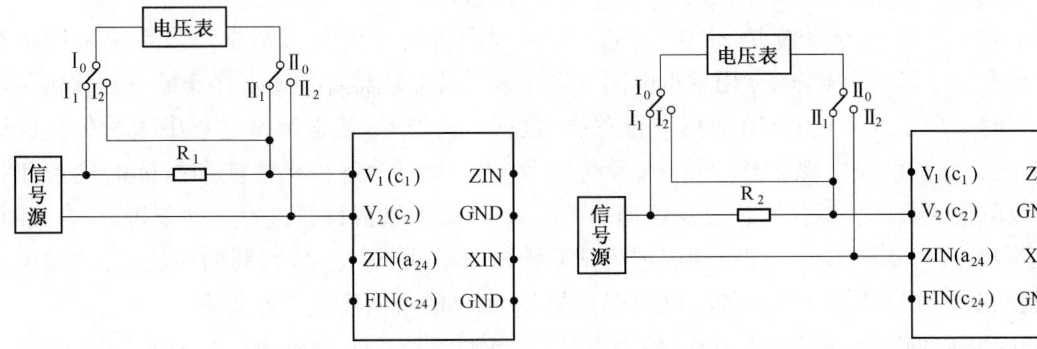

图 5-27　调整变压器输入阻抗测试接线

图 5-28　小轨道输入阻抗测试接线

(3)调整变压器电压测试接线如图 5-29 所示。

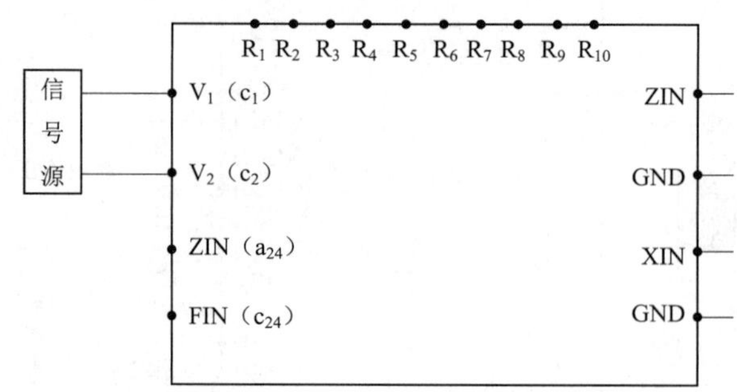

图 5-29　调整变压器电压测试接线

(4)衰耗电阻的测试无须外部电路。

2. 测试步骤

(1)测试调整变压器及小轨道输入阻抗均采用直读法,在 R_1(R_2)两端调整标准电压,测输入端电压,得阻抗值。

(2)调整变压器电压。设置信号源 2 000 Hz,然后将其调整至 580 mV(±1 mV),用电压表测量各个点间的电压值。

(3)测衰耗电阻。用数字万用表测量有关端子间电阻值,应满足指标要求。

(4)测量各引线端子与金属外壳导电部分绝缘电阻,不少于 25 MΩ。

四、电缆模拟网络防雷组合的测试

1. 静态检查

用万用表电阻挡检查测试端子电阻。

2. 动态检查

连接 25-23、26-24、21-19、22-20、17-15、18-16、13-11、14-12、9-7、10-8、5-6,信号发生器输出 2 000 Hz、(10±0.1) V 的正弦信号到 27、28 端子。检查测试端子电压。

五、运用移频设备测试系统进行继电编码的 ZPW-2000A 型移频设备测试

采用 BT-01U/D 型测试系统对 ZPW-2000A 型移频设备进行测试。

BT-01U/D 型测试系统是 ZPW-2000A 型移频设备的专用测试系统。该系统采用多类型、大集合群、计算机程控的专用虚拟电测仪器仪表系统取代传统的手工操作的分立仪器仪表组合,同时采用了计算机 USB(通用串行总线)数据传输技术,使得测试过程中大量的数据流得以畅通。测试系统实现 ZPW-2000A 无绝缘移频室内外设备整机性能和指标的检查和测试,可以取代大量的测试仪表组合及烦琐的手工操作,能对被测设备进行自动分析、综合判断,实现了测试过程从全部人工测量到虚拟测试系统的自动测试、记录、判断的转变,有效避免了人为测试误解或操作不当造成的测试失误,提高了测试的可信度及工作效率。

测试系统的软件包括 ZPW-2000A 室内设备专家测试系统软件、室外设备专家测试系统软件。

测试系统的硬件包括:计算机、测试主台及其测试配件、测试接口条件箱及其测试配件。

六、运用移频设备测试系统进行通信编码的 ZPW-2000A 型移频设备测试

例如，采用 TC2000K 型移频测试台对列控中心编码的 ZPW-2000A 型移频设备进行测试。

TC2000K 型测试台的技术核心之一是采用集多类型数据采集的计算机程控的专用虚拟电测仪器仪表系统，实现列控中心编码的 ZPW-2000A 型移频设备整机性能和指标的检查和测试，可以取代传统的大量的测试仪表组合及烦琐的手工操作，能对被测设备进行自动分析、综合判断，实现了测试过程从全部人工测量到虚拟测试台的自动测试、记录、判断的转变，有效地避免了人为测试误操作或操作不当造成的测试失误，提高了测试的可信度及工作效率。

第五节　电码化器材测试

一、站内发送器测试

站内发送器的测试同区间发送器的测试。

二、室内隔离盒测试

1. NGL-T 型室内隔离盒测试

NGL-T 型室内隔离盒送电端 25 Hz 指标测试电路如图 5-30 所示。将 AT_8、AT_{18}短接，AT_{13}、AT_7短接，AT_5、AT_{15}并接 1 kΩ 负载，当 AT_2、AT_{12}输入(220±2) V 电压，其输出电压：$|U_{5\text{-}15}-U_{2\text{-}12}|\leqslant 1$ V；$|U_{移频}-U_{25\ Hz}|\leqslant 1$ V。

NGL-T 型室内隔离盒受电端 25 Hz 指标测试电路如图 5-31 所示。将 AT_8、AT_{18}短接，AT_{13}、AT_7短接，AT_2、AT_{12}并接 HF_3-25 防护盒，当 AT_5、AT_{15}输入(25±1) V 电压，其输出电压：$|U_{5\text{-}15}-U_{2\text{-}12}|\leqslant 0.5$ V。

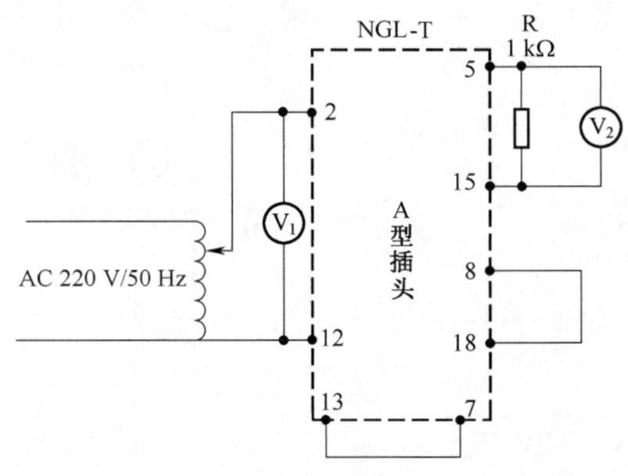

图 5-30　NGL-T 型室内隔离盒送电端 25 Hz 指标测试电路

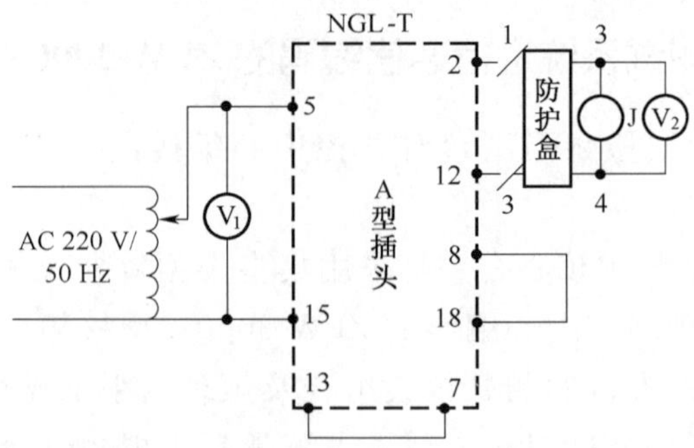

图 5-31　NGL-T 型室内隔离盒受电端 25 Hz 指标测试电路

NGL-T 型室内隔离盒移频指标测试电路如图 5-32 所示。

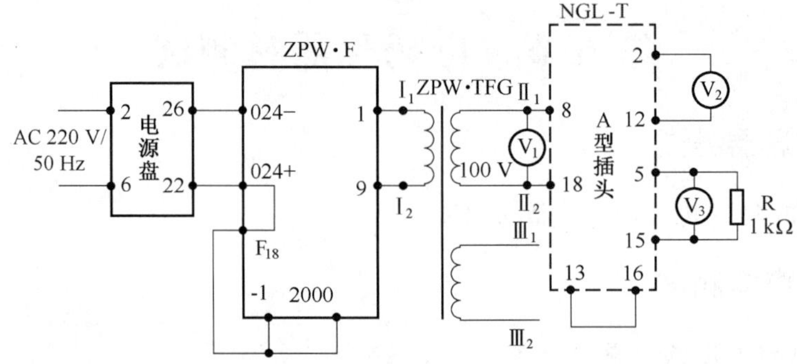

图 5-32　NGL-T 型室内隔离盒移频指标测试电路图

空载(AT_5、AT_{15}不接负载)时,AT_8、AT_{18}输入(100±5) V 电压,f=2 000 Hz 频率,AT_{13}、AT_{16}短接,则$U_{移频}$=(100±2) V、U_2≤2 V、U_3=(U_1±2) V。

负载(AT_5、AT_{15}接 1 kΩ 负载)时,AT_8、AT_{18}输入(100±5) V 电压,f=2 000 Hz 频率,AT_{13}、AT_{16}短接,则$U_{移频}$=(100±2) V、U_2≤2 V、U_3=(U_1±2) V。

2. FNGL-T 型室内隔离盒测试

FNGL-T 型室内隔离盒送电端 50 Hz 指标测试电路如图 5-33 所示。

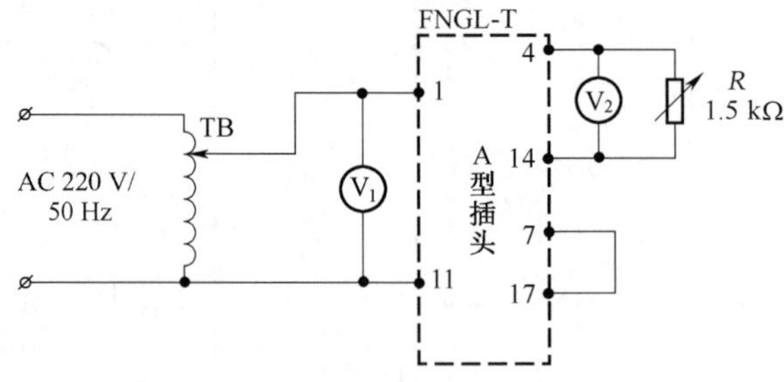

图 5-33　FNGL-T 型室内隔离盒送电端 50 Hz 指标测试电路

将AT_7、AT_{17}短接,AT_4、AT_{14}并接 1 kΩ 负载,当AT_1、AT_{11}输入 220 V、50 Hz 电压,其输出电压:$|U_{1\text{-}11}-U_{4\text{-}14}|\leqslant 5$ V;$|U_{50\ \text{Hz}}-U_{移频}|\leqslant 5$ V。

FNGL-T 型室内隔离盒受电端 50 Hz 指标测试电路如图 5-34 所示。将AT_7、AT_{17}短接,AT_1、

AT_{11}并接继电器，当AT_4、AT_{14}输入(11±1) V、50 Hz电压，其输出电压：$|U_{1\text{-}11}-U_{4\text{-}14}|\leqslant 0.5$ V。

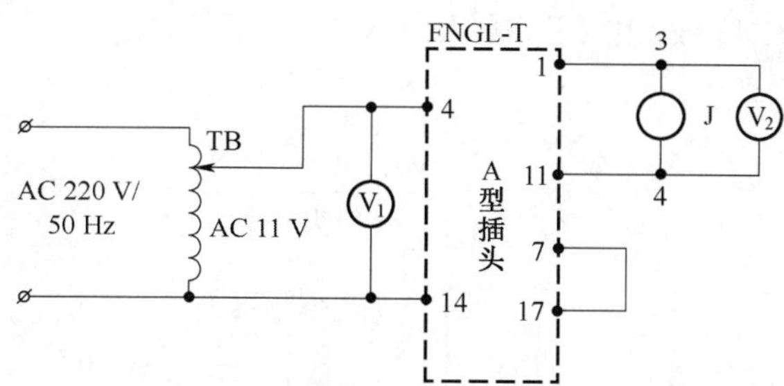

图 5-34　FNGL-T型室内隔离盒受电端50 Hz指标测试电路

FNGL-T型室内隔离盒移频指标测试电路如图5-35所示。

AT_4、AT_{14}接1 kΩ负载，AT_7、AT_{17}输入(100±5) V、f=2 000 Hz，AT_{13}、AT_{16}短接，$U_{\text{移频}}=(U_1\pm 2)$ V、$U_2\leqslant 0.25$ V、$U_3=U_1{}^{+0}_{-2}$ V。

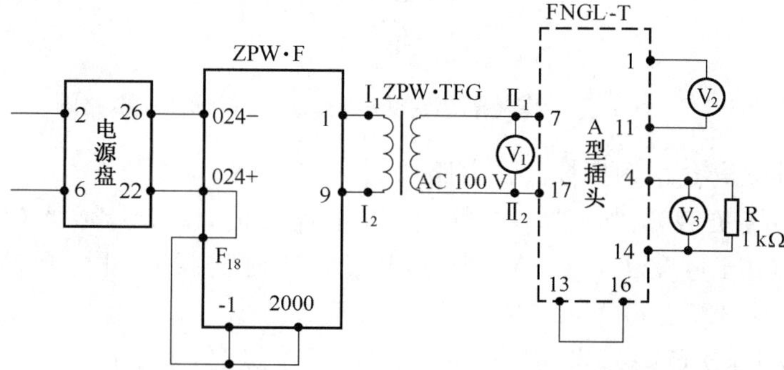

图 5-35　FNGL-T型室内隔离盒移频指标测试电路

三、室外隔离盒测试

1. WGL-T型室外隔离盒测试

WGL-T型室外隔离盒送电端25 Hz指标测试电路如图5-36所示。

端子I_1、I_2输入(220±2) V、25 Hz电压时，$|U_{\mathrm{II}_1\text{-}\mathrm{II}_2}-U_{\mathrm{II}_3\text{-}\mathrm{II}_4}|\leqslant 2.5$ V；$|U_{\mathrm{I}_1\text{-}\mathrm{I}_2}-U_{\mathrm{I}_3\text{-}\mathrm{I}_4}|\leqslant 10$ V。

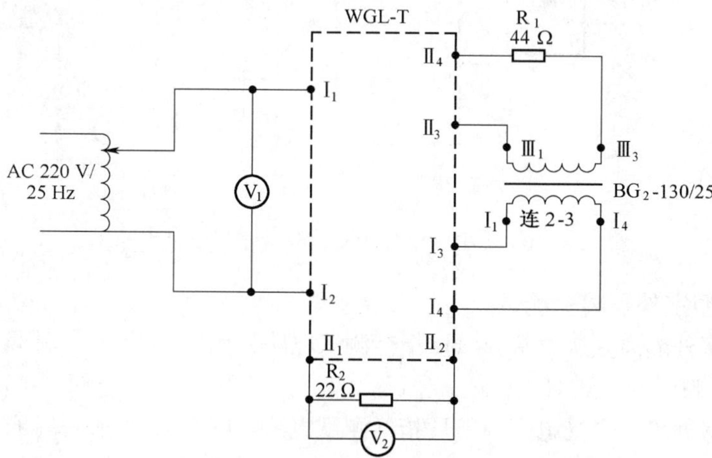

图 5-36　WGL-T型室外隔离盒送电端25 Hz指标测试电路图

WGL-T 型室外隔离盒受电端 25 Hz 指标测试电路如图 5-37 所示。

端子 Ⅰ₁、Ⅰ₂ 接 1 kΩ 负载，Ⅱ₁、Ⅱ₂ 输入 3 V 时，$|U_{Ⅱ_1\text{-}Ⅱ_2}-U_{Ⅱ_3\text{-}Ⅱ_4}|\leqslant 0.2$ V；$|U_{Ⅰ_1\text{-}Ⅰ_2}-U_{Ⅰ_3\text{-}Ⅰ_4}|\leqslant 1$ V。

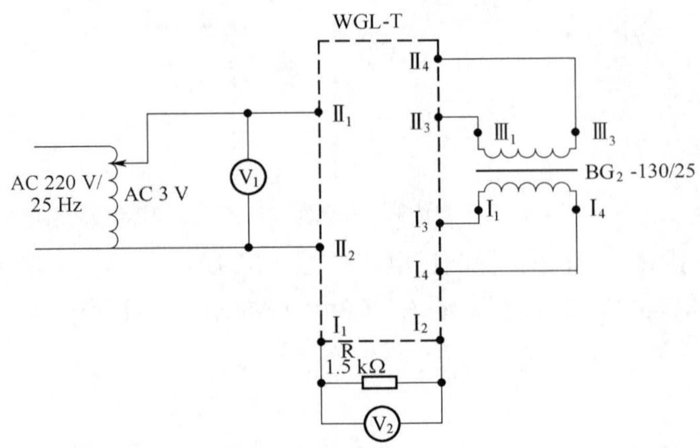

图 5-37 WGL-T 型室外隔离盒受电端 25 Hz 指标测试电路图

WGL-T 型室外隔离盒移频指标测试电路如图 5-38 所示。

空载(Ⅱ₁、Ⅱ₂不接负载)，当与“非电气化”端子连接时，Ⅰ₁、Ⅰ₂ 输入(100±2) V、f=2 000 Hz,$U_{Ⅱ_1\text{-}Ⅱ_2}$=(15±1) V,$I\leqslant$35 mA。当与“电气化”端子连接时，Ⅰ₁、Ⅰ₂输入(100±2) V、f=2 000 Hz,$U_{Ⅱ_1\text{-}Ⅱ_2}$=(25±1) V,$I\leqslant$35 mA。

负载(Ⅱ₁、Ⅱ₂接 1 kΩ 负载)，当与“非电气化”端子连接时，Ⅰ₁、Ⅰ₂ 输入(100±2) V、f=2 000 Hz,$U_{Ⅱ_1\text{-}Ⅱ_2}$=13.5 V。当与“电气化”端子连接时，Ⅰ₁、Ⅰ₂ 输入(100±2) V、f=2 000 Hz,$U_{Ⅱ_1\text{-}Ⅱ_2}$=23 V。

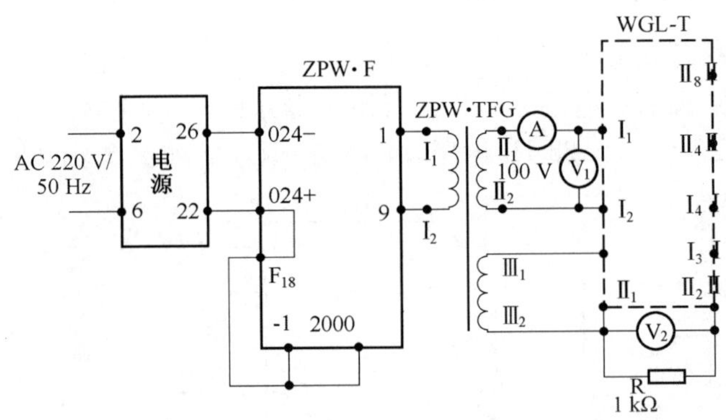

图 5-38 WGL-T 型室外隔离盒移频指标测试电路图

2. FWGL-T 型室外隔离盒测试

FWGL-T 型室外隔离盒送电端 50 Hz 指标测试电路如图 5-39 所示。端子 Ⅱ₁、Ⅱ₂接 0.5 kΩ 负载，Ⅰ₁、Ⅰ₂输入(110±1) V 时，$|U_{Ⅱ_1\text{-}Ⅱ_2}-U_{Ⅱ_3-Ⅱ_4}|\leqslant 10$ V，$|U_{Ⅰ_1\text{-}Ⅰ_2}-U_{Ⅰ_3-Ⅰ_4}|\leqslant 10$ V。

FWGL-T 型室外隔离盒受电端 50 Hz 指标测试电路如图 5-40 所示。端子 Ⅰ₁、Ⅰ₂接1 kΩ负载，Ⅱ₁、Ⅱ₂输入(1.5±0.1) V 时，$|U_{Ⅱ_1\text{-}Ⅱ_2}-U_{Ⅱ_3\text{-}Ⅱ_4}|\leqslant 0.75$ V，$|U_{Ⅰ_1\text{-}Ⅰ_2}-U_{Ⅰ_3-Ⅰ_4}|\leqslant 0.5$ V。

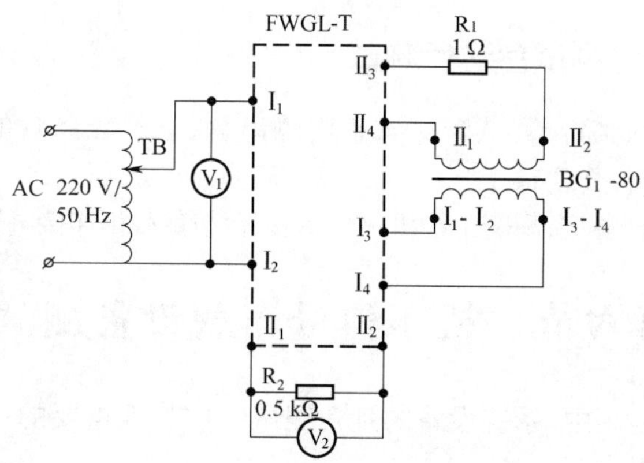

图 5-39　FWGL-T 室外隔离盒送电端 50 Hz 指标测试电路

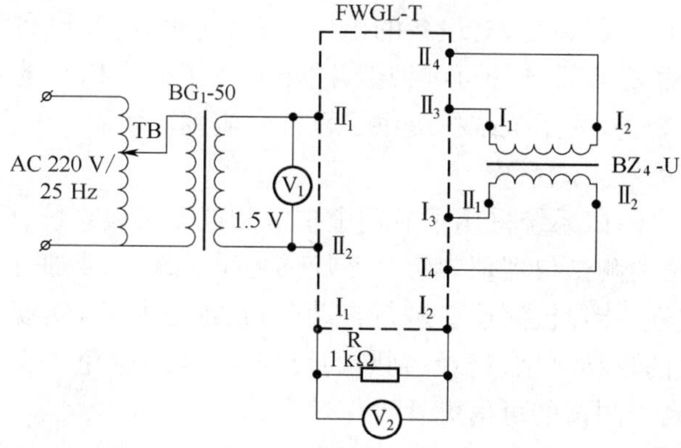

图 5-40　FWGL-T 型室外隔离盒受电端 50 Hz 指标测试电路

FWGL-T 型室外隔离盒移频指标测试电路如图 5-41 所示。Ⅱ$_1$、Ⅱ$_2$不接负载，Ⅰ$_1$、Ⅰ$_2$输入(110±1) V、f=2 000 Hz 时，$U_{Ⅱ_1\text{-}Ⅱ_2}$=(14.3±0.5) V，I≤35 mA。Ⅱ$_1$、Ⅱ$_2$接 1 kΩ 负载，f=2 000 Hz，Ⅰ$_1$、Ⅰ$_2$输入(110±1) V、f=2 000 Hz 时，$U_{Ⅱ_1\text{-}Ⅱ_2}$≥13.5 V。

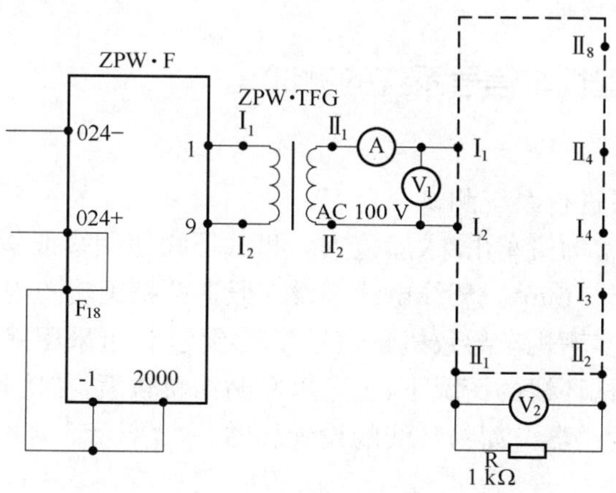

图 5-41　FWGL-T 型室外隔离盒移频指标测试电路

四、运用隔离盒综合测试台进行测试

运用XGL隔离盒智能综合测试台测试室内隔离盒、室外隔离盒的送电端、受电端的25 Hz特性和移频特性(空载、负载)。

XGL隔离盒智能综合测试台配套工控机一台、测试台与负载柜连接电缆一条、测试电缆六条。

第六节　机车信号车载设备测试

在机车信号系统的运用中,系统设备的日常测试维护是很重要的一个环节。机车信号车载系统需要测试的项目很多。

一、机车信号测试系统

随着机车信号设备的日益完备,对设备的出厂检测、使用维护、设备故障后的维修都提出了越来越高的要求。为了提高系统的可维护性,同步开发了机车信号的相关测试系统和检测仪表。这些先进的测试装备,为系统维护提供了良好的应用环境。

1. BT-01系列机车信号测试系统

BT-01系列机车信号测试系统采用了专用虚拟电测仪器仪表系统,因此也被称为"虚拟测试系统"。它取代了大量的测试仪器仪表组合及烦琐的手工操作,保证了设备测试规范可靠的连接和测试指标的完整性,能对被测设备进行自动分析、综合判断,实现了测试过程从全部人工测量到虚拟测试系统的自动测试、记录、判断的转变,有效地避免了人为测试误解或操作不当造成的测试失误,提高了测试的可信度及工作效率。

该装置主机具有液晶显示屏、PC彩膜开关键盘。该检测装置配置的自动测试专家软件系统,通过各级中文菜单人机界面,引导使用者进行测试操作。

2. TX98-3A型机车信号发码器

TX98-3A型机车信号发码器的发码范围覆盖了我国铁路现行的各种自动闭塞制式,并设置了可与机车信号接收线圈外部相接的探头,特别适合装有JT-C系列机车信号系统的机车的现场安装调试、检测维修使用。

二、JT1-CZ2000型机车信号系统的测试

1. 系统测试

(1)利用环线进行可进行系统测试

环线测试常用于日常的机车出/入库检查。测试环线使用多股铜质非铠装或非屏蔽护套电缆,芯线截面积不小于6 mm^2。环线电缆铺设在股道两根钢轨的内侧。当股道环线较长,在同一条股道上同时停放多辆机车导致机车信号接收不良时,可采用铺设"8"字交叉环线。

在没有铺设正规测试环线的情况下,也可以紧贴钢轨轨面,在接收线圈下方临时铺设简易环线,并连接机车信号发码器。简易环线的设置如图5-42所示。环线使用的电缆芯线截面积要求不小于1.0 mm^2。

根据机车信号环线发码器的说明决定是否在环线中串接限流电阻。为了保持简易环线电缆安装稳固,可以使用非金属重物压上固定。简易环线两端垂直于钢轨的部分,应分别在距离

第一轮对 20 cm 范围之内、距离车钩外方50 cm 范围之外设置，并连接机车信号发码器。

(2)利用便携式车载系统检测仪测试

系统测试除利用环线测试方法外，可使用 BT-01T/H・C 型测试系统进行系统闭环自动测试。利用测试系统，可以完成以下项目的测试：

①机车信号译码输出检查。

②机车信号接收灵敏度检查。

③机车信号主机 A、B 套功能检查。

④上/下行开关功能检查。

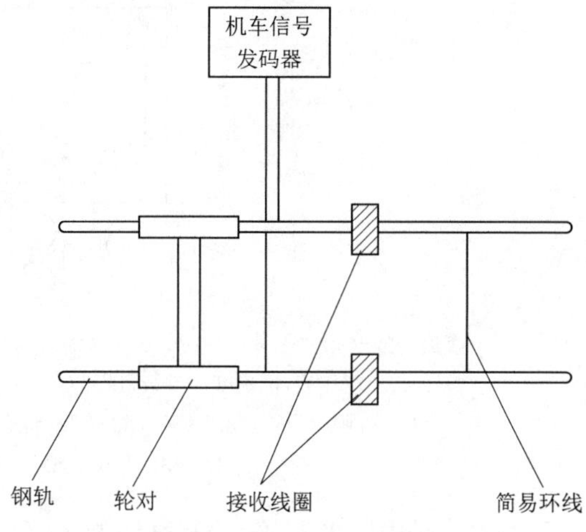

图 5-42 简易环线的设置

2. 机车信号主机测试

机车信号主机设备在使用维护阶段需要对各项性能进行全面的测试。主机测试台是专为 JT1-CZ2000 型机车信号主机测试而设计的自动测试台。测试系统可以模拟车上使用环境，向被测主机提供电源(主路和受控路)、两路接收线圈感应信号、上/下行信号、TAX2 箱发送信号等，还有测试主机的上电时间、接收灵敏度指标、应变时间、主机内双套工作的状态、并口输出信息、串口输出信息、记录板的功能等。

3. 机车信号机测试

选择机车信号机测试后，测试系统主屏的屏面上沿，横向排列出测试系统的各个主项功能菜单：测试记录文件、设备选型、设备常规测试、主台初始化、测试帮助、退出程序。

4. 机车信号接收线圈的测试

选择“接收线圈选择测试”后，测试系统主屏的屏面上沿，横向排列出测试系统的各个主项功能菜单：测试记录文件、设备选型、设备常规测试、主台初始化、测试帮助、退出程序。

5. 绝缘电阻测试

兆欧表设置为直流 500 V，在Ⅰ-ZS、Ⅱ-ZS、X20、X21、LX22、LX23 插头与机箱外壳之间上进行绝缘电阻测试，测试结果应不小于 25 MΩ。

第七节 道口信号设备测试

一、道口无绝缘轨道电路收发器测试

1. 闭路式轨道电路收发器电气特性的测试

DK・SWB 型收发器电气特性测试电路如图 5-43 所示。闭合开关 K 接通电源，将 R 值调整为 6 Ω，轨道继电器 GJ 吸起，此时，从频率计直读工作频率，DK・SWB-14 型应为(14±1.0) kHz；DK・SWB-20 型应为(20±1.0) kHz。直流电流表 A 的指示值为工作电流，应不大于 160 mA。用电压表 V 测量继电器端电压，应为 30～38 V。当 GJ 处于吸起状态时，缓慢减小 R 值，直至 GJ 落下，此时的 R 值即为轨道继电器落下电阻值。再将 R 值调整为 0 Ω，然后缓慢增加 R 值，使 GJ 吸起，此时 R 值即为轨道继电器吸起电阻值，其吸起电阻值应为 1.7～2.7 Ω，落下电阻值不小于吸起电阻的 50%。

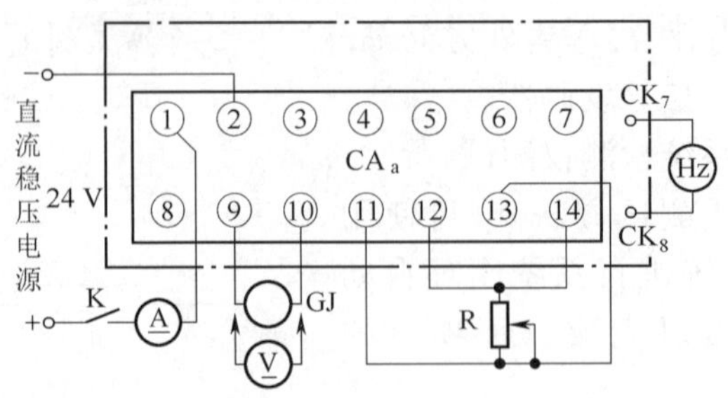

直流稳压电源—0～30 V;CA_a—14 芯矩形插头;CK—测试孔;K—单刀单掷开关;Hz—数字频率计;
V—直流电压表,准确度 1.5 级,量程 0～50 V;A—直流电流表,准确度 1.0 级,量程 0～300 mA;
R—可调电阻箱,准确度 0.1 级;GJ—轨道电路的轨道继电器(JWXC-1700 型无极继电器)。

图 5-43 DK·SWB 型收发器电气特性测试电路

负载特性用 DK·YW_1 型室外测试仪测试,按下负载按键,将电位器旋在“合格”区,观察电压表V值。正常负载下与加重负载下继电器(JWXC-1700 型无极继电器)的轨道继电器电压之差应不大于 7 V。

轨道电路作用距离应在道床或轨道模拟盘上测试,其作用距离为

$$L=(L_1+L_2)/2$$

式中 L——轨道电路作用距离,m;

L_1——继电器吸起时作用区段长度,m;

L_2——继电器落下时作用区段长度,m。

以上测试结果应为 20～60 m。

2. 开路式轨道电路收发器电气性能测试

DK·SWK 型收发器电气特性测试电路如图 5-44 所示。

闭合开关 K,接通电源,将电阻 R 调整为 0 Ω,GJ 吸起,此时从频率计直读工作频率,应为 $30^{+1.0}_{-0.5}$ kHz 或 $40^{+1.0}_{-0.5}$ kHz。直流电流表 A 指示值为工作电流,应不大于 160 mA;用直流电压表 V 测量 GJ 工作电压,应为 30～38 V。当 GJ 处于吸起状态时,依次增大 R 的值直至 GJ 落下,此时 R 的值为 GJ 落下电阻值,应为 2.5～3.5 Ω。再将电阻 R 调整为 6 Ω,然后依次减小 R 值,直至 GJ 吸起,此时的 R 值即为 GJ 吸起时电阻值,应不小于落下电阻值的 50%。

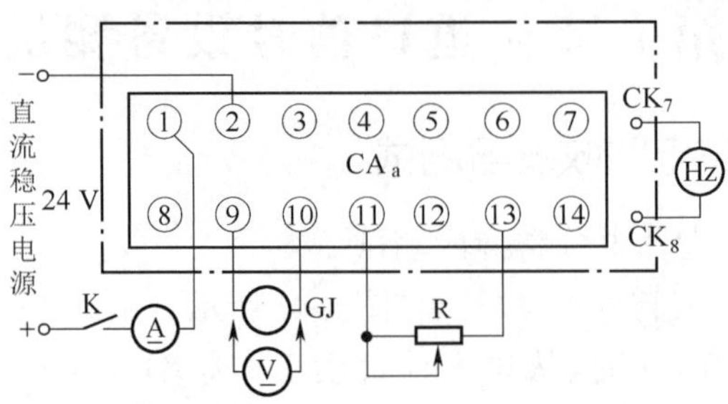

图 5-44 DK·SWK 型收发器电气特性测试电路

负载特性用 DK·YW1 型室外测试仪测试,同时按下负载按键和待测开路式轨道电路频率相对应的 30 挡或 40 挡按键,将电位器旋在“合格”区,观察电压表指示。在正常负载下的 GJ 电压与加重负载下 GJ 电压之差应不大于 7 V。

轨道电路作用距离应在道床或轨道模拟盘上测试,其作用距离应为 20～60 m。

二、道口闪光器的测试

道口闪光器电气性能测试电路如图 5-45 所示。

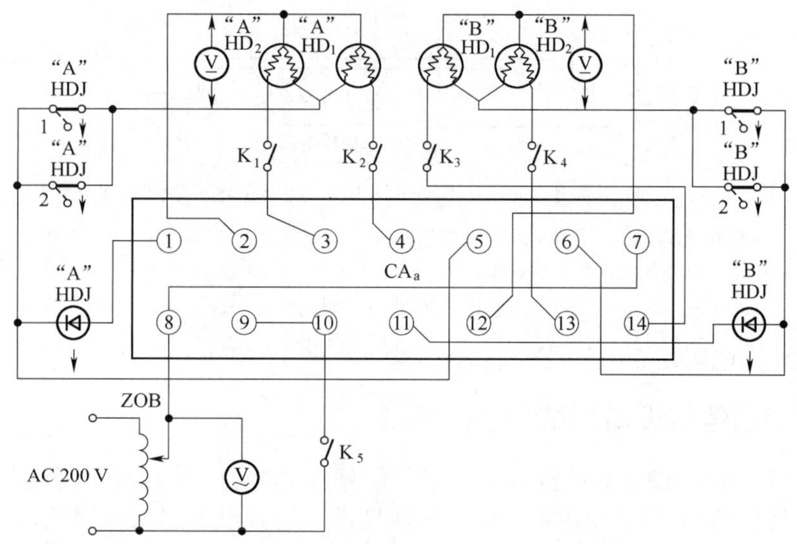

K_1～K_5—单刀单掷开关；HDJ—JZXC-0.14 型整流继电器；$\underline{V}$—直流电压表，准确度 1.5 级，量程 0～10 V；$\underset{\sim}{V}$—交流电压表，准确度 1.0 级，量程 0～50 V；ZOB—单相自耦变压器；CA_a—14 芯插头。

图 5-45　道口闪光器电气性能测试电路

接通电源，调整 ZOB，使交流电压表 V 指示为 132 V，然后闭合开关 K_1～K_5，两组灯泡应分别交替闪光，用计时计数的方法测定闪光频率和亮灭比。闪光频率应为(60±10)次/min，亮灭比 1∶1。

打开 K_1、K_3(或 K_2、K_4)，应点亮两个稳定的灯光，用直流电压表在灯泡两端测定输出电压，应大于或等于 12 V；用 500 V 兆欧表测试闪光器的绝缘电阻，应不小于 10 MΩ。

三、道口音响器的测试

道口音响器电气性能测试电路如图 5-46 所示。

1. 室外音响电气性能的测试

将直流稳压电源调整为 24 V，闭合 K_1(K_2断开)，扬声器 Y_1、Y_2应发出模拟钟声音响；直流电流表 A_2指示工作电流，应不大于 1.5 A。用计时计数的方法测定音响频率，应为 90～120 次/min。用示波器观察幅比(应不小于 3∶1)与输出电压，据此计算输出功率，应为 3～10 W；用频率计测试振荡频率，应为(700±50) Hz。

2. 室内音响电气性能的测试

首先将直流稳压电源调整为 24 V，断开 K_1、K_4，闭合 K_2、K_3置于位置 2，扬声器 Y_3发出连续音响，直流电流表 A_1指示工作电流，应不大于 100 mA。电子毫伏表 V 显示输出电压，应不小于 0.5 V。频率计显示振荡频率，应为(700±100) Hz。再把 K_3置于位置 1，扬声器 Y_3发出断续音响，用计时计数的方法测定断续音响频率，应为 90～120 次/min，然后将直流稳压电源调整为 75 V，闭合 K_4，扬声器 Y_3发出断续音响。

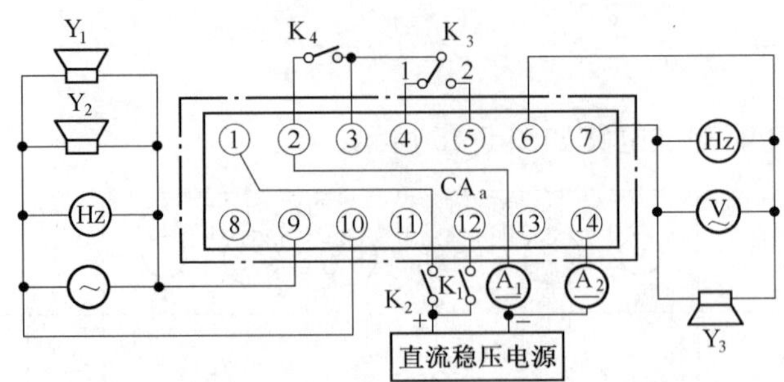

直流稳压电源—0～30 V；K_1、K_2、K_4—单刀单掷开关；K_3—单刀双掷开关；V—电子毫伏表，准确度 2.5 级，量程 0～1 V；A_1—直流电流表，准确度 1.5 级，量程 0～0.3 A；A_2—直流电流表，准确度 1.5 级，量程 0～2 A；Hz—数字频率计；～—示波器；Y_1、Y_2—扬声器，10 V·A，80 Ω；Y_3—扬声器，0.25 V·A，8 Ω；CA_a—14 芯插头。

图 5-46　道口音响器电气性能测试电路

音响器的绝缘电阻用 500 V 兆欧表测量，应不小于 10 MΩ。

四、运用道口信号设备测试台进行测试

XDK-3 型道口信号设备测试台适用于道口信号闪光器、控制器、音响器、直流稳压器、交流稳压器电气特性的测试，是使用操作简便的新型道口信号设备多功能测试台。XDK-3 型道口信号设备由一台测试台主机、一套 1 号测试盒、一套 2 号测试盒、一套外接测试线组成。

第八节　电源设备测试

一、变压器的测试

信号用变压器包括 BX 型信号变压器、BG 型轨道变压器、BZ 型中继变压器、BD 型道岔表示隔离变压器，它们的测试项目有Ⅰ、Ⅱ次电压和绝缘电阻、空载电流。

1. 测试Ⅰ、Ⅱ次电压和绝缘电阻

用交流电压表分别接在运用中的变压器Ⅰ次、Ⅱ次侧端子上即可测得其Ⅰ、Ⅱ次电压，Ⅰ、Ⅱ次电压之比即为其变压比。用 500 V 兆欧表分别测量Ⅰ、Ⅱ次线圈间，Ⅰ次线圈与铁芯间，Ⅱ次线圈与铁芯间的绝缘电阻。

2. 空载测试

变压器的空载测试电路如图 5-47 所示。将变压器Ⅱ次侧开路，在Ⅰ次侧输入额定电压。此时接在变压器Ⅰ次侧的电流表的读数即为空载电流。此时的功率表读数为空载时的功率损耗。

3. 满载测试

变压器的满载测试电路如图 5-48 所示。调整负载 R_L，使变压器Ⅱ次侧电流达到其额定输出电流，测量此时的Ⅰ次侧电压、电流和Ⅱ次侧电压。

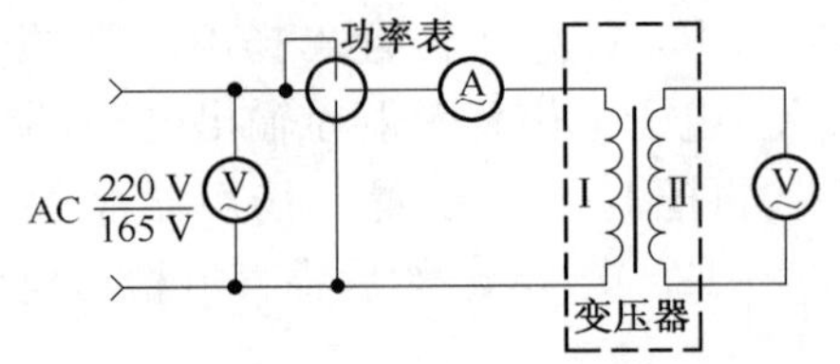

图 5-47　变压器的空载测试电路

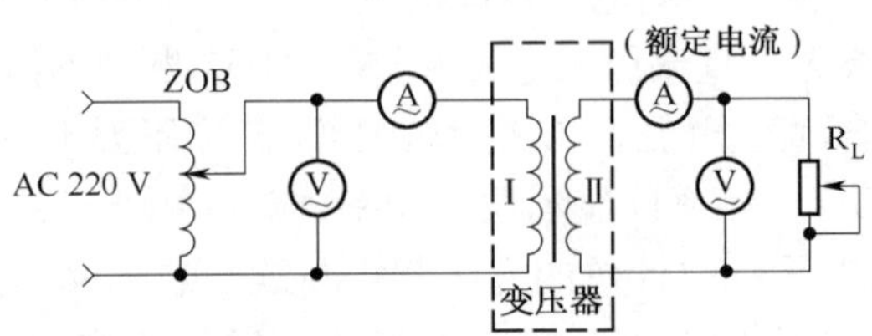

图 5-48　变压器的满载测试电路

4. Ⅰ次侧激磁阻抗测试

Ⅰ次侧激磁阻抗测试电路如图 5-49 所示。

测试步骤：

①在Ⅱ次侧空载状态下，调节 T，使 $U_1=220$ V 时，测 U_0、U_2。

②重复上述测试多次，求其平均值。

5. 输出特性测试

测试电路如图 5-49 所示，闭合开关 K，将 R_L 接入；调整变阻器 R_L，使电流表 A 指示为满载 7 A，此时测出Ⅱ次侧各端子间电压值应符合规定，并且不小于额定值的 85%。由上述知空载时的 U_2 值，测输出电压 U_2'，计算 $U_2'/U_2 \geqslant 0.9$。

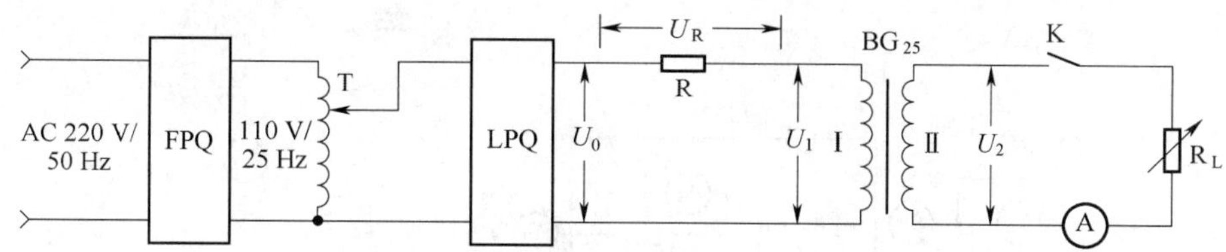

图 5-49　Ⅰ次侧激磁阻抗测试电路

二、分频器测试

分频器测试电路如图 5-50 所示。

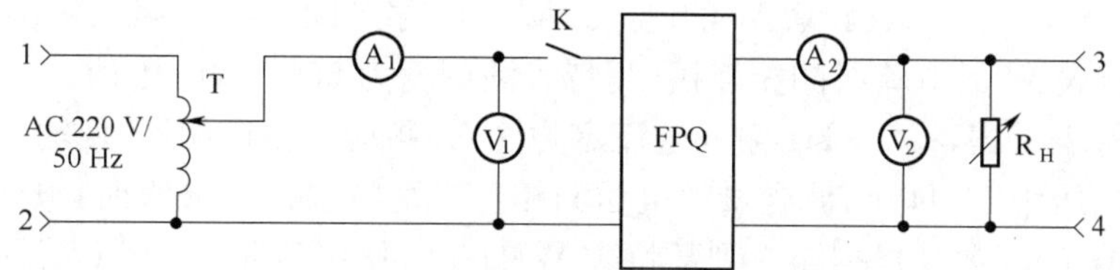

T—调压器；K—开关；FPQ—分频器；R_H—可调负载；A_1、A_2—电磁式电流表 0.5 级；V_1、V_2—电磁式电压表 0.5 级。

图 5-50　分频器测试电路图

1. 起振电压测试

将分频器输出侧接入额定负载，再将调压器从低压逐渐升高，直至分频器起振，输出电压达到额定值的下限时的Ⅰ次侧输入电压 U_1 的数值，此时 U_1 为分频器的起振电压；然后将Ⅰ次电源反复多次拉合闸，看分频器是否均能起振，则这时的 U_1 定为分频器的起振电压。

如果在 U_1 值时，偶尔有Ⅰ次侧起振不了，需将 U_1 调高，再反复拉合闸，都能起振，则这个升高了的 U_1 值才算起振电压。

2. 允许电压波动范围测试

将分频器负载调成额定负载的 1/3；输入电压从 160～260 V 之间变化，分频器输出电压均不能超出其输出额定值的±3%，一般分频器满载和 $U_1=160$ V 时；输出电压 U_2 最低，分频器空载和 $U_1=260$ V 时，输出电压 U_2 最高；当规定分频器额定输出电压为 220 V 时，它的输出最低电压不得低于 213.4 V、最高不得高于 226.6 V，即保证电压变化范围在±3%以内。

3. 输出功率测试

将分频器输入电压U_1固定在220 V,分频器Ⅱ次侧负载电流I_2与负载电压U_2的乘积,即为分频器的输出功率。

4. 50 Hz谐波成分测试

50 Hz谐波成分测试有用瓦特表测试和用选频电压表测试两种方法。用瓦特表测试误差较大,适用于现场测试。一般工厂出厂测试采用选频电压表测试,以保证产品质量合格。

(1)用瓦特表测试50 Hz谐波成分测试原理如图5-51所示。

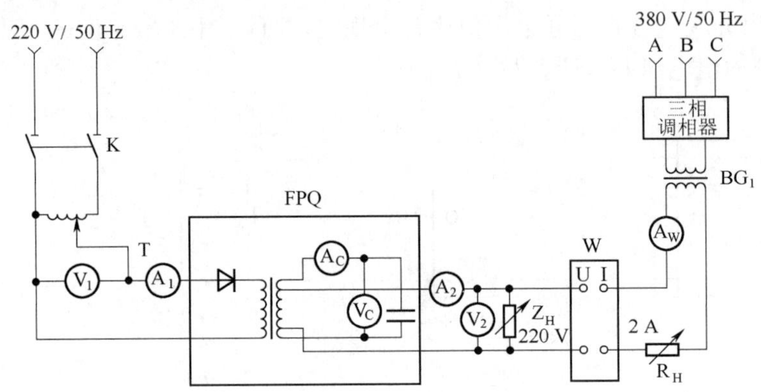

T—调压器;K—开关;FPQ—分频器;Z_H—可调电阻;

A_1、A_2—电磁式电流表0.5级;V_1、V_2—电磁式电压表0.5级。

图5-51　50 Hz谐波成分测试原理图

将25 Hz输出电压接入瓦特表W的电压线圈,经三相调相器、变压器、可调电阻,将50 Hz输入电流与瓦特表W的电流线圈相连接(瓦特表满刻度为600 W,电压挡为300 V,电流挡为2 A)。根据瓦特表量程,将50 Hz输入电流定为2 A,移动三相调相器,使输入的50 Hz电流与25 Hz输出电压中50 Hz谐波含量的电压同相。当瓦特表读数最大时,电压值与电流值乘积就是瓦特表W的读数。根据输入到瓦特表W的50 Hz电流是2 A,以及瓦特表的读数,可求出输入到瓦特表中的50 Hz电压值,这个数值就是25 Hz输出电压中的50 Hz谐波含量。

例如瓦特表读数为8 W,输入电流为2 A,则输入电压为4 V,这个数即是50 Hz谐波含量。再用这个50 Hz的电压值与25 Hz输出电压值相除,可求出50 Hz电压的含量比率,如输出25 Hz电压为220 V,那么50 Hz电压谐波含量为4/220×100%=1.8%。

测量时,先将负载置为空载,U_1从160～260 V变化,相应的改变三相调相器的相位,使瓦特表W的读数最大,记录下来,再将负载接上1/4载、半载、满载,U_1也是从160～260 V变化,重复上述方法,将瓦特表W读数记录下来,从这些数值中取最大值,可求得50 Hz谐波含量,它不得大于3%。

(2)用选频电压表测试

将选频表接在负载Z_H两端,直接读出选频表上25 Hz的数值U_2,U_2即是25 Hz输出数值。将选频表接在负载Z_H两端,直接读出选频表上50 Hz的数值U_2',U_2'即是50 Hz谐波数值。计算出50 Hz所占的比例,它不得大于4%。

5. 25 Hz分频器输出波形失真度测试

将失真度测试仪接在负载Z_H两端,调节失真度测试仪,得出的数值即为失真度,不得大于20%。

三、整流器的测试

整流器的测试包括交流输入电压和直流输出电压的测试，其所附变压器部分的交流输入、输出电压测试同上述变压器的Ⅰ、Ⅱ次电压的测试。直流输出电压则用直流电压表接在整流器直流输出端子上测得。

整流器的空载测试电路如图 5-52 所示，可测得空载情况下的交流输入电压、电流和直流输出电压。

整流器的满载测试电路如图 5-53 所示。调整负载 R_L，使输出电流达额定值，测量此时的输入电压、电流及输出电压。

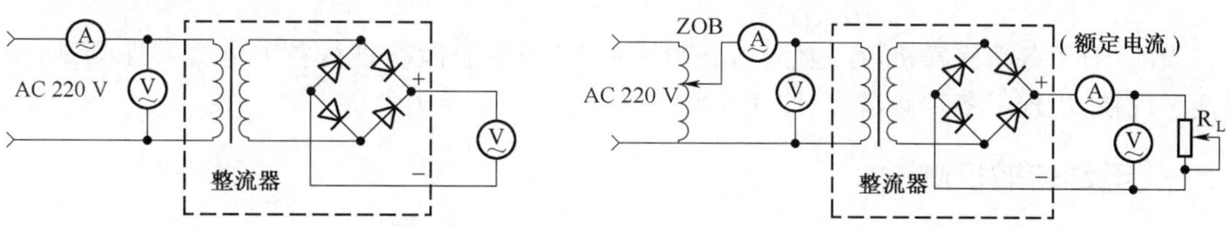

图 5-52　整流器的空载测试电路图　　图 5-53　整流器的满载测试

通过在满载情况下测得的变压器Ⅰ次侧交流电压和电流，以及直流电压、电流值，即可求得整流器的效率，有

效率=(直流电压×直流电流)/(交流电压×交流电流)×100%

规定电压下的反向电流测试接线如图 5-54 所示。断开整流器输入端的电源，调整电阻 R，使直流电压表指示规定电压，此时直流毫安表的读数即为反向电流值。

片间电压测试电路如图 5-55 所示。在负载情况下，用直流电压表依次测试各整流元件间的电压。

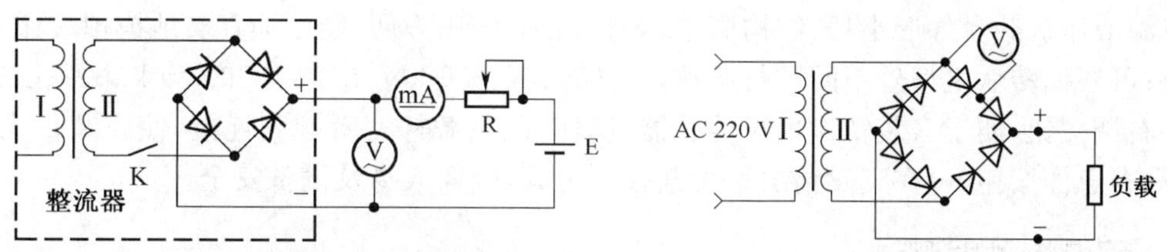

图 5-54　整流器反向电流测试电路图　　图 5-55　片间电压测试电路图

用 500 V 兆欧表分别对所附变压器的Ⅰ、Ⅱ次线圈间、对直流端，以及Ⅰ次线圈对铁芯、Ⅱ次线圈对铁芯、直流端对铁芯进行绝缘电阻测试，但千万不能用兆欧表去测试硅整流元件的电阻，以免击穿。

四、运用信号电源变压器微机测试台进行测试

用 XBZ-5 型信号电源变压器微机测试台对变压器设备进行测试，包括 25 Hz 变压器、50 Hz变压器、整流器、点灯单元电气特性的测试，测试内容包括：空载电压、满载电压、空载电流、满载电流、绝缘电阻，主/副丝断丝模拟、主丝电压电流、副丝电压电流、报警等。

第九节　断相保护器测试

可用断相保护器测试台对断相保护器进行测试,例如 XDX-2 型断相保护器测试台。

该测试台将限时断相保护器测试与非限时断相保护器测试功能融为一体,适用于 DBQ、DCBHQ、DBQX、QDB-S 及 BDX 断相保护器各种电气特性的测试,包括:工作电压、输入电流、输出电压、断相输出电压、断相动作时间、限时时间、启动动作时间、绝缘电阻。

第十节　转辙机测试

以前,对于各型转辙机,在检修时,必须模拟实际运用环境,进行各项电气特性测试,很不简便。现在,出现了各种测试台,使用非常方便。

一、电动转辙机测试

XDZ-7D 型电动转辙机智能测试台是将直流转辙机测试功能与交流转辙机测试功能融为一体的新型多功能测试台,适用于 ZD6、ZD7 直流系列及 ZD(J)9、S700K 交流系列电动转辙机各种指标的测试。测试内容包括:工作电压、工作电流、摩擦电流、动作时间、转换力。

手动测试数据直接读数无须换算,智能测试数据可存入数据库,便于查询、管理。

XDZ-7D 型电动转辙机智能测试台主机配套工控机一台、显示器一台、有源液压负载台一台、直流/交流转辙机测试线。

测试台含有手动、智能两套电路,方便人工参与调试、检修;备有 UPS,可在突然停电时为工控机供电;交流转辙机三相电压电流无须转换开关切换,分别独立显示,方便快速准确读数。采用安全型继电器控制电路,满足故障—安全原则。

有源液压负载台外形小巧、结构简单、调整精细、使用方便,能更加真实地模拟转辙机的现场工况;可根据转辙机型号不同进行调整,如 2.5 kN、3.5 kN、4.5 kN 和 6.0 kN 等;设有左调按钮和右调按钮,便于安装转辙机时传感器、动作杆、负载杆三者顺利连接,使安装更为快捷、方便;设有急停按钮,可在突发情况下切断控制电源,确保人身及设备安全。

二、移位接触器测试

移位接触器测试台是移位接触器专用特性测试设备,可测试移位接触器的动行程、接点电阻及绝缘电阻。

XZJ-2 型移位接触器测试台主要由结构部分和检测电路组成,结构部分主要包括:电气控制柜、振动架、振动电机、移位接触器固定夹具、数显表示;检测电路主要包括:电源、主控制电路、测量电路、声光能示部分及数字表头显示。

三、电动液压转辙机测试

采用 XZY-5A 型电液转辙机智能测试台进行测试。测试台由控制台、主机负载台、副机负载台、泵站负载台、连接线、测试线六大部分组成。

该系统是基于嵌入式的集中测控中心,集成了 SOFT-PLC、虚拟仪器技术 VI、现场总线技术和测控板卡技术，具有手动、自动两套独立的操作系统和显示系统，可自动生成时间—力曲线和油压曲线。

四、电空转辙机测试

采用XZK-2型电空转辙机智能测试台进行测试。该测试台采用无源液压负载模拟现场道岔阻力，负载力大小无级可调，加上控制电路可完成对ZK3-A型及ZK4型电空转辙机负载力、动作时间，定/反位电磁阀、锁闭电磁阀吸起值、释放值，定/反位电磁阀、锁闭电磁阀线圈电阻，定/反位电磁阀、锁闭电磁阀绝缘电阻的测试，同时可对整机配线进行检测。全部数字式仪表，直接读数无须换算。

系统由XZK-2型电空转辙机智能测试台和快动无源负载台构成。

复习思考题

1. 如何测试继电器接触电阻、线圈电阻？

2. 对无极继电器、无极加强接点继电器和无极缓放继电器要进行哪些电气特性测试？如何进行？时间特性测试又如何进行？

3. 对整流式继电器要进行哪些测试？如何进行？

4. 对有极继电器要进行哪些测试？如何进行？

5. 对偏极继电器要进行哪些测试？如何进行？

6. 对时间继电器要进行哪些测试？如何进行？

7. 对交流二元继电器要进行哪些测试？如何进行？

8. 对扼流变压器要进行哪些测试？如何进行？

9. 对25 Hz相敏轨道电路的防护盒要进行哪些测试？如何进行？

10. 对自动闭塞发送器要进行哪些测试？如何进行？

11. 对自动闭塞接收器要进行哪些测试？如何进行？

12. 对自动闭塞衰耗器要进行哪些测试？如何进行？

13. 对站内电码化器材要进行哪些测试？如何进行？

14. 对JT1-CZ2000型机车信号车载设备要进行哪些测试？

15. 对道口信号收发器要进行哪些测试？如何进行？

16. 对道口信号闪光器要进行哪些测试？如何进行？

17. 对道口信号音响器要进行哪些测试？如何进行？

18. 对变压器要进行哪些测试？如何进行？

19. 对整流器要进行哪些测试？如何进行？

20. 如何进行断相保护器的测试？

第六章

信号集中监测系统在信号测量中的运用

第一节　运用信号集中监测系统进行信号设备测试

运用信号集中监测系统可进行多种信号设备的电气特性的日常测试，测试内容包括：各种设备电气特性的实时值、实时曲线、日报表、日曲线、月曲线、年曲线等。测试对象包括：外电网、电源屏、信号机、轨道电路、转辙机、电缆绝缘、电源漏流等。该系统可以非常简便地汇总、统计、存储、回放和调看。

一、外电网日常测试

外电网日常测试内容包括：实时监测并显示外电网输入电压、电流、频率、相位差、功率等测试值，并以报表形式显示外电网电源每日测试变化的最大值、最小值、平均值，同时以曲线的形式显示外电网电源输入变化的趋势。

外电网日常测试的显示内容包括：外电网设备属性的实时值、实时曲线、日曲线、月曲线、年曲线、外电网故障曲线、日报表。

二、电源屏日常测试

电源屏日常测试内容包括：实时监测并显示电源屏输入电压、输出电压、电流、功率、频率、相位角测试值，并以报表形式显示各设备电源每日测试变化的最大值、最小值、平均值。

电源屏日常测试的显示内容包括：电源屏的实时值（电压、电流、功率等）、实时曲线、日曲线、月曲线、年曲线、日报表。

三、UPS 日常测试

UPS 日常测试的内容包括：实时监测并显示 UPS 的输入电压、输出电压、工作频率，并以报表形式显示各种输出测试值、测试时间，同时以曲线的形式显示设备电气参数变化的趋势。

UPS 日常测试的显示内容包括：UPS 的实时值、实时曲线、日曲线、月曲线、年曲线、日报表。

四、信号机日常测试

信号机日常测试的内容包括：实时监测并显示列车信号机的灯丝继电器（DJ、2DJ）工作状态、工作电流测试值，并以报表形式显示各设备每日测试变化的最大值、最小值、平均值，同时以曲线的形式显示电气参数变化的趋势。

信号机日常测试的显示内容包括：信号机的实时值、实时曲线、日曲线、月曲线、年曲线、日报表。

五、轨道电路日常测试

1. 站内轨道电路日常测试

站内轨道电路日常测试内容包括：实时监测并显示25 Hz相敏轨道电路接收端交流电压、直流电压、相位角；高压脉冲轨道电路的波头电压峰值、波头电压有效值、波尾电压峰值、波尾电压有效值、高压不对称波形周期；驼峰轨道电路的继电器电流等测试值。以报表形式显示各轨道电路每日测试变化的最大值、最小值、平均值，同时以曲线的形式显示各轨道电路电气参数变化的趋势。

25 Hz相敏轨道电路日常测试的显示内容包括：设备的实时值、实时曲线、日曲线、月曲线、年曲线、日报表、分路残压日报表、分路残压月报表。

高压脉冲轨道电路显示内容包括：设备的实时值、实时曲线、日曲线、月曲线、年曲线、高压不对称曲线测试、日报表。

驼峰轨道电路显示内容包括：设备实时值（如继电器电流）、日曲线、月曲线、年曲线、日报表。

2. 区间移频轨道电路日常测试

区间移频轨道电路日常测试内容包括：实时监测并显示区间移频发送器发送电压、电流、载频、低频测试值；显示区间移频接收器轨入、轨出1（主轨）电压、轨出2（小轨）电压、载频、低频测试值；显示区间移频电缆模拟网络电缆侧发送电压、接收电压测试值，并以报表形式显示各设备每日测试变化的最大值、最小值、平均值，同时以曲线的形式显示各设备电气参数变化的趋势。

区间移频轨道电路日常测试的显示内容包括：区间设备的实时值、实时曲线、日曲线、月曲线、年曲线、日报表。

3. 轨道电路电码化日常测试

轨道电路电码化日常测试内容包括：实时监测并显示站内发送器功出电压、发送电流、载频及低频频率测试值，并以报表形式显示各设备每日测试变化的最大值、最小值、平均值，同时以曲线的形式显示各设备电气参数变化的趋势。

轨道电路电码化日常测试的显示内容包括：电码化设备的实时值、实时曲线、日曲线、月曲线、年曲线、日报表。

六、转辙机日常测试

转辙机日常测试内容包括：各道岔表示交/直流电压和关键继电器（DBJ、FBJ、1DQJ）的实时状态，并以报表形式显示表示电压每日测试变化的最大值、最小值、平均值。可以方便地调看道岔的动作电流、故障电流、动作时间等。

转辙机日常测试的显示内容为以动态曲线实时显示当前电气参数变化的趋势，用条形图颜色表示道岔的DBJ、FBJ、1DQJ状态。

七、半自动闭塞日常测试

半自动闭塞日常测试内容包括:实时监测并显示半自动闭塞设备的站间联系电压,并以报表形式显示输出测试值、测试时间,同时以曲线的形式显示设备电气参数变化的趋势。

半自动闭塞日常测试的显示内容包括:半自动闭塞电压、电流的实时值、实时曲线、日曲线。

八、站间联系设备日常测试

站间联系设备日常测试内容包括:实时监测并显示站间联系电压,以报表形式显示输出测试值、测试时间,同时以曲线的形式显示电气参数变化的趋势。

站联设备日常测试的显示内容包括:站间联系电压的实时值、实时曲线、日曲线。

九、电缆绝缘日常测试

电缆绝缘日常测试内容包括:测试车站室外信号电缆芯线全程对地绝缘,并以报表形式显示各信号电缆的测试绝缘值、测试时间,同时以曲线的形式显示各信号电缆对地绝缘变化的趋势。

电缆对地绝缘测试可采用手动测试。手动测试需要人工干预对信号电缆进行单测、选测或全测。自动测试方式是系统每天按设定的时间点自动对已设置的信号电缆绝缘进行测试,自动测试过程中也允许使用手工测试方式对信号电缆进行单测、选测或全测。

电缆绝缘日常测试的显示内容包括:各信号电缆芯线全程对地绝缘的测试值、月曲线、年曲线、日报表。

十、电源漏流日常测试

电源漏流日常测试内容包括:测试信号电源屏各种输出电源对地漏泄电流,并以报表形式显示各种输出电源对地漏泄电流测试值、测试时间,同时以曲线的形式显示各种输出电源对地漏泄电流变化的趋势。

电源漏流日常测试的显示内容包括:输出电源对地漏泄电流的测试值、月曲线、年曲线、日报表。

十一、异物侵限继电器日常测试

异物侵限继电器日常测试内容包括:实时监测并显示异物侵限继电器电压,并以报表形式显示输出测试值、测试时间,同时以曲线的形式显示设备电气参数变化的趋势。

异物侵限继电器日常测试的显示内容包括:异物侵限继电器电压的实时值、实时曲线、日曲线、月曲线、年曲线、日报表。

十二、环境监控日常测试

环境监控日常测试内容包括:测试信号机械室内的温度、湿度及空调的电压、电流等,并以报表形式显示各种输出测试值、测试时间,同时以曲线的形式显示各环境监控设备电气参数变化的趋势。

环境监控日常测试的显示内容包括：信号机械室内各设备属性的实时曲线、日曲线、月曲线、年曲线、日报表。

第二节　日常测试的操作

一、工作站人机界面

工作站界面包括：登录界面、主界面、弹出界面。

系统启动后默认进入仅具备状态监视和报警功能，用户执行登录操作后，弹出登录界面，输入正确的用户名和密码后，可进入该用户权限范围的页面。

登录界面包括：用户名、登录密码、登录按钮和取消按钮。

主界面是用户进行设备和系统运行状态监测、报警和维护管理的主要场所。

菜单区可以以图标或文字形式定义软件的功能菜单，可包含多级菜单。

系统运行信息栏对运行信息进行描述，如本地时间、软件名称、版本号等。

工具栏有前进、后退按钮，可前进或返回上一次浏览的页面。

报警栏显示最新发生的三条报警。

主界面可变视图区用于承载不同的视图，每类视图对应特定的显示功能，包含：信号系统运行状态视图、设备工作状态视图、报警视图、维护管理视图、统计分析视图、回放视图。以上视图通过站场图、设备间接拓扑图、设备分布图及设备结构图等形式直观地显示设备位置和工作状态。

主界面的菜单栏有进入各视图显示状态的菜单项，工具栏有进入各视图显示状态的快捷工具。

弹出界面包括：维护资料浏览器界面、用户管理界面、帮助界面。

二、界面操作

在界面上选择执行命令可以用以下两种方式实现：

(1)通过菜单项或工具栏选项。

(2)所有界面中，当鼠标滑动到可单击操作的画面范围内，鼠标形状变为“手”形。单击鼠标右键，从弹出的菜单中选择该设备可以执行的命令。

当操作执行控制命令时，如果操作成功，对应的图标状态会有变化；如果命令执行失败，则会弹出报警框提示失败原因。

1. 主窗口界面

主窗口界面由标题栏、菜单栏、工具条、站场图和状态栏显示区组成。

标题栏显示系统名称：××型信号集中监测子系统＋站名。

2. 菜单栏

道岔：实时监测道岔的动作电流、功率等模拟量。

绝缘：对电缆绝缘的测试。

维修机：显示联锁子系统的各种操作系统、网络状态、设备的实时状态。

帮助：显示软件的版本信息和帮助文档。

例如,用鼠标单击菜单栏中的道岔,会显示有关道岔的界面。单击菜单绝缘,弹出下拉菜单,可以手动、自动对电缆绝缘进行测试并记录电缆的绝缘电阻等模拟量信息。

3. 工具条

模拟量测量:显示各种模拟量的实时测量值。

开关量测量:显示开关量的实时值。

报警查询:查询所有子系统、设备的报警历史记录。

关键设备运用统计:对破封按钮等操作记录按月统计次数。

道岔动作曲线查询:显示道岔各种模拟量的实时曲线值和历史值。

数据回访:对站场状态进行回放。

值班巡视记录:车站值班员操作日志的记录。

参数修改:对相关信号设备采集参数的修改。

4. 状态栏

状态栏包括采集设备通信状态、维修机通信状态、网络通信状态及时间。

采集设备通信状态:显示为红色表示连接断开,连接正常时该区域显示为绿色。

维修机通信状态:显示为绿色表示连接正常,连接断开时该区域显示为红色。

网络通信状态:显示为红色表示连接断开,连接正常时该区域显示为绿色。

5. 报警窗口

单击鼠标右键弹出子菜单,选择子菜单的报警窗口。

在系统的主窗体上立即有一个浮动窗口,显示该站报警记录,报警记录分三个等级:一级报警、二级报警、三级报警。如果该站收到报警记录,该窗体也将自动显示,提醒用户采取相应的处理措施。

三、进　　入

站机程序有两种进入方法,即自动启动和人工启动。通常在站机系统启动完毕自动启动站机程序,在故障或调试状态,可通过人工启动站机程序。

信号集中监测系统站机软件功能主要包括:模拟量实时值、报表、曲线等功能。

(1)标题栏显示站点的名称及检测系统的名称。

(2)菜单栏列出测试全部功能。

(3)工具条提供了主要功能的快捷操作方式。

(4)站点列表为用户提供站间透明,可以查看远程车站信息。

(5)站场图区显示为站场图实时信息。

(6)状态条显示操作时的提示信息、服务器通信状态、维修机通信状态和网络通信状态。

四、操　　作

1. 测试

如测试电源屏电压实时值,用鼠标单击工具条的模拟量测量。

模拟量实时(现时)值显示包括:电源屏电压实时值、电源屏电流实时值、轨道电路电压实时值、电缆绝缘最新数据、电源漏泄电流最新数据、轨道相位角实时值、外电网输入实时值、道岔表示电压实时值、信号机点灯回路电流实时值、电源屏频率实时值。

其中,轨道电路电压在测试值后显示出此数据测试时,如果轨道处于调整状态,则显示调整,否则显示分路。

电缆绝缘在显示出电阻值后,显示测试时所加的测试电压大小。

电源屏电压、轨道电路电压是实时更新的,每秒一次。

电缆绝缘和电源漏泄电流显示最新数据,可以在表格中用鼠标双击。输入用户密码,进行当前设备测试显示。

2. 报表

用鼠标单击工具条,在报表中,序号表示此条信息在记录表中的位置。单击右下角的查询数据按钮,屏幕显示报表。

报表数据显示包括:电源屏电压日报表、电源屏电流日报表、轨道电路电压日报表、电缆绝缘电阻历史报表、电源漏流历史报表、分路残压报表、轨道电路相位角日报表、外电网输入日报表、道岔表示电压日报表、信号机点灯回路电流日报表、电源屏频率报表。

显示时,黑色表示数据正常;红色表示数据异常,超过最高或最低界限。

3. 曲线

用鼠标单击工具条,屏幕显示曲线。

日曲线显示包括:道岔表示电压日曲线、外电网输入日曲线、电源屏电压日曲线、电源屏电流日曲线、电源屏频率日曲线、轨道电路电压日曲线、轨道电路相位角日曲线、信号机点灯回路电流日曲线。

在曲线图中,纵坐标表示电压值,单位是 V,横坐标表示时间,单位是 s。绿色表示当前动作曲线,报警上限和下限用红色直线在曲线图中标出。当鼠标在曲线图中时,在曲线中用一个大"十"字光标表示出当前点的位置,在曲线图右上方显示当前点的坐标值和日期。

在月曲线和年曲线中,用三种颜色的曲线分别表示三种曲线。其中,对轨道电路电压:绿色表示调整最高值;蓝色表示调整最低值;水红色表示分路最高值;其余:绿色表示每日最大值;蓝色表示每日最小值;水红色表示每日平均值。

如选择了菜单栏电源屏 →外电网输入→年趋势,画面显示外电网输入年趋势。

4. 报警

报警显示包括:破封按钮报警、列车信号主灯丝断丝报警、转辙机表示缺口报警、模拟量电气特性超限报警、挤岔报警、断路器报警、外电网输入电源瞬间断电报警、外电网输入电源断相报警、外电网三相电源错序报警、列车信号非正常关闭报警、主副电源转换报警、道岔失去表示报警、站内设备报警、环境监测开关量报警、模拟量变化趋势报警、故障通知按钮报警、通信接口故障报警、分路不良预警、瞬间红光带报警、计算机联锁系统设备故障报警、电源屏故障报警。

在报警表格中,序号表示此条信息在记录表中的位置;发生时刻表示报警时刻;恢复时刻表示报警恢复时刻;延迟表示报警延续的时间。

5. 统计

用鼠标单击工具条,屏幕显示统计报表。

关键设备使用统计包括:破封按钮使用统计、区段占用统计、信号机开放统计、按钮运用统计、设备故障统计、故障通知按钮使用统计、道岔动作次数统计。

在类型选择下拉菜单中,可以选择各种类型的设备;在日期选择中,可以选择某一年的统计数据。

前五类设备使用统计在显示时，有每个月使用次数和累计时间，累计时间的显示格式是"时.分.秒"，合计栏显示本年度使用统计总和。在道岔动作次数统计显示时，只有道岔动作次数统计，表格显示中有每个月道岔动作次数统计，在合计栏中显示本年度统计总和。

6. 回放

用鼠标单击工具条，屏幕显示回放界面。

用鼠标拖动开始时间栏下的滚动条，选择数据再现时间，在时间长度栏中选择数据再现长度，最长为 120 min，单击确定按钮，出现站场再现窗口。

可从服务器上查询指定时间段(当前历史开关量库存储数据的容量范围内)的开关量数据，并在站场显示窗口内回放信号的变化过程。同时，用户还可以将指定时间段数据保存起来，方便以后再现。操作方式类似操作系统的"媒体播放器"。

左上角滚动条显示文件的进度，其右边为滚动条所在位置的当前记录时间，即显示播放数据的当前时间。其中，最左边为文件起始时间，最右边为文件终止时间。

快进按钮和减速按钮用于控制播放的速度，在播放前或播放过程中都可以随时改变播放速度。右边显示当前播放速率。在播放过程中，既可以通过改变播放速度来控制播放的快慢，也可以通过改变滚动条来调整播放位置，跳过不重要的部分。单击暂停按钮，使播放暂时停止，以便仔细查看当前站场变化或模拟量数据；单击停止按钮，停止播放；如果数据量超出当前历史开关量库存储数据的容量范围，新的数据将覆盖旧的数据。为避免重要数据丢失，用户可以单击另存为按钮将重要数据保存下来，方便以后再现该数据。单击返回按钮，返回主画面。

7. 再现

用鼠标单击工具条，屏幕显示文件浏览。

选择需要再现的文件，单击确定按钮，弹出站场再现窗口，单击播放按钮。查询回放功能中保存的开关量历史数据，并在站场再现窗口内回放信号的变化过程。

8. 参数

用鼠标单击工具条，画面提示必须输入密码。正确输入密码，选择确认后，画面显示出修改参数的对话框。

(1)修改模拟量上下限的值

先在类型选择下拉菜单中，选择类型：电源屏电压；轨道电压；电缆绝缘；电源漏流等，然后在名称选择中，选择模拟量，此时原来的上下限会显示出来；输入新的上下限值；单击应用按钮，则保存此次修改。

(2)校正模拟量系数：

先在类型选择下拉菜单中，选择类型：电源屏电压；轨道电压；电缆绝缘等，然后在名称选择中，选择模拟量，此时测试值会显示出来；输入实际值；单击应用按钮，实时测试的模拟量系数会立即得到更新后的值，非实时测试的模拟量需要重新测试才能得到更新值。

以上功能可以同时操作。

9. 放大

用鼠标单击工具条，按比例放大站场图。

10. 缩小

用鼠标单击工具条，按比例缩小站场图。

11. 发送巡视/故障

用鼠标单击工具条，出现设备巡视/故障记录输入窗口。

在姓名中输入记录人姓名；选择记录类型：设备巡视和故障记录；在从后面选择时间范围；在内容框输入设备巡视/故障记录内容；单击保存按钮，保存该记录，选择返回按钮，返回到主画面。

12. 获取巡视/故障历史记录

用鼠标单击工具条，出现设备巡视/故障记录信息查询窗口。

在类型选择下拉菜单中选择查询类型，包括全部、巡视、故障；在从后面选择时间范围；单击查询按钮，查看设备巡视/故障记录信息；在具体记录上单击，出现密码输入对话框，输入管理员密码，单击确定，即可删除该记录；双击具体记录，在下面的具体内容框中显示记录内容；单击退出按钮，返回到主画面。

13. 天窗修

用鼠标单击工具条，屏幕显示设置天窗时间。

设置天窗修状态；设置天窗时间；填写检修人和作业内容，单击天窗设定按钮即可。

完成天窗设置后，工具条非天窗变为天窗，并闪烁。

单击天窗按钮，出现天窗修状态设置窗口。单击历史查询按钮，可以查看最近 100 条的检修设置操作历史记录。单击天窗结束按钮，即可结束该天窗，工具条天窗恢复为非天窗。

14. 通信

用鼠标单击工具条，屏幕显示与服务器通信信息。

15. 实时报警

显示实时报警信息，用鼠标单击工具条，出现实时报警界面。其中：①代表一级报警；②代表二级报警；③代表三级报警。绿色表示当前阶段无报警；红色表示一级报警；橙色表示二级报警；黄色表示三级报警。

16. 时间

显示当前时间，用鼠标单击工具条。

17. 调试

单击菜单栏中调试按钮，显示调试菜单。

(1)采集数据窗口

单击调试按钮→采集数据窗口，屏幕显示采集的原始数据显示窗口。

(2)通信状态图

单击调试按钮 →通信状态图，显示站机通信状态窗口，显示每个采集机的通信情况及网络状态信息。如果与各分机通信有错误，则此窗口自动弹出。

18. 系统

单击菜单栏中系统按钮→设置 ，屏幕显示系统设置。

(1) 站场图设置

参数修改：功能与工具栏参数相同。

单击系统按钮→设置→站场图 ，可以对站场图的区段宽度、背景颜色、道岔表示和按钮进行设置。以背景设置进行为例，选择基本颜色或自定义颜色，完成后单击确定按钮即可更改背景颜色。

显示/隐藏工具栏图标,包括:标准工具栏、状态工具栏、检修提示条、时钟工具栏、一级报警工具栏、二级报警工具栏、三级报警工具栏。

站机校时设置:校对当前站机时间。

(2)工作日志

单击系统按钮→工作日志,打开系统管理窗口。

系统工作日志包括:CAN 工作日志、串口工作日志、网络工作日志、站机工作日志、日浏览记录、月浏览记录、道岔动作电流曲线浏览记录。通过监测菜单的日志信息菜单可以调用相应的记录。

CAN 工作日志:显示采集分机工作信息。

串口工作日志:显示站机串口工作信息。

网络工作日志:显示站机与服务器通信工作信息。

站机工作日志:显示系统启动、退出信息。

日浏览记录:记录用户每天是否查看各种模拟量的实时报表、日报表和日曲线,并记录查看时间。

道岔动作电流曲线浏览记录:记录用户每天是否查看每组道岔的动作电流曲线,并记录查看时间。

在系统管理表格下选有各种表格,包括:系统工作日志、CAN 网络管理、WAN 网络管理、串口管理。

(3) 密码修改

单击系统按钮→密码修改,出现密码输入对话框,输入系统管理员密码,单击确定按钮,出现密码修改框。首先选择要修改的密码类型,包括:用户密码、管理员密码、系统管理员密码、高级管理密码、超级密码,输入原密码、新密码、新密码确认,单击确定按钮,即完成密码的修改。

用鼠标右键单击“客户区”,显示此菜单。可选择如下菜单功能:

①更新站场图:重新绘制站场图形。

②放大站场图:放大绘制站场图形。

③缩小站场图:缩小绘制站场图形。

④显示站场设备信息:显示/关闭站场图形中设备信息显示。

⑤名称显示:显示/关闭站场图形中设备名称显示。

⑥全屏幕显示:打开/关闭站场图的全屏幕显示功能。

⑦显示属性设置:配置显示器的显示参数。

⑧CAN 重新初始化:让 CAN 总线重新初始化。

⑨原始数据窗口:显示/关闭原始数据窗口。

⑩通信状态窗:显示/关闭通信状态窗口。

⑪前置报警窗:显示/关闭报警状态窗口。

⑫关闭报警声音:关闭声音报警。

19. 关于

用鼠标单击工具条,屏幕显示生产厂家、公司网站、版本、联系电话等。

功能:显示系统版本信息。

复习思考题

1. 运用信号集中监测系统能进行哪些信号设备的测试？包括哪些内容？
2. 简述信号集中监测系统的界面布置。
3. 如何进入站机程序？
4. 如何进行测试？如何观看报表、曲线、报警信息？
5. 如何进行统计？
6. 如何回放、再现？
7. 如何设置参数？
8. 如何发送巡视/故障及获取巡视/故障历史记录？
9. 如何进行工作日志管理？
10. 如何修改密码？

参考文献

[1] 中国铁路总公司．普速铁路信号维护规则　技术标准[S]. 北京:中国铁道出版社,2015.
[2] 中国铁路总公司．高速铁路信号维护规则　技术标准[S]. 北京:中国铁道出版社,2015.
[3] 韩雪涛. 电子仪表应用技术与技能实训教程[M]. 北京:电子工业出版社,2006.
[4] 林占江. 电子测量仪器原理与使用[M]. 北京:电子工业出版社,2006.
[5] 中国铁路总公司．铁路信号集中监测系统应用与维护技术[M]. 北京:中国铁道出版社,2013.
[6] 靳俊. 铁路信号集中监测系统[M]. 北京:中国铁道出版社,2016.